인문학 특강

A Special Lecture On The Humanities

인문학 특강

이상선 지음

좋은땅

머리말

　인류는 기계문명의 발달로 초래된 정보화시대와 인공지능시대로 말미암아 개성이 좌절되고 우리의 인간성까지도 기계장치의 한 기능으로 바뀌어 인간의 자주성이 매몰되는 상황이 전개되고 있음에도 불구하고 크게 관심을 갖지 않는 것 같다. 이러한 위기의 배후에는 병든 문화가 자리하고 있는데, 병든 문화는 개인, 가정, 사회 더 나아가 인류 생존을 위협하는 무서운 질병이다. 병든 문화는 병든 의식에서 비롯된다. 진정한 인문학은 병든 문화를 치유하는 해독제 역할을 할 뿐 아니라 사람이 '사람이 되는 것'을 깨닫도록 한다. 이를 바탕으로 인문학은 진정한 행복을 누리게 한다.

　문화위기가 바로 인류의 생존위기이다. 생존위기는 인류의 미래를 확실하게 담보할 수 없다는 말이다. 문화위기 즉 생존위기는 물질면의 결핍에 있는 것이 아니라 정신면의 황폐함과 삭막함에 있다. 정신면이 거칠고 메말라 삭막한 것은 인류 심령에 대한 진정한 반성이 부족한 것이다. 즉 인류심령이 도구이성에 의해 오염된 것이다.

　인류 심령에 대한 반성의 부족과 그것과 관련하여 개선해야 할 것에 대한 사고가 부족하다는 것은 심령이 도구이성에 의해 부림을 당하고 있다는 의미이다. 이 때문에 어쩌면 물질의 풍요에 의해 정신은 이미 그것의 장식품이 되었는지도 모른다. 이러한 상황에서 인문학의 역할이 매우 중요하다. 따라서 형식적이고 표피적이 아니라 진정한 인문학 교육이 절실히 요구된다.

인류는 몸을 씻기 위해서는 물이 필요하지만, 심령을 씻기 위해서는 도덕이 필요하다는 것을 잘 알아야 한다. 즉 물로 몸을 씻고 도덕으로 심령을 씻어야 한다. 씻기 싫다고 계속 회피할 것인가? 사람들이 좋아하는 자유는 도덕과 불가분리의 관계이다. 자유에 의해 도덕이 도덕에 의해 자유가 구현된다는 사실을 잊어서는 안 된다. 이렇게 해야 개인은 안정되고 편안한 삶을 살 수 있고, 더 나아가 과학과 인문이 융합 병진되어 사회는 안정되고 지속 가능하게 되는 것이다. 즉, 과학과 인문은 균형을 이루어야 한다.

지난날 왜곡된 도덕으로 인해 우리에게 이는 반갑고 즐거운 기억으로 남아 있는 것은 아니다. 그래서 사람들은 도덕을 경원(敬遠)시 했는지도 모른다. 전후야 어쨌든 간에 인류심령이 너무 더러워진 것 같다. 더러워진 인류심령을 도덕으로 씻어야만이 인류의 행복을 담보할 수 있을 것이다.

인문학은 인문과 인문주의의 개념을 포함할 뿐 아니라 철학, 문학, 예술, 역사 등을 포괄한다. 이러한 학문들은 공동으로 인문학의 핵심 내용을 구성하고 있고, 인류의 문화, 사상과 가치관을 탐구하고 이해하고 실천하는 데에 목적이 있다. 그러나 인문학은 많은 학문분야의 외형적인 것을 단순하게 결합한 것이 아니라, 각 분야의 정신가치를 융합하여 새롭게 인문가치 체계를 건립한 것이다. 비록 시간의 변천에 따라 인문학의 범위는 점차 확대되었지만, 인문영역의 학문분야인 문학, 예술, 역사, 철학이 인문학의 지식체계를 가장 핵심적으로 나타내고 있기 때문에 이를 인문학의 핵심 혹은 '문(예)사철'이라고 한다.

어떠한 문화이든 주체로서의 사람이 창조한 것이다. 주체의 내재성과 외재성 양면은 서로 조건이 되고 상호 작용한다. 그러나 사람의 근본 문제로 말하면 핵심은 내재적인 면이다. 만약 내재적인 면을 버리고 단지 외재화, 심지어 도구화의 면에 한정한다면, 심층적인 문제가 소홀히 되고 사람 자신의 문제가 등한히 되어 사람은 일반적인 사물로 변하여 일반적인 사물과 구별되지 않게 된다. 한마디로 말하면 사람의 존재, 가치와 존엄을 잊어버리게 되어 사물화되고 동물화되는 것이다.

본서는 인문학 본래의 정신가치를 구현하기 위해 인성, 자유, 이성, 도덕, 심미(審美), 느낌 등의 의미에 대해 생명과 생활 속에 드러내려고 하였다. 본서의 전체를 꿰뚫은 정신가치는 자유와 도덕주체(본심)이다. 전자는 인문학의 바탕이고 후자는 인문학을 전개하는 추진자이다. 이것에 의해 내재적인 인문주의를 재건할 뿐 아니라 인문사회, 인문세계를 전개해 나가는 것이다. 또한 개인의 수양(도덕, 예술, 느낌)과 행복을 담보할 수 있는 것이다. 본서가 인문학의 내용 측면에서 정의를 내린 것은 학문적인 시도라고 할 수 있다. 이를 통해 진정한 인문학이 앞으로 더욱 체계적인 발전을 하기를 기대한다.

부족한 필자가 삶을 살아가는 데 수수께끼와 같은 인생의 그물망을 헤쳐 나아가도록 사랑을 담아 주고 유일무이한 인생극본을 쓰는데 응원을 아끼지 않는 지기(知己)와 같은 동반자인 아내에게 감사함을 전한다. 마지막으로 인문학을 통하여 개인의 행복한 삶의 바탕을 마련할 뿐만 아니라 과학과 인문이 균형을 이루어 지속 가능한 인류의 미래가 펼쳐지기를 진심으로 바란다.

2025년 3월
저자 이상선

목차

머리말   4

제1강   인문이란 무엇인가?

1. 병든 문화의 해독제   16
2. 인문의 의미   19
3. 고대 그리스의 연역적 기하학과 올림픽   24
4. 서양과 동양의 인문이상   27
   - (1) 서양   27
   - (2) 동양   30

제2강   인문학이란 무엇인가?

1. 인문학의 의미   38
2. 인문학은 인문에 관한 깨달음의 학문이다   43
3. 인문학의 지혜는 '태도'의 이해와 깨달음에 있다   47

제3강   인문과 근대과학

1. 과학과 철학, 인문은 무슨 관계인가?   56
2. 과학   60
   - (1) 과학이성의 특성   62
   - (2) 고대 그리스 과학의 특징   66
3. 고대 그리스의 과학정신이 어떻게 근대에 전해졌는가?   68
4. 인문과 근대과학의 결합된 면과 단절된 면   71
5. 기술이성과 외재적(닫힌) 인문주의   75

제4강 자유란 무엇인가?

1. 일반적인 의미의 자유 특성   85
   - (1) 제한성   85
   - (2) 모순성   86
   - (3) 위기성   87
2. 몇 가지 시각으로 본 자유   91
   - (1) 적극적인 자유와 소극적 자유   91
   - (2) 감성적인 자유와 이성적인 자유   92
   - (3) 신체의 자유와 의지의 자유   93
3. 자유의 심층적인 이해: 의지의 자유와 자유의 경계   95
   - (1) 이성욕구가 곧 의지이다   96
   - (2) 의지의 자유   98
   - (3) 공평하고 올바르며 사심이 없는 마음과 자유   102
   - (4) 자유의 경계   106

제5강 인문학의 재건과 내재적 인문주의

1. 도구이성과 현대인   110
2. 사람과 우주대자연   113
3. 기계인과 인류   115
4. 외재적 인문주의   118
   - (1) 키케로시대의 인문주의   119
   - (2) 문예부흥시기의 인문주의   120
   - (3) 18세기 독일의 인문주의   121
5. 내재적 인문주의   124
   - (1) 본심의 이해   127
   - (2) 왜 도덕일까?   131
   - (3) 도덕주체   135
   - (4) 현실생활에서 본 도덕주체의 기본특징   141

제6강 문학, 예술, 역사, 철학은 인문학의 핵심이다

1. 문학   147
    - (1) 문학의 의미   147
    - (2) 문학의 일깨워 줌과 인문   149
2. 예술   152
    - (1) 예술의 의미   152
    - (2) 예술과 인문   155
3. 역사   157
    - (1) 역사의 의미   158
    - (2) 역사의 거울과 인문   161
4. 철학   163
    - (1) 철학을 배우는 자세와 그 효과   163
    - (2) 철학의 의미   165
    - (3) 철학의 목적   168

제7강 인문학 지식의 인문학 소양으로의 전환

1. 인문과 인문학 소양   172
2. 인문학 소양   177
    - (1) 인문학 지식과 인문학 소양   177
    - (2) 인문학 지식은 인문학 소양의 토대이다   178
    - (3) 인문정신과 인문행위   179
3. 인문학 소양의 중요성을 높임   183
    - (1) 인문학 소양의 개인에 대한 중요성   183
    - (2) 인문소양의 민족과 국가에 대한 작용   185
4. 인문소양을 높이는 현실적인 길   187
    - (1) 인문지식의 학습을 강화한다   187
    - (2) '사고하는 것'을 좋아하는 습관을 가져야 한다   188

  (3) 지식과 행동을 하나로 일치시켜 실행한다   190

  (4) 신독과 신미의 정신을 가져야 한다   191

제8강   예술수양과 심미경계

 1. 예술과 인간의 삶   195

  (1) 예술은 속박에서 벗어나게 하는 것이고, 사람에게 자유를 주는 것이다   196

  (2) 아름다움(美)의 추구   200

 2. 예술수양의 목적   203

  (1) 성품을 수양하고 기질을 변화시킴   204

  (2) 이성과 느낌의 조화   208

  (3) 절대적 미에 도달   211

  (4) 수양을 통한 선(善)과 미(美)가 하나가 되는 최고의 심미경계   213

제9강   사사로운 느낌과 이성화된 느낌

 1. 현대인과 감각적인 느낌   220

 2. 느낌은 인간의 존재방식이다!   223

 3. 느낌과 마음   225

 4. 느낌과 도덕이성   227

  (1) 느낌의 '자연'을 위배하지 말라! 느낌의 '당연'을 거스르지 말라!   228

  (2) 사사로운 느낌과 이성화된 느낌   231

제10강   인생은 배움과 자각 그리고
가르침의 대순환과정이다

 1. 배움의 대순환과 대학   236

  (1) 새로운 문화와 도덕주체   236

  (2) 배움과 대학   240

2. '가르침을 받음' → '자각함'
   → '다른 사람을 가르침'의 대순환과정 　　　　　　　247
   (1) '가르침을 받는' 단계 　　　　　　　　　　　　248
   (2) '자각하는' 단계 　　　　　　　　　　　　　　252
   (3) '다른 사람을 가르치는' 단계 　　　　　　　　255
   (4) 순환(循環) 　　　　　　　　　　　　　　　　257
3. 진정한 독서란 무엇인가? 　　　　　　　　　　　　261
   (1) 독서의 참뜻: 진정한 책을 읽고, 진정으로 독서한다 　262
   (2) 참 독서의 두 가지 원칙 　　　　　　　　　　　266

제11강 사랑의 경계

1. 상대는 나와 보색관계 　　　　　　　　　　　　　　270
2. 사랑은 경계다! 　　　　　　　　　　　　　　　　　273
3. 사랑을 받으려는 단계 　　　　　　　　　　　　　　276
   (1) 좋아하는 느낌의 단계 　　　　　　　　　　　　276
   (2) 그리워하는 단계 　　　　　　　　　　　　　　277
   (3) 점유하고 지배하는 단계 　　　　　　　　　　　278
   (4) 거래하는 단계 　　　　　　　　　　　　　　　279
   (5) 보답을 바라는 단계 　　　　　　　　　　　　　279
4. 사랑하는 단계 　　　　　　　　　　　　　　　　　282
   (1) 사랑하는 마음으로 관심을 가지고 중시하는 단계 　283
   (2) 사랑하는 마음으로 상대방 입장에서 생각하는 단계 　284
   (3) 사랑하는 마음을 지탱하는 단계 　　　　　　　285
   (4) 사랑하는 마음을 바치는 경계 　　　　　　　　286
   (5) 사랑하는 느낌과 이성의 조화의 경계 　　　　　287

제12강 나는 누구인가? - '너 자신을 알라!'

1. 인문학은 '나는 누구인가?'에 대한 답을 얻도록 한다 — 290
2. 나는 누구인가?: 오이디푸스의 운명적 수수께끼 — 293
3. 소크라테스의 "너 자신을 알라!"의 의미 — 298
4. 너 자신을 알라: 현상의 나와 본질상의 나 — 300
5. 너 자신을 알라: 자유를 향한 경계 — 306
   (1) 가장 낮은 경계 — 307
   (2) 두 번째 경계 — 308
   (3) 세 번째 경계 — 309
   (4) 네 번째 경계 — 310
   (5) 다섯 번째 경계 — 311
   (6) 여섯 번째 경계 — 312

제1강

인문이란 무엇인가?

----

1. 병든 문화의 해독제
2. 인문의 의미
3. 고대 그리스의 연역적 기하학과 올림픽
4. 서양과 동양의 인문이상
   (1) 서양
   (2) 동양

병든 문화의 해독제

과학기술이 고도로 발전된 현대사회에서 물질생활 수준은 끊임없이 제고되어 사람들의 생활방식과 가치관 역시 심각한 변화를 초래하였다. 그뿐만 아니라 인공지능시대의 도래와 우주자연계의 인간화로 말미암아 인류에게 어두운 그림자를 지울 수 없는 것 같다. 즉, 인공지능시대, 환경오염, 자원고갈, 도덕적 혼돈 상태 등의 문제 특히 인공지능시대의 기계인과 인류의 문제 그리고 우주자연계의 인류에 대한 공격의 문제가 대표적이라고 할 수 있다.

이러한 문제의 근원은 사람들이 물질문명을 추구하는 과정에서 정신문명을 무시한 데에 있다. 즉 과학기술의 압도적인 추세에 인문정신이 지나치게 위축된 것이다. 과학과 인문 양자 모두 인류에게 필수적이기 때문에 어느 하나도 버릴 수 없는 상황에서 정신문명은 과학문명 앞에 숨을 죽이고 쳐다만 보는 꼴이 되어 버렸다.

21세기를 맞이하면서 인류는 인공지능시대, 유전자 조작 및 생명복제 등을 주도하는 생명과학시대에 살고 있을 뿐 아니라, 인류사회의 놀라운 발전의 모습과 더불어 첨단 과학기술의 발달에 의해 우주여행의 막을 올리는 상황을 목도하고 있다. 또한 인류는 자신을 위해 우주자연계를 훼손하고 그것들의 자유를 침해한 만큼 역으로 우주자연계가 인류를 공격하여 우리의 자유를 침해하는 상황이 갈수록 심각해지고 있다.

인류는 크게 보면 두 가지 중대한 위험을 안고 있다. 강한 인공지능시대의 인류 궤멸문제와 우주자연계의 인류에 대한 공격문제이다. 전자든 후자든 간에 모두 인류의 분열된 이성이 초래한 것이라고 할 수 있다. 다시 말하면 이성을 도구화하거나 기술화하여 촉발된 것이다. 이는 온전한 이성이 아니다.

인간은 기계문명의 발달로 초래된 정보화시대와 인공지능시대로 말미암아 개성이 좌절되고 우리의 인간성까지도 기계장치의 한 기능으로 화하여 인간의 자주성은 완전히 말살당하는 상황이 전개되고 있음에도 불구하고 크게 관심을 갖지 않는 것 같다.

이와 같은 상황에 대해 어떤 사람들은 상당히 낙관적인 태도를 가지고 있지만, 실제로 이러한 문화현상 뒤에 인류의 심각한 위기가 숨겨져 있음을 부인할 수 없다. 이러한 위기의 배후에는 병든 문화가 자리하고 있는데, 병든 문화는 개인, 가정, 사회 즉 인류 생존을 위협하는 무서운 질병이다. 병든 문화는 병든 의식에서 비롯된다. '진정한 인문학'은 병든 문화를 치유하는 해독제 역할을 하는 것이다.

여기서 '진정한'이란 말을 사용한 것은 형식적이고 체계가 없는 마치 '껍데기'와 같은 것을 염두에 두고 표현한 것이다. 화려한 언어의 말잔치로 꾸미고 전파해서 병든 의식에 해독제 역할을 할 수 있겠는가? 독성 물질을 없애는 역할을 하는 것이 해독제이다. 잘못된 의식, 병든 의식의 근본 원인을 자기 자신이 깨달아서 고쳐 나가야 하는 것이다.

그러기 위해 진정한 인문학 지식을 통하여 인문소양을 길러야 한다. 배운다는 것은 이해하고, 기억하고, 익히고, 자기 것으로 소화하는 과정이다. '자기 것으로 소화하는' 과정에서 비로소 그 병든 의식의 병인을 깨닫게 되어 변화가 일어나는 것이다. '자기 것으로 소화하는 것'이 진정한 배움이다. 혹시 우리의 교육이 이해하고, 기억하는 것에서 서성거리는 것은 아닌지 깊은 성찰이 필요할 것 같다.

문화 위기 즉 생존 위기는 물질 면의 결핍에 있는 것이 아니라 정신면의 황폐함과 삭막함에 있다. 정신면이 거칠고 메말라 삭막한 것은 인류 심령에 대한 진정한 반성이 부족할 뿐 아니라 심령에 관련해서 개선해야 할 것들에 대한 사고가 부족하다는 데에 있음을 지적해야 할 것 같다.

옛사람은 '과도한 물질문명을 멈출 줄 아는 것'이 인문(人文)이라고 지적하였다. 비록 실용주의가 압도하는 상황이라고 할지라도 그것을 더욱 촉진시킬 것이 아니라, 인류의 심령에 대한 진지한 반성을 통해서 인류 운명과 그 삶을 성찰하여 새로운 돌파구를 마련해야 한다.

따라서 인류의 지속 가능한 삶이 되려면 물질문명과 정신문명이 균형을 이루어야 한다. 즉, 과학과 인문이 균형을 이루어야 한다. 이는 인류 전체에 적용될 뿐 아니라 개인, 가정, 국가 역시 똑같이 적용된다. 인문이란 관념은 고대 그리스와 『역경』에서 비롯되었다. 이는 인문학을 전개해 나가는 출발점이라고 할 수 있다. 그 속에는 인문, 인성, 자유, 이성, 도덕이라는 핵심적인 의미가 바탕에 깔려 있다.

2

인문의 의미

 인문의 의미가 변용되어 인문주의로 전개되었고 이것이 인문학으로 발전된 것이다. 따라서 인문이 핵심 개념임을 알 수 있다. 인문[1]이란 말은 크게 두 가지 핵심 내용을 가지고 있다. 하나는 인성, 이상적인 사람을 의미한다. 다른 하나는 이러한 이상적인 사람 혹은 인성을 배양하고 나타내는 방식이 다양화된 것을 말한다. 즉 다양한 문화지

---

1) 인문(humanities: 인문학)은 인성(humanity)에서 온 말이다. 인문(humanities: 인문학)은 라틴어 'Humanitas'(후마니타스)에서 비롯된 것이고 이는 또 희랍어 'paideia'(파이데이아)의 의미를 계승하였다. 파이데이아는 인성의 배양이나 우아한 예술의 교육과 훈련에 대한 것이다. 동양에서 『역경』은 "하늘의 꾸밈, 강유(剛柔)의 교차, 태양과 달, 별의 운행의 상황을 관찰하면, 사시(四時)의 변화를 살펴 알 수 있고, 인류문명이 발전되는 것을 관찰하면, 천하가 변하여 문명에 이르도록 하여 멈추게 한다.(觀乎天文, 以察時變; 觀乎人文, 以化成天下)"고 했다. 이곳의 '人文化成'은 기본적으로 가정, 사회, 국가의 각종 인간관계를 규범화하는 윤리개념이다. 사람의 문화교양의 인문정신을 중시하고, 농후한 범도덕주의 색채를 띠고 있다. 동서 고전의 인문정신은 문화배경상의 차이가 있지만, 그 기본정신의 알맹이는 서로 통한다. 다재다능하고 이상인격을 갖추고 도덕적 품행(몸가짐)을 중시하는 사람을 배양하는 것이다.

식 혹은 인문학 지식을 의미한다. 이는 결국 인류사회의 각종 문화현상으로 전개되는 것이다.

그러나 인문의 핵심 내용인 인성을 파악하는 접근방식과 인성의 의미 혹은 그 차원이 서양과 동양이 서로 통하는 점이 있고 또 서로 상이한 점이 있다. 고대 그리스인의 생각에 따르면 이상적인 사람, 진정한 사람이 곧 자유로운 사람, 자유인이다. 그래서 전체 서양의 인문전통은 시종일관 '자유'의 이념이 그것을 꿰뚫고 있다. 또한 '인문'과 상관된 말들은 '자유'의 어근에 의해 구성된 것이다.[2]

고대 그리스인이 존중하며 추구한 이상적인 인성은 '자유'라고 할 수 있고, 자유는 그들의 가장 기본적인 인성이며 그들의 이른바 인문교화 역시 자유교육이다. 따라서 고대 그리스인은 시작과 동시에 '이상적인 인성'을 '자유'와 동일시하였다. 그렇다면 이러한 자유를 실현하는 방식은 무엇인가? 이성이다. 이성은 자기 자신에 의하고 자신의 논리에 의해 발전해 가는 것이므로 자유이다.

이성을 이론이성과 실천이성으로 구분하여 말할 수 있다. 이론이성은 세계를 인식할 때 사용한 이성능력으로 그 대상은 자연계의 현상과 규율이라고 할 수 있다. 이론이성의 목적은 보편적이고 필연적인 지식체계를 건립하는 것이다. 실천이성은 사람들이 행동할 때 사용하는 이성능력을 가리키는 것이고, 그 대상은 인류행위의 도덕규범이다. 실천이성의 목적은 사람들이 행동 중에 자유와 도덕의 통일을 실

---

2) 예컨대 liberal arts, liberal education.

현하도록 이끌어 준다.

이성은 깊이 대상을 분석하고 전체적으로 대상을 파악하는 능력이다. 이러한 능력이 있으면 사람은 대상이 어떠한 존재자이고, 어떠한 속성과 변화를 가지고 있으며 그리고 왜 변화하고 무슨 규율에 따라 변화하는지 등등을 알 수 있다. 과학은 사실문제에 답하기 때문에 이론이성에 의하고 이를 과학이성이라 부른다.

고대 그리스인은 이러한 '자유'를 실현하기 위해 지식형식상에서 강조한 것이 이성이고 오직 이성을 가진 사람만이 '자유'를 실현할 수 있다고 생각하였다. 즉 (이성)자신에 의한 것이고 자신의 논리에 의하여 전개되는 것이 자유이다. 이러한 '이성'의 형식은 나중에 또 '과학'이라 불렀다. 따라서 고대 그리스인의 인문의 인(人)과 문(文)은 자유와 과학에 의해 구성되었다고 할 수 있다.

이성이 객체 즉 외부세계에서 사물의 규율, 원리, 법칙 등을 얻어 내는 것은 이성이 자신의 논리에 의해 전개되어 얻는 것이다. 즉 이성이 객체를 통해 얻은 자유이다. 이는 주체가 아닌 객체사물의 원리, 법칙을 얻는 것을 중심으로 여긴 것이므로 '물본(物本)'[3]이라고 할 수 있다.

---

3) 물본(物本)은 외부사물의 규율, 법칙, 원리 등을 파악하는 데에 있고, 이렇게 객체를 위주로 하여 그 규율, 법칙, 원리 등을 파악하면, 주체방면의 이성은 가능한 한 외부사물이 전환되어 활동하는 것을 확보하려고 한다. 신본(神本)은 사람의 주체성을 비우거나 심지어 없애는 것이며, 모든 것을 지고무상의 신(神)에게 건네준다. 그래서 종교상에서 경건하고 정성스러울수록 자신의 주체성을 없애 버리고, 자신을 신(神)의 면전에 던지고 철저하게 신(神)에 귀의한다. 여기서 주체를 여는 문제가 존재하지 않다는 것을 알 수 있다. 진정한 인문주의는 도덕주체의 문을 열

말하자면 인문의 중심점이 '물본(物本)'쪽으로 이동되어 있고, 이는 형이상학과 과학을 낳았다. 또한 이는 나중에 '외재적(닫힌) 인문주의' 사상을 발생하는 바탕이 된다.[4]

동양시각으로 말하면, 인문이란 말은 크게 두 가지 측면을 포함한다. 인(人)의 측면과 문(文)의 측면이다. 인(人)은 이상적인 사람, 이상적인 인성을 의미하고 있고, 문(文)[5]은 사람이 자신의 인성을 나타내는 방식이다. 고대 유가에서 인문의 인(人)과 문(文)은 인(仁)과 예(禮)에 의해 구성되었다고 할 수 있다. 따라서 문(文)은 이상적인 사람이나 이상적인 인성을 배양하고 나타내기 위해 마련한 인문학 과목과 그 과정을 가리킨다고 할 수 있다.

동양에서 인문이란 말은 특별한 의미를 인류에게 알려 주고 있다. 즉 "문명을 멈추는 것을 아는 것이 인문이다."[6] 문명 즉 물질문명이 과도하게 한쪽으로 치우쳤을 때 야기되는 위험성을 바로 잡을 줄 알아

어야 비로소 종합적이고 광범위한 형태에 이를 수 있고 문화생명을 이끄는 최고 원칙이 될 수 있다.

4) 고대 그리스인으로 말하면 사람이 사람이 되는 것을 담보할 수 있는 그러한 우아한 예술(技藝)이 '과학'이고 '자유'에 대한 추구는 위대한 과학이성 전통의 진정한 비밀이 있는 곳이다. 희랍철학은 희랍과학전통의 최초의 표본이고 희랍철학 중의 자연철학이 바로 근대 자연과학의 직접적인 선구이다.

5) '문(文)'은 고대에 '문(紋: 무늬 문)'과 통하며 동사이다. 기본적인 의미는 아름답게 꾸민다는 의미의 '문식(文飾)'이다. 이후 발전하여 이상적인 인성(人性)을 달성하기 위해 교화하고, 배양하고, 예술적 수단으로 인물을 묘사하는 방식이 되었다. 이른바 '문화'가 가리키는 것은 이상적인 인성을 훈련하는 이러한 과정이다.

6) 『역경』, 賁卦, "文明以止, 人文也."

야 함을 일깨워 주고 있다. 따라서 인문의 또 다른 의미는 과도한 문명을 제한한다는 뜻이 내포되어 있다. 이는 인류에게 주는 지혜이자 적당히 멈추는 법을 알아야 함을 제시한 것이다.

　동양은 이상적인 사람이나 이상적인 인성에 관한 관념은 늘 천인합일(天人合一)의 관념과 연결되어 있다. 즉, 우주자연계의 내재가치인 천도(天道)와 사람이 마땅히 따라야 하는 도리인 인도(人道)가 하나가 되는 것이다. 또 다른 말로 표현하면 천의 덕성과 사람의 덕성이 하나로 합한 것이다.

　따라서 서양의 인성의 의미와 비교했을 때 동양의 인성은 보편적이고 절대적인 차원을 의미하고, 서양은 비교적 구체적이고 상대적인 인성을 가리키고 있다. 서양의 객체에서 규율, 원리, 법칙을 얻어 내는 이성을 이론이성이라 하고 또 과학이성이라고 할 수 있다. 동양의 주체에서 인성을 실현하는 이성을 도덕이성이라고 할 수 있다.

　동양의 유가가 주체에서 보편적이고 절대적인 인성을 실현하는 것을 핵심으로 여김으로써, 사람을 근본으로 여기는 온전한 인본(人本) 즉 '내재적(열린) 인문주의' 사상을 전개할 수 있다. 이상적인 사람, 이상적인 인성을 배양하고 나타내는 의미는 흔히 인문학 혹은 인문학분야와 동일하게 여겼다. 사람(人)과 문(文)은 결합되고 또 내적인 관련을 가지고 있다. 학문의 의미상의 인문은 결국 이상적인 인성 의미의 인문에 힘쓰는 것이고 인(人)과 문(文) 양자는 상호 보완관계이다.

3

고대 그리스의
연역적 기하학과 올림픽

 고대 그리스인은 두 가지 위대한 것을 생각해 냈는데, 첫째는 연역적 기하학이고 둘째는 올림픽이다. 이 양대 발명이 본질상 사람과 세계의 관계가 자유라는 의미에서 건립된 것이고 비공리적 목적에서 나온 것임을 알 수 있다. '연역적 기하학'[7]은 비공리적이다.
 유클리드(Euclid, 기원전 대략 330—275년?)에 관한 역사적인 저작에 다음과 같은 이야기가 있다. 어떤 학생이 그에게 '기하학을 배워 무슨 쓸모가 있습니까?'라고 묻자, 이제까지 온화하게 대했던 유클리드는 이때 발끈 화를 내며 즉시 그를 '나가.'라고 했다. 그 의미는 '나한테 비공리적인 기하학을 배우는데 뜻밖에 그것이 무슨 쓸모가 있느냐고

---

7) 도형의 증명을 기본으로 하는 기하학을 말한다. 이집트 기하학은 경험을 바탕으로 한 것이기 때문에 이를 실험적 기하학이라고 말한다. 그러나 그리스 기하학은 이런 이집트의 경험을 논리적으로 증명한 것이다. 따라서 그리스 기하학은 연역적 기하학이라 할 수 있다. 그리스 기하학의 아버지는 탈레스이고 그는 지팡이하나로 피라미드의 높이를 구했다고 한다. '피타고라스의 정리'로 유명한 그리스의 또 다른 수학자 피타고라스는 '피타고라스 학파'가 형성될 정도로 수학을 연구하였다.

묻는 것은 이는 정말로 나를 모욕한 것이다.'라는 말이다.

공리적이란 어떤 일을 할 때 자신의 업적과 명성과 이익을 먼저 생각하거나 추구하는 것을 말한다. 기하학을 배우는 것은 단지 지식을 위해 지식을 추구한 것이지 어떤 이익과 공명과는 아무 상관이 없다. 이성이 자신의 논리에 의해 기하학의 원리를 전개해 감으로 이는 자유의 학문이다. 이성(지성)의 자유이다.

오늘날의 올림픽 경기는 많은 공리적인 목적의 복잡한 스포츠 경기를 포함하고 있다. 하지만 고대 그리스인한테서는 결코 이러한 것이 없었고 그들에게 올림픽은 단지 자신의 최고의 기량과 능력을 발휘할 따름이다. 또한 신을 기쁘게 하고 이를 통해 인간이 무엇인가에 대한 답을 찾는 겸허하고 진지한 탐구의 과정이었다. 승리자가 받는 보상은 고작 야생 올리브관 하나였을 뿐이다. 그러므로 많은 사람들은 이를 두고 고대 그리스인이 인류의 '어린이 단계'라고 말한다.

이러한 논란과 상관없이 고대 그리스인의 세계관속에서 이러한 '자유'의 관계를 처음부터 확립하였는데 '자유'의 관계를 또한 '심미적(審美的)관계'[8]라고 하고 '심미'적 관계는 일종의 비공리적 관계이다. 이러한 '자유'를 실현하기 위해 고대 그리스인이 지식형식상에서 강조한 것이 이성이다.

---

8) 만약 개인의 심미(審美)가 제한과 억압을 받는다면 심미의 체험은 방해와 왜곡되고, 진정으로 예술의 미(美)를 체험할 수 없다. 따라서 자유는 심미의 전제와 보장이다. 미학에서 심미와 자유는 밀접하게 관계되고 양자는 서로 영향을 주고 서로 촉진한다.

오직 이성을 가진 사람만이 '자유'의 관계를 실현할 수 있다는 것이다. 객체에서 규율, 원리, 법칙을 얻어 내는 이성은 자신에 의한 것이고 자신의 논리에 의하여 전개되는 것이 자유이다. 이러한 '이성'의 형식은 나중에 또 '과학'이라 불렀다.

고대 그리스의 이러한 특징 즉, 이성이 객체에서 규율, 원리, 법칙을 얻어내는 객체중심은 후에 키케로의 시대의 인문주의, 문예부흥시기의 인문주의, 18세기 독일의 인문주의에 스며들었다. 따라서 그것들은 외재적인(닫힌) 인문주의로 전개되어 그 한계성과 부족함이 시대에 따라 특징적으로 달리 나타난 것이다.

4

서양과 동양의 인문이상

(1) 서양

철학과 과학[9]은 고대 그리스시대에 서로 분리되지 않았다. 후에 비록 과학과 철학이 분리되었지만, 어느 면에서 보면 서양철학은 여전히 넓은 의미의 서양과학의 어떤 특정형태(후설의 이상은 철학을 가장 엄격한 과학으로 건설하는 것이다)라고 할 수 있다. 헤겔이 철학을 철학과학이라고 부르는 것은 서양철학이 원래 서양의 과학전통에 속하기 때문이다. 이 전통을 이해하기 위해 우리는 고대 그리스와 유럽인의 인문이상에서 말을 시작해야 한다.

고대 그리스와 유럽인의 인문이상은 '자유'이다. 그들은 자유를 사람이 사람이 되는 근본으로 여겼다. 고대 그리스 철학과 문학의 희극

---

[9] 철학에서 떨어져 나와 독립적인 방법론을 이루게 된 학문의 총체라고 할 수 있다. 가장 범위가 넓은 학문이며, 보통 좁은 의미에서 자연과학을 칭하는 말로 많이 쓰인다.

의 아름다운 작품(시문)에서 '자유'이상에 대한 찬양과 추구를 엿볼 수 있다.

자유로운 사람은 '자신'의 사상관점을 발표할 수 있는 사람인데 어떻게 해야 비로소 '자신'의 관점을 발표할 수 있을까? 고대 그리스 철학자는 오직 이성을 가져야만이 비로소 이러한 '자유'를 실현하는 것을 담보할 수 있음을 알았다. 자유로운 사람이 이성적인 사람이고 '이성'은 '과학' 속에서 구현되는 것이다.

아리스토텔레스의 『형이상학』 중에 과학에 관하여 일종의 자유의 탐구로 여기는 설명이 많다. 그는 "쾌락을 제공할 수 없을 뿐 아니라 또 필요를 만족시키는 것을 목적으로 하는 과학이 아니다."[10]라고 제기하였고, "지식 자체를 위해 지식을 구한다."[11]라고 했고, "지식을 위하여 지식을 추구하고 결코 어떤 실용을 목적으로 삼지 않는다."[12]라고 했다.

마지막으로 그는 "분명히 우리가 그것을 추구하는 것은 결코 기타 효용을 위한 것이 아니라 흡사 우리가 자기를 위하고 결코 타인을 위

---

10) Edited by Jonathan Barnes, The complete works of Aristotle(The Revised Oxford Translation), volume two, 981b25, princeton university press, 1985.

11) Edited by Jonathan Barnes, The complete works of Aristotle(The Revised Oxford Translation), volume two, 982b1, princeton university press, 1985.

12) Edited by Jonathan Barnes, The complete works of Aristotle(The Revised Oxford Translation), volume two, 982b22, princeton university press, 1985. (evidently they were pursuing science in order to know, and not for any utilitarian end.)

하지 않고 존재하는 사람을 자유인(自由人)이라고 부르는 것과 같이 각종 과학 중에 오직 이러한 과학이야 말로 자유적이고 오직 그것이야말로 단지 그 자체를 위하여 존재하는 것이다."[13]라고 했다.

여기서 말한 것은 당연히 철학이고 아리스토텔레스 역시 그것을 모든 과학(지식)중 최고급으로 간주한 것이며, 가장 이상적 과학형태라는 것이다. 이러한 과학이상은 아리스토텔레스한테서 찾을 수 있을 뿐 아니라 그 이전의 플라톤, 소크라테스한테서 똑같이 찾을 수 있다.

이와 같은 과학이상은 아리스토텔레스가 창립한 제1철학(형이상학)쪽에서 구현되었고 또 그리스인 특유의 과학과 수학 쪽에서 구현되었다. 플라톤은 『이상국』에서 소크라테스의 입을 빌려 특히 수학의 비공리성과 그것의 순수성, 그것의 진리를 추구하는 것에 대한 필요성을 강조하였다. 왜냐하면 산술과 기하의 학습은 장사를 하기 위한 것이 아니라 "영혼이 순수이성을 사용하여 진리 자체를 통하지 않을 수 없게 하는"(Plato, 526b) 것이고, 이 과학의 진정한 목적은 순수하게 지식을 위한 것이기 때문이다.

고대 그리스인은 연역과 추리의 수학전통을 개척하였다. 이는 먼저 그들이 수학이라는 과학을 '자유민'이 필수적으로 '자유'를 배양하는 학문으로 간주하는 것이다. 자유의 학문이 순수한 학문이고 실리에 제약을 받지 않는데, 연역과학이 이 '자유'의 원칙에 부합한다.

---

13) Edited by Jonathan Barnes, The complete works of Aristotle(The Revised Oxford Translation), volume two, 982b26-28, princeton university press, 1985.

자유는 인문학을 구성하는 기본적인 가치이다. 사람에게 자유가 없다고 한다면 어떤 것도 말하기 어렵고 말해서도 안 된다. 내가 상대를 한 대 때리면 나는 왜 책임을 져야 하는가? 내가 노인에게 자리를 양보하는데 왜 덕성이 고상하다고 하는가? 바로 내가 상대를 때릴 수도 있고 상대를 때리지 않을 수 있으며, 내가 자리를 양보할 수 있고 양보하지 않을 수 있기 때문이다. 할 것인가 말 것인가는 자유이다.

만약 내가 다리를 다쳐서 단지 그곳에 앉아 있을 수밖에 없다면 당신은 내가 자리를 양보하지 않는 것이 도덕상 문제가 된다고 질책할 수 없다. 만약 내가 때린 것이 어떤 물리적인 규율의 필연성으로 말미암아 초래된 것이라면, 그건 나도 방법이 없는 것이다. 그러므로 도덕 가치는 자유를 요구하고 이는 고대 그리스 시대부터 시작하여 매우 강조된 것이다.

(2) 동양

여기서 우리는 동양의 사상, 특히 중국 고대 사상에 이러한 자유가 있는가를 생각하지 않을 수 없다. 고대 중국철학에서 최고의 인성(人性)은 인(仁)이고 인의(仁義)의 인(仁)이다. 이 교화[14]의 방식은 '예

---

14) 교화와 교육이 비록 서로 관계되지만, 서로 다르다. 교육은 지식의 전수와 기능의 배양에 더 치중하지만, 교화는 환경과 문화의 영향을 통하여 사람의 행위와 생각을 바꾸는 것을 강조한다. 교화는 점진적이고 또 지속적인 과정이고, 정식 교육활동을 포함할 뿐 아니라 사회환경과 문화적 분위기의 개인에 대한 영향과

(禮)'이다. 여기서 동양과 서양의 철학의 중심점이 다르다는 점을 알아야 한다. 동양은 무게중심이 주체의 실천측면에 있고, 서양은 무게중심이 객체의 지식측면에 있다.

아리스토텔레스는 나는 나의 스승을 사랑하지만 나는 특히 진리를 사랑한다고 말한 명언이 있다. "나는 스승인 플라톤을 사랑하지만 나는 더욱 진리를 사랑한다."[15]라고 했다. 이 속에 스며든 것은 무슨 정신인가? 진리를 추구하는 자유정신이 스며 있다. 더 구체적으로 말하면 주체가 아닌 외부사물의 규율, 원리, 법칙을 얻는 것이고 이는 객체에 중심점이 맞추어져 있다. 즉 객체 지향적이라고 할 수 있다.

공자는 "군의 총사령관은 바꿀 수 있지만, 일반사람의 의지(志)는 바꿀 수 없다."[16]라고 했다. 이 '지(志)'가 바로 사람마다 가지고 있는 자유의지이고, 이러한 자유의지는 사람의 존엄을 구현하고, 빼앗을 수 없는 것이다. 이렇게 강렬한 대비(contrst)로 비유한 것은 인류의 의지를 확립하는 데에 있다. 즉, 진정으로 강력한 주체성과 자유의지를 확립하고, 자신의 운명을 장악하고 자신의 사명을 완성하는 것이다.

빼앗을 수 없는 의지가 즉 독립적인 의지이다. 보통 사람은 비록 귀족은 아니지만 자신의 강제받지 않는 의지를 가지고 있다. 공자의 이 말이 비록 간략하지만, 깊고 중요한 의의를 가지고 있다. 이는 당시 평

관계된다.
15) '나는 플라톤을 사랑하지만, 진리를 더 사랑한다(Amicus Plato, sed magis amica veritas).'
16) 『논어』, 자한편, "三軍可奪帥也, 匹夫不可奪志也."

민지위의 제고를 나타낸 것이고 또 유가의 의지에 대한 기본관점을 표명한 것이다. 의지가 객관조건에 제약을 받는지를 막론하고, 사람은 다른 사람에 대해 말하면 독립된 의지를 가지고 있고 다른 사람의 강제를 받지 않는다.

공자가 백이(伯夷)와 숙제(叔齊)를 칭찬하며 "자신의 의지를 굽히지 않고 자신의 고귀한 존엄을 지키는 것은 백이와 숙제이다."[17]라고 했다. 이러한 말들은 '의지'에 대한 중요성을 분명하게 나타낸 것이다.

공자는 '자유'라는 말을 사용하지 않았고 "유기(由己: 자기 자신으로부터, 자기 자신에 의해)"를 제시하였다. 그는 "어진 덕을 실행하는 것은 완전히 자기 자신에 의한 것이지 설마 다른 사람에 의한 것이겠는가?"[18]라고 했다. 이러한 관점은 의지의 자유를 인정함과 동시에 실천적인 도덕행위를 통하여 높은 수준의 도덕경계에 도달할 수 있음을 의미하고 있다.

공자는 "나이 칠십에 마음이 하고자 하는 대로 해도 법도에 어긋남이 없었다."[19]라고 했다. 나이 칠십에 마음이 하고자 하는 대로 해도 법도에 어긋남이 없는 자유경계에 도달한 것이다. 즉 실천적인 행위를 통하여 인(仁)의 덕성을 실현하여 자유경계에 도달한 것이다.

자유경계란 자유에 대한 깊은 이해와 깨달음의 수준 혹은 상태를 말

---

17) 『논어』, 미자편, "不降其志, 不辱其身, 伯夷叔齊與!"
18) 『논어』, 안연편, "爲仁由己, 而由人乎哉?"
19) 『논어』, 위정편, "吾十有五而志於學, 三十而立, 四十而不惑, 五十而知天命, 六十而耳順, 七十而从心所欲不逾矩"

한 것이기 때문에 경계가 높은 것이 있고 낮은 것이 있을 수 있다. 이는 서양의 외부사물의 규율, 원리, 법칙을 얻는 것에 무게중심이 맞추어져 있는 것과는 달리 동양은 객체가 아닌 주체 자신의 정신주체[20]를 향하고 있음을 알 수 있다.

서양의 자연계를 향한 지적 탐구의 자유(이성의 자유, 지성의 자유)와 동양의 실천적인 행위를 통한 자유의 경계는 양자의 자유 특색을 잘 대변해 주고 있다. 전자는 객관대상 즉 객체의 지식의 측면에서 후자는 주체의 실천적 행위의 측면에서 자유를 드러낸 것이다.

서양은 지식의 태도로 자연에 관심을 가지고 이를 이해하지만, 동양은 덕성의 태도로 생명과 자연에 관심을 가지고 있는데, 덕성 측면의 생명은 실천과 행위에 관계된 것이다. 인(仁)을 이해하는 것은 인류의 생명이 어떻게 마음의 공부와 실천행위를 통하여 막힘이나 장애가 없이 '느껴 하나로 통(감통)'할 것인가를 깨달아 가는 것이다.

다시 말하면 사람은 느낌을 제고하고 확충하는 공부를 통하여 사사로운 느낌에서 벗어나 이성화된 느낌이 된다. 이러한 느낌 즉, 감통[21]

---

20) 중국철학의 정신주체는 하나의 종합적인 개념으로 논리, 지성, 도덕, 심미와 종교 등 여러 방면의 정신주체를 융합한 것이다. 이러한 정신주체는 논리와 지성의 주체(지식주체)를 포함할 뿐 아니라 도덕주체, 심미주체와 종교주체를 포함하고, 지(知), 정(情), 의(意) 등 이성과 비이성 요소의 종합이다.
21) 감통은 천인합일의 중요한 핵심이다. 즉 맹자의 "선한 마음을 다하면 본성을 깨달아 알 수 있고 본성을 알면 천을 깨달아 알 수 있다(盡心知性知天)."라고 했다. 여기서 깨달아 아는 것은 곧 감통을 의미한다. 천과 감통(느껴 하나로 관통됨)하는 것이 곧 천인합일이다. 결국 인(仁)과 천(天)의 내용의미가 같음이 감통이다.

을 통하여 천의 덕[22]과 하나가 되는 것이다. 즉 천의 덕과 사람의 덕이 하나가 되는 것이고, 천인합일이 되는 것이다.

지식의 측면에서 자유를 우리는 '이성의 자유' 혹은 '지성의 자유'라고 할 수 있고, 실천행위 측면에서 자유를 '의지의 자유' 혹은 '경계의 자유'라고 할 수 있다. 고대 그리스에서 비롯된 이성이 대상에서 규율, 원리, 법칙을 얻어 내는 객체중심의 전통을 18세기 칸트가 주체중심으로 옮겨 놓아 주체의 문을 연 것은 획기적인 사건이 아닐 수 없다. 칸트는 의지의 자유를 강조하였다.

동양에서 인문교화는 서양과 마찬가지로 한편으로는 '사람이 사람이 되는' 내면적인 수양을 강조하고 또 한편으로는 예의와 음악, 예의 형식 등 문화형식을 강조한 것이다. 그렇다면 '사람이 사람이 되는' 가장 중요한 것은 무엇인가? 유가철학은 이상적인 인성(人性)을 인(仁)으로 규정하였다. 사람이 인(仁)이고 인(仁)이 사람이라고 생각한 것이다.

그렇다면 인(仁)은 어떤 방식을 통하여 얻을 수 있을까? "자기 자신

감통은 느껴 하나로 관통하는 것을 의미한다.
22) 이 덕(德)이 곧 '만물을 기르는' 덕(德)이다. 이것이 천의 덕(德)이다. 『역전』은 "천지의 대덕을 생(生)이라 한다(天地之大德曰生).”라고 했다. 생(生)은 천지의 최대의 덕성이다. 생(生)의 목적성은 선, 미의 방향을 지향하면서 발전한다. 선이 곧 목적이다. '끊임없이 낳고 자라게 하는 것' 이것이 곧 천지의 대덕이다. 천지의 대덕이 곧 천의 덕성이다. 천의 근본 덕성이 생(生)이라고 할 수 있다. 천의 덕성은 만물을 낳고 자라게 하는 것을 목적으로 삼는 '선(善)'을 포함하고 있을 뿐 아니라 만물을 낳고 자라게 하는 '능력'을 포함하고 있다.

의 감성적이고 사사로운 느낌을 극복하여 예를 회복하는 것이다."[23]
여기서 예(禮)는 인(仁)을 실현하는 교화방식이다. 즉, 인(仁)은 예(禮)의 알맹이이고 예(禮)는 인(仁)이 겉으로 드러난 것이다. 동양은 수양을 통한 실천행위에서 의지의 자유를 바탕으로 끊임없이 그 경계를 제고시켜 자유경계를 구현하는 것이다.

여기서 지적해야 할 것은 예(禮)만을 강조하면 쉽게 알맹이를 놓치는 형식주의로 빠질 수 있다는 점이다. 이 점에 대해 우리는 뼈저리게 반성해야 할 문제인 것 같다. 조선조에서 강조되었던 예는 현재 한국인의 형식주의와 깊은 관련이 있다고 본다.

---

[23] 『논어』, 안연편, "克己復禮爲仁."

제2강

인문학이란 무엇인가?

....

1. 인문학의 의미
2. 인문학은 인문에 관한 깨달음의 학문이다
3. 인문학의 지혜는 '태도'의 이해와 깨달음에 있다

1
인문학의 의미

　고대 그리스, 로마에서 비롯된 인문의 의미가 후에 인문주의[24]로 발전되었고 결국 이러한 개념을 포괄하여 인문학이 된 것이다. 다시 말하면 인문학은 인문과 인문주의의 개념을 포함할 뿐 아니라 철학, 문학, 예술, 역사, 언어 등 여러 학문영역을 포괄한다. 이러한 학문들은 공동으로 인문학의 핵심 내용을 구성하고 있고, 인류의 문화, 사상과 가치관을 탐구하고 이해하는 데에 목적이 있다.
　따라서 인문학은 많은 학문분야의 외형적인 것을 단순하게 결합한 것이 아니라, 각 분야의 정신가치를 융합하여 새롭게 인문가치 체계를 건립한 것이다. 간단하게 말하면 인문학은 문학, 예술, 사학, 철학을 핵심으로 하는 '인문'에 관한 깨달음의 학문이라고 할 수 있다.

---

24) 인문주의의 의미를 보다 넓게 보면 키케로시대의 인문주의를 포함할 수 있지만, 인문주의라는 말을 처음 사용한 것은 문예부흥시기의 인문주의이다. 인문학과 인문주의는 깊이 관련되었지만 치중하는 면이 서로 다르다. 전자는 인류정신문화와 가치에 대한 학문연구에 치중하고, 후자는 이러한 가치의 실천과 응용에 치중하여 사람의 존엄과 자유를 강조한다.

문예부흥시기에 유럽의 예술가와 학자들은 고대 그리스와 로마문화에 대해 새롭게 흥미를 가졌고, 고전예술, 문학, 철학을 연구하는 것을 통해야 사람은 비로소 완전한 사람이 된다고 생각하였다. 시간의 변천에 따라 인문학의 범위는 점차 확대되었지만, 인문영역의 학문분야인 문학, 예술, 역사, 철학 등이 인문학의 지식체계를 핵심적으로 나타내고 있다.

또 다른 시각으로 말하면, 자연과학의 방법과 혼동을 피하기 위해 사람들이 흔히 말하는 인문과학을 '인문학'이라고 부른다. 인문영역의 학문을 인문과학이라고 하는데, 이는 자연과학(혹은 사회과학)처럼 과학의 엄격한 의미로 말한 것은 아니다.

어느 면에서 보면, 과학이 지배적인 위치를 차지하는 상황에서 그 명맥을 유지하기 위해 인문과학이라고 표현한 것이라고 할 수 있다. 이러한 상황 속에서 인문과학은 이미 사람들에게 널리 알려진 것이다. 인문학을 인문과학이라고 말한 것은 일종의 범주 혹은 외연식으로 말한 것이다.

필자가 앞에서 문학, 예술, 역사, 철학이 인문학의 핵심이라고 한 것은 그것들이 인문정신의 지식교육체계를 비교적 집중적으로 드러내고 있기 때문이다.

인문정신은 일종의 보편적인 인류의 자아관심[25]으로, 인간의 존엄,

---

25) 자아관심은 개인이 곤경, 좌절, 고통 혹은 실망에 처했을 때, 자신의 소극적이고 부정적인 상태를 개방적이고 다정한 마음으로 받아들일 수 있으며, 아울러 스스

인간의 가치, 인간의 운명에 대한 유지, 인간의 추구와 관심으로 나타난다. 또한 인류가 남겨 놓은 각종 정신문화 현상에 대해 매우 소중하게 여기고, 전면적으로 발전하는 이상적인 인격에 대한 긍정과 묘사라고 할 수 있다.

인문학은 인문정신[26]을 집중적으로 나타내는 지식교육체계이고, 그것이 관심을 갖는 것은 인류가치와 인류의 정신표현이다. 인문은 이상적인 인성을 실현하고 표현하는 방식이 다양화된 것임을 나타낸다. 주관의 정신세계 즉 인문의 정신세계와 역사를 통해 누적된 그 정신문화를 인문학이라고 할 수 있다.

이러한 이상적인 인성(人性)은 결국 언어를 통하여 그것을 이해하고 또 그것을 다양하게 활용한다는 측면에서 언어, 문학과 관련을 맺고 있다. 인류사회의 변천과 흥망성쇠의 과정이나 혹은 장구한 전통문화의 인정이라는 면에서 역사와 연결된다. 또한 인류가 가지고 있는 심미능력(예술감상능력)[27]의 측면에서 예술과 문학에 관련된다. 인류이성과 이성의 반성적인 능력의 배양이라는 면에서 철학과 연결

　　로를 위로하고 사랑할 수 있는 능력을 가지고 있음을 의미한다.
26) 인문정신은 보편적인 인류의 자아관심이고, 사람의 존엄, 가치, 운명에 대한 보호유지, 추구와 관심으로 표현된다. 인문정신은 인문소양의 핵심부분이라고 할 수 있다.
27) 예술감상력을 또 심미능력이라 한다. 사람이 미(美)를 느끼고 감상하고 평가하고 창조하는 능력을 가리키는 것이다. 심미감수능력은 심미주체가 자신의 생활체험, 예술수양과 심미취미에 근거하여 의식적으로 심미대상에 대해 감상하고 그 속에서 미감을 얻는 능력을 가리킨다.

된다. 따라서 언어, 문학, 예술, 논리, 역사, 철학이 결국 인문학의 기본과목으로 간주된 것이다.

문학, 예술은 우리에게 보이지 않는 것을 미적 상징어나 혹은 미적 형상과 심미적 깊은 느낌을 통하여 보여 준다. 또한 인문학의 뿌리적인 가치를 친화적인 부호나 언어 그리고 소리를 통해 심미체험을 하도록 하여 깨달음을 갖게 한다.

역사는 인문, 인문주의, 인문학의 역사적 변천과 융합과정 속에서 인문학적인 소중한 개념들(인성, 자유, 이성 등)이 고립되고 단절된 것이 아니라 그 배경을 가지고 있다는 것을 알려 준다. 엄격하게 말해 어떠한 학문도 역사의 차원 내에서 전개된다.

철학은 보편적인 인성, 가치, 존엄, 이성, 존재, 도덕, 자유, 진, 선, 미 그리고 인문정신(인문소양) 등을 인문학의 뿌리로 삼아 철학적인 사고와 분석 그리고 종합을 통하여 인문학의 토대를 마련하는 것이다. 따라서 문학(예술), 사학, 철학을 인문학의 핵심이라고 말하고 이를 줄여서 '문사철'이라고 한다.

인문학의 어떠한 과목의 학습에 대해서도 역사에 대한 회고라고 할 수 있다. 특정한 사람이 특정한 시공 조건 아래서 특정한 문제에 대한 반성적 사고를 통하면서 탐색한 존재에 관한 진리라고 할 수 있다. 그러나 만약 인문학의 학습자가 지나치게 '역사'에 전념하고 자신이 처한 '현재'를 망각한다면, 또한 그들이 인문학의 학습자를 교육체제에 적응하는 일종의 기술수단으로 삼는다면, 그들은 글자의 도끼에 베어 창의력을 상실하게 되는 것이다.

다시 말해 지식에 의해 화상을 입는 것이다. 인문학에 관한 이미 죽은 지식은 인문학이 아니고, 인문학의 용도는 당신이 지식의 부담을 벗도록 하는 데에 있다. 또한 당신이 지식을 배우는 과정 중에 '살아 있는 사람'으로 변하게 하고, 당신이 당신 자신이 되도록 한다.

인문학은 실용과 무관한 학문이고 철학, 역사, 문학, 예술 등을 포함하고 있다. 따라서 인문학은 넓게 확대하면 사람의 문화라고 할 수 있고, 좁게 축소하면 철학이라고 할 수 있다. 인문학에 대해 내용의 시각에서 인문학을 정의 내리는 사람은 매우 드물다. 왜냐하면 인문학의 정의를 내리는 것은 결코 쉬운 일이 아닐 뿐 아니라 상당한 위험부담을 무릅써야 하기 때문이다.

그러나 기왕 인문학이란 말을 분명하게 사용하고 있는 이상 이러한 어려움에도 불구하고 학문적인 시도를 해야 한다. 그렇다면 인문학이란 무엇인가? 한마디로 말해 인문학이란 우주인생의 '인문'에 관한 깨달음의 학문이다. 다시 말하면 인문학의 지혜는 인생의 '태도'의 깊은 이해와 깨달음에 있고, 인문학의 상세한 내용은 인생의 궁극적인 의미의 체험적인 인식에 있다고 할 수 있다.

이러한 의미로 볼 때, 현재 수많은 인문학 관련 서적이 넘치고 있지만, 이와 같은 서적들이 최종적으로 독자를 어떤 경계(경지)의 '깨달음'으로 이끌지 못한다면 그것은 인문연구의 본분과 걸맞는 인문학 저작이라고 할 수 없다.

2

인문학은 인문에 관한
깨달음의 학문이다

왜 '인문학'이 깨달음의 학문이라고 말하는가? 이 '깨달음'[28]을 어떻게 이해해야 하는가? 하나의 예를 들고자 한다. 플라톤은 어떤 문제가 일정한 정도의 수준까지 논의될 때 예를 드는 것과 비유를 드는 것은 가장 좋은 방법이라고 했다. 이는 매우 의미를 가지고 있다.

어떤 것에 대해 알려고 하는 과정에서 이해의 폭이나 깊이가 진행될수록 이 말의 담겨진 의미를 깊이 이해할 수 있을 것이다. 왜냐하면 언어는 일종의 형식이고, 언어는 개념의 힘을 빌려 설명하지만, 이와 같은 설명은 늘 표현하려는 그 의미와 거리가 있기 때문이다.

노자는 "언어로 표현할 수 있는 도는 영원불변한 도가 아니고, 부를 수 있는 명칭은 영원불변의 명칭이 아니다."[29]라고 했다. 말로 설명하는 것은 결국 '도'와 거리가 있고, 그래서 그는 "말없는 가르침을

---

28) 의식상에서 모호한 것에서 분명하게 되고 잘못된 것에서 정확하게 된 것을 말한다. 즉, 미혹에서 분명하게 되고, 또 도리에 대한 인식을 말한다.
29) 『노자』, 제1장, "道可道,非常道"

실행한다."³⁰⁾라고 주장하였다. 어째서 도(道)가 '이름을 붙일 수 없는 것'(不可名)이라고 반복하여 선언하였을까? 이름이 있으면 그것을 한정시키지만, '도(道)'는 한정할 수 없기 때문이다.

통상 우리는 이름(名)으로 어떤 사물을 지칭하고, 어떤 사물은 이름이 부여된 이후 더 이상 기타의 것으로 부를 수 없다. 예컨대 '장미'라는 명칭으로 그것을 '장미'라고 부르는데, 이미 이름이 부여된 이후에는 더 이상 그것을 '채송화'나 '해바라기'라고 부르지 않는다. '도'의 한정할 수 없는 특성 때문에 언어문자로 그것(도)을 지칭할 수 없다는 말이다.

우리는 하나의 예를 통해서 우리가 사고하는 문제에 대해 애매했던 부분이 환히 꿰뚫어 터득하게 되어 깨달음이 생긴다. 또한 어떤 특정한 상황에 의하여 사람 마음을 감동시켜 움직이게 함으로써 깨달음이 발생된다. 예를 들면 서예에 대해 사람이 어떻게 서예를 연습할 것인가를 가르치는 책을 가지고 있는데, 어떤 사람이 이를 전부 암기했다면 어떻게 될까?

그 사람이 틀림없이 좋은 서예 작품을 쓴다고 말할 수 없을 것이다. 왜냐하면 서법예술의 오묘함은 결코 지식으로 완전히 파악할 수 있는 것이 아니기 때문이다.

노자는 "최고의 덕을 가진 사람은 스스로 덕이라고 생각하지 않으므로 덕을 가지고 있고, 가장 낮은 덕을 가진 사람은 스스로 덕을 상실하

---

30) 『노자』, 제2장, "行不言之敎"

지 않았다고 생각함으로 덕이 없다."[31]라고 했다. 이 말은 『노자』에 주석을 단 매우 많은 사람들이 분명하게 설명하지 않았다.

실제로 노자가 여기서 강조한 것은 '덕(德)'의 진실, '자연'이다. 예컨대 '겸허(謙虛)'[32]라는 덕(德)이 만약 사람의 겸허한 행위가 의도 없이 한 것이라면 그의 겸허한 덕(德)이 '최고의 덕(上德)'이다. 즉 덕의 진실과 자연을 드러낸 것이다. 의도가 없이 한 것이 진실이고 자연이며, 겸허한 행위가 덕이다.

반대로 사람이 단지 자기 자신에 겸허한 덕(德)을 나타내는데, 다른 사람한테 자신이 겸허하다는 것을 칭찬받기 위해 겸허했다고 하자. 이는 의도를 가지고 한 것이고 더 이상 자연적으로 그렇게 되는 그러한 진실감이 없는 겸허이기 때문에, '가장 낮은 덕(下德)'에 속한 것이다. 즉, 덕의 진실과 자연을 드러내지 못한 것이다.

여기서 겸허라는 덕에 대해 잠시 생각해 보자. 겸허(謙虛)라는 덕의 배양은 개념의 설명식의 이야기를 늘어놓는 것에 의존할 수 없고, 본보기의 인도가 필요하다. 그것은 지성의 인식이 감당할 수 있는 것이 아니라, 실행중의 '깨달음'에 의거하는 것이다. 일반적으로 배움은 어떠한 것을 이해하고 기억하고 익히고 자기 것으로 소화하는 것을 의미한다.

여기서 자기 것으로 소화하는 것은 인지적 소화와 체험적인 깨달음

---

31) 『노자』, 제38장, "上德不德, 是以有德;下德不失德, 是以無德."
32) 마음을 텅 비우고(虛心) 자신의 능력이나 가치를 과장하지 않는 것을 의미한다.

의 소화로 나뉜다. 겸허의 덕을 배양하는 것을 체험적 깨달음의 소화라고 할 수 있다. 지성(知性)은 경험세계의 인식을 뛰어넘을 수 없다. 그래서 '인문학'은 매우 큰 수준에서 개념적인 인식과 상대적으로 '깨달음'의 학문이라고 할 수 있다.

인문학은 문학, 예술, 사학, 철학 등 여러 학문분야를 단순히 결합하는 것이 아니라 각각의 정신가치를 융합하여 새롭게 인문가치 체계를 건립한 것이다. 따라서 인문학은 인문에 관한 깨달음의 학문이라고 말할 수 있다. 인문가치를 체험적(내면적)으로 깨달아야 그 참뜻을 구현할 수 있다.

우리는 인문학 과목의 교육과 다양한 형태의 토론을 통해 여러 가지 개념을 사용할 수 있지만, 그러나 수많은 말이 결국 역시 심령의 그 '터득' 혹은 '깨달음'으로 귀결되어야 하는 것이다.

칸트는 '미(美)'를 말할 때 '보편성'을 거론하였는데, 이러한 보편성과 인지하거나 인식하는 '보편성'은 서로 다르며 그것은 비개념적이다. 왜 '천재가 예술에 법칙을 부여한다.'고 말했는가? 천재의 작품이 가장 좋은 본보기이기 때문이다. 그것은 '개념'을 통하여 파악하는 것일 수 없고 실천 중의 '깨달음'을 통하여 터득할 수 있다. 이 '깨달음'은 친밀한 생명체험'이 필요한데, 이점에 대해서는 자신의 지난 일을 단지 돌이켜 음미하기만 하면 이해하기 어렵지 않다고 생각한다.

인문학의 지혜는
'태도'의 이해와 깨달음에 있다

 인문학의 지혜는 '태도'의 이해와 깨달음에 있다고 할 수 있다. 그러나 자연과학이 연구하는 '사물'은 '태도'가 없는 것이고, 그것 역시 운동하고 변화하지만 행위를 구성하지 않고 행위를 구성하지 않는 것이 곧 '태도'가 없는 것이다.

 인문학적 지혜는 '태도'의 이해와 깨달음에 있는 것으로 말하면, 자연과학이 연구하는 '사물'은 '태도'가 없는 것이다. 그것 역시 운동하고 변화하지만, 일종의 행위를 구성하지 않고, 행위를 구성하지 않는 것이 곧 '태도'가 없는 것이다.

 예컨대 일식의 발생은 자연현상이고, 이 자연현상 중에 달이 태양을 가리는 것은 결코 달이 태양에 대해 '질투'를 해서 나온 것이 아니고, 또 태양은 어떤 잘못이 있어 '부끄러움'을 느껴 달 뒤에 숨으려고 하는 것이 아니기 때문이다. '질투', '부끄러움'은 모두 일종의 '태도'를 내포하고 있지만, 일식 중의 태양, 달은 이러한 '태도'가 없다.

 자연과학이 연구하는 '사물'과 달리, 사회과학이 대면한 '일'은 사람의 행위이고, 사람의 행위는 '태도'를 가지는 것이다. 하지만 사회과학인 순수 경제학처럼 그것의 사명은 단지 사람의 경제행위 중에서 어떤 규율적인 것을 이끌어 내는 데에 있는데, 경제운용과정 중 이 사람 혹은 저 사람에 대한 '태도'는 결코 관심을 갖지 않는다.

순수 사회학 역시 사회과학에 속하고, 그것은 어떤 때는 사람들이 어떤 문제에서 가지는 '태도'에 주의를 하지만, 그러나 사회학은 계량화된 의미상에서 약간의 유형으로 나눈 '태도'에 대해 통계적 조사를 하는 것이고, 그것이 하려는 일은 그 속에서 어떤 '규율'을 귀납해 내는 것이며, '태도'를 사람의 생명의의에 대한 이해의 일종의 실마리로 삼아 고찰하지 않는다.

인문학과 자연과학은 서로 다르고, 또 사회과학과도 서로 다르다. 그것은 사람과 자연, 사람과 사람의 관계 중에 사람이 가지고 있는 '태도'에 관심을 가지고, 아울러 반성과 검토를 거쳐 이러한 '태도'를 인생의 의의의 문제로 연관시킨다. 따라서 일정한 의미상에서 심지어 인문학의 지혜는 '태도'에 대한 이해와 깨달음에 있다고 할 수 있다.

하나의 일을 하는데 어떤 사람은 진지하게 하고 어떤 사람은 무성의하게 한다. 이 '진지함'과 '무성의'는 두 가지 태도이다. 어떤 행위에 대해 어떤 사람은 '잘한다'라고 하고, 어떤 사람은 싫어하고 어떤 사람은 좋아하고 어떤 사람은 증오한다. 이러한 '좋아한다', '싫어한다', '사랑한다', '미워한다' 역시 '태도'이다.

구체적으로 처해 있는 이러한 태도에 의하여 우리는 서로 다른 태도를 가진 사람의 서로 다른 가치 관념을 거슬러 올라가 탐구하고 아울러 그의 가치 관념으로부터 그의 인생의의에 대한 이해를 발견한다.

'태도' 역시 사람의 목적, 이상에 통하고 있고, '태도'에 의하여 사람의 심령을 꿰뚫어 볼 수 있으며 사람의 영혼의 깊이를 탐지할 수 있다.

'태도'에 대한 주의에서부터 인생의의에 대한 반성적 사고까지, '인문학'은 '태도'와 인생의의에 관여하지 않는 과학 즉, 자연과학과 사회과학과 구별된다. 우리가 만약 여기서부터 하나의 시각을 선택한다면 아마 인문학이 과학과 다른 가장 중요한 특징에 대해 더욱 뚜렷하게 살펴볼 수 있을 것이다.

종합해서 말하면 과학은 '태도'에 관여하지 않고 그것은 사물 혹은 일 속의 어떤 규율적인 것을 찾는 것을 자신의 사명으로 삼는다. 이때 사람의 심령은 심령 밖을 향해 탐문하지만, 인문학의 지혜는 기왕 '태도'에 대한 이해와 깨달음에 있는 이상, 이 이해와 깨달음은 심령과 심령이 서로 통하는 성질을 더욱 많이 가진다.

이러한 전반적인 방향과 일치는 '태도'에 관여하지 않는 과학은 결코 자신이 자신을 위해 활용의 방향을 확정하지 않고, 과학의 활용방향을 확정한 것은 과학관이고, 과학관은 철학에 속하며, 그것은 인문학의 범주에 속한다.

또한 '태도'에 관련되지 않는 과학이 기왕 규율이나 혹은 법칙의 창조적 구상으로 자신의 임무를 발견한다면 그것 역시 왕왕 '형식'화될 수 있고, 간략하고 명확한 공식을 빌려 표현할 수 있다. 인문학의 상황은 이와 같지 않고 그것의 미묘한 함축된 의의는 형식화하기 어려우며, 뜻을 나타내어 간단하거나 복잡한 어떤 공식이 될 수 없다.

과학의 사유는 형식화하고, 인문학의 이해와 깨달음은 형식화할 수 없다. 과학의 규율, 법칙은 통상 말로 표현할 수 있는 것이고, 인문학의 심오함은 말로 다할 수 없는 것이다. 인문학 역시 자연과학과 사회과학처럼 이른바 '입법'을 말한다. 예컨대 칸트가 자유의지는 도덕에 입법하고, 천재가 예술에 입법한다고 말한 것과 같다. 이와 같이 본보기와 패턴의 방식을 나타낸다.

표현방식을 바꾸어도 과학상의 '입법'은 인지방식이나 혹은 인지이성의 '입법'이라고 할 수 있고, 인문학의 '입법'은 실천방식이나 혹은 실천이성(도덕이성)의 '입법'이다. 인문학은 규율성의 사실 그리고 이른바 '태도'를 자신의 이해와 깨달음의 대상으로 삼은 것이 아니라, '태도'는 결국 사람의 가치관 혹은 인생의 길잡이와 관련된 것이다.

깨달음이란 지혜를 깨닫는 것이고 인지(認知)경계의 타파를 의미한다. 지금의 잘못을 뉘우치고 새사람이 되는 것을 비유하는 환골탈태를 의미하고 최고수준의 지혜경계를 의미한다. 사람이 일단 깨달으면 매우 많은 일에 대해 밝고 환해지고 다른 사람과 의견 충돌을 하지 않고, 다른 사람과 따지지 않고 아울러 내면적인 소모를 멀리하고 자신의 일에 전념하게 된다.

깨달은 자는 왕왕 조용하게 변하고 그들은 순간 외부의 여러 가지 오묘한 도리를 꿰뚫어 볼 수 있다. 또한 사물의 본질을 한눈에 간파할 수 있고 사회의 큰 규율을 꿰뚫어 볼 수 있다. 그리하여 자신의 운명을 선택하여 진정으로 자기를 실현하고 발전하며, 물질과 정신영역의 양면을 뛰어넘게 된다. 이것이 바로 깨달음이고 일반 사람이 도달하기 어려운 수준이다.

어떻게 깨달을까? 깨달음은 일종의 사변적 결과와 직각사유의 결과가 있다. 사람들은 끊임없이 사고하고 반성적 사고를 하며, 끊임없이 도전을 받고 곤란을 맞이하는 것을 통하여 도달하는 것이 일종의 깨달음이다.

이러한 과정은 결코 단순한 지식의 누적이 아니라 자기반성과 능동적으로 학습하는 것을 통하여 점점 자신의 본질과 존재 방식을 깨치는 것이고, 이 토대 위에서 자신의 인생의 가치 관념을 건립한다. 이는 길고 또 유익한 길이고, 인내심을 가져야 하고, 간절히 생각하고 기원하는 마음과 굳센 의지로 실천하는 것이다.

직각사유는 하나의 문제에 대해 차츰차츰 분석을 거치는 것이 아니라, 단지 내적 요인의 감지(感知)에 의해 한 찰나에 문제의 답을 얻거나 혹은 아무리 생각해도 이해할 수 없었던 난제에 대해 별안간 '영감(靈感)'과 '한 찰나의 깨달음(頓悟)'을 갖게 되는 것을 말한다.[33] 심지어 미래의 사물의 결과에 대해 '예감', '예언' 등을 하는 것은 모두 직각사유이다. 직각사유는 일종의 심리현상이고, 그것은 창조적인 사유활동의 핵심단계에서 극히 중요한 작용을 한다.

그렇다면 인문학은 인류에 어떠한 기능 혹은 영양분을 줄 수 있을까? 인문학을 통해 '너 자신을 알라!' 혹은 '나는 누구인가?'라는 숙명적인 질문에 답을 찾도록 도와준다. 그리고 인문학을 통해 '사람이 사람

---

33) 이상선, 『느낌, 존재, 경계, 행복』, 17쪽, 좋은땅출판사.

이 되는 것'을 깨닫도록 한다. 또한 인문학은 병든 사회, 병든 문화 속에서 인간이 살아가는 데 있어서 해독제가 될 수 있다.

다시 말하면 병든 의식이 표현되어 병든 문화를 형성하기 때문에 먼저 병든 의식을 치유하는 기능을 인문학이 가지고 있다는 말이다. 또한 이를 바탕으로 개인의 진정한 행복을 누릴 수 있는 바탕을 마련하는 것이다. 인문학은 사람들이 앓고 있는 시대의 질병에 '해독제'가 될 수 있고 그들이 현실을 극복하고 정신을 맡겨 두는 처소가 될 수 있다.

그러나 또 다른 시각으로 보면, 어쩌면 단지 분주하고 촉박한 생활 속에서 '시대에 적합하지 않는' 자신의 심령을 어디에 맡겨 두어야 하는지를 사람들에게 알려 주려는 것이다. 또 어쩌면 유사인간으로 살아가는 사람에게 진정한 인간으로 살도록 하는 것이다.

더 나아가 이 시대에 서서히 물들어 가고 있는 유사행복의 흐름을 진정한 행복으로 가도록 인도하는 것이다. 마지막으로 인문학은 사람의 심령에 꽃을 피도록 할 수 있다. 심령에 핀 꽃이 바로 교양이다. 요즘에는 이 교양이란 말이 사라지고 있지 않는가?

인문학은 인류에게 지혜를 불러일으키는 관념을 제공하고, 올바른 행위를 불러일으키는 진정한 자아를 제공하고, 상상을 불러일으키는 미적 형상을 제공하고, 깊은 느낌을 불러일으키는 미적체험을 하도록 하여 이성화된 느낌의 '나'가 되도록 한다.

인문학을 통해 마음속에서 자신의 생각을 보게 하고, 강력한 내적 동기를 보게 하며, 뭔가 내려놓을 것을 알게 하는 것이다. 내심을 향해 출발한 이러한 여정은 우리의 진정한 자아를 직접 대면하도록 도울 수 있고, 나는 누구인지를 확인하는 것을 돕는다. 따라서 하나의 주된 목적은 당신이 자아를 인식하는 출발점이 되는 것이다.

　우리는 반드시 '내면을 향해 사는 것'을 배워야 비로소 유동하는 시공을 파악할 수 있고 비로소 그 안정된 '진실'을 찾을 수 있으며 비로소 조화롭게 자제할 수 있게 된다.

제3강

인문과 근대과학

1. 과학과 철학, 인문은 무슨 관계인가?
2. 과학
   (1) 과학이성의 특성
   (2) 고대 그리스 과학의 특징
3. 고대 그리스의 과학정신이 어떻게 근대에 전해졌는가?
4. 인문과 근대과학의 결합된 면과 단절된 면
5. 기술이성과 외재적(닫힌) 인문주의

1

과학과 철학, 인문은 무슨 관계인가?

　역사상 세계과학 중심은 수차례 대전환이 있었는데 각각 고대 그리스의 아테네에서 알렉산드리아로, 알렉산드리아에서 이탈리아로, 이탈리아에서 영국으로, 영국에서 프랑스로 프랑스에서 독일로, 독일에서 미국으로 이동되었다.[34] 2차 대전 시기에 세계과학중심은 독일에서 미국으로 옮겨 간 것이다. 이제 미국에서 어느 나라로 그 중심이 이동될까? 그것이 초미의 관심사가 아닐 수 없다.

　이와 같이 세계의 과학중심의 이동은 단순한 이동이 아니라 과학의 향상 발전을 의미하였고, 특히 근대 이후 과학은 획기적으로 발전하였다. 고대 그리스에서 과학과 인문은 하나였으나 차츰 소원해지고 급기야는 대립된 상황에 이르게 된 것이다. 인류에게 과학과 인문은 어느 하나 빼놓을 수 없는 것이다. 왜냐하면 과학과 인문은 인류 운명과 직결되기 때문이다.

　인문이 왜 중요할까? 인문과 과학은 인류에게 필수적이기 때문이

---

34) 일본 과학 사학자 탕천광조(湯淺光朝)가 1962년에 제기하였다.

다. 인문이 없으면 사실 과학도 아무 가치가 없는 것이다. 과학이 없으면 인문은 무력하게 되는 것이다. 근대 이후 과학은 놀라운 성장을 하였지만, 철학과 인문은 그렇지 못하였다.

철학과 인문의 가장 본질적이고 근본적인 면으로서 문학(예술), 역사와 더불어 '문, 사, 철'이라고 불렀는데 이는 인문학의 핵심이라고 할 수 있다. 과학기술은 직선적이지만, 인문은 왕복성을 띠고 있어 과거의 창에서 미래의 서광을 봐야 한다. 과학기술의 남용으로 인문을 인신 상에서 가로 막고 분리하여 과학과 인문의 대립과 융합하지 못한 상황을 초래하였다.

18세기 이전의 과학은 인문과 심지어 종교와 밀접하게 연계되었고, 일찍이 고대 그리스 시대에 과학과 인문, 철학은 일체였다. 그러나 현재는 이러한 대립과 분리의 상황이 되었는데, 어찌 과학만을 탓해야 하겠는가? 문학, 역사, 철학은 조금도 책임이 없는가?

이와 같은 문제는 매우 복잡하고 관련된 내용이 너무 많다. 여기서 말한 과학은 인류문명의 보편적인 진행과정 속에서 비교적 늦게 얻은 성과이다. 과학의 형성은 두 개의 역사 근원을 거쳤다. 하나는 기술전통[35]이다. 기술전통은 실제로 경험과 기능이 대대로 전해 내려왔고 계

---

35) 기술 전통은 실제 경험과 기술을 대대로 전수하여 끊임없이 발전시키는 과정이다. 이러한 전통은 실천과 경험의 축적을 통해 점차 다양한 기술과 공정을 형성하여 과학의 발전을 촉진하였다. 기술 전통의 핵심은 실천과 경험의 전승에 있으며, 그것은 과학에 실증적 토대와 방법을 제공하였다.

속 발전하였다. 다른 하나는 정신전통[36]이다. 정신전통은 인류의 이상과 사상을 전하였고 더욱 확대발전시켰다.

역사적으로 보면 과학과 인문은 처음부터 줄곧 하나가 된 사유였다고 할 수 있다. 즉 과학에 속한 기술은 사실과 관념이 대부분 철학에 속하였다고 할 수 있고, 혹은 중고시기에서부터 전해 내려온 정신전통에 예속된 것이라고 할 수 있다. 설사 근대에 와서 과학발전이 상대적으로 독립되었다고 하더라도 과학과 인문은 여전히 긴밀한 관계를 유지하고 있었다.

왜냐하면 과학은 본질상에서 여전히 공예전통, 공업이성[37]과 철학전통[38] 삼자에 의해 융합된 것이기 때문이다. 과학이 얻은 성적은 기

---

[36] 정신 전통은 인류의 이상과 사상을 전승하고 더욱 발전시킨다. 이러한 전통은 이론, 철학 및 사상 체계의 구축을 강조하며, 과학에 이론적 뒷받침과 사상적 지침을 제공한다. 정신 전통의 핵심은 이상과 사상에 대한 추구에 있다.

[37] 고대 그리스의 과학과 철학발전은 또 공예전통과 공업이성의 영향을 받았다. 공예전통은 고대 그리스 과학 중에 중요한 역할을 하였다. 예를 들어, 고대 그리스의 수학자 아르키메데스는 물리학의 원리를 이용하여 로마 전선(戰船)을 불태울 수 있는 오목 거울을 설계하여 고대 그리스의 물리학상의 업적을 보여주었다. 이러한 과학적 원리를 실제 문제에 적용하는 방법은 과학 발전에서 공예 전통의 중요한 역할을 반영한 것이다.

[38] 철학 전통은 고대 그리스 과학에서도 빼놓을 수 없다. 탈레스, 플라톤, 아리스토텔레스와 같은 고대 그리스 철학자들의 사상은 과학 발전에 깊은 영향을 미쳤다. 탈레스는 원자론을 제기하여, 만물은 원자로 구성되어 있다고 생각하였는데, 이러한 소박한 유물론 사상은 이후의 자연 과학 연구에 기초를 제공하였다. 플라톤의 이데아론과 아리스토텔레스의 논리학과 형이상학 사상도 과학의 발전에 중요한 철학적 뒷받침을 한 것이다.

술과 철학 두 측면을 포함해야 하지만, 사람들은 왕왕 단지 그것의 기술의 측면을 중시할 뿐 그것의 철학의 측면을 소홀히 한 것이다.

서양의 역사에서 과학과 인문의 상호 촉진작용은 문예부흥운동에서 가장 강렬하게 나타났다. 문예부흥은 실제로 단지 문학과 예술의 부흥만이 아니고 과학과 기술상에서도 매우 놀라울 정도로 고조되었다. 문예부흥은 전면적으로 사람의 지식과 학문의 갈망을 드러냈는데, 그것의 촉진 아래서 시인, 화가, 예술가 모두가 자연과 인문의 새로운 흥미를 불러일으켰다고 할 수 있다. 이 시기의 과학자와 의사 역시 더욱 장인의 정신으로 진리를 탐색하고 사물의 운동변화의 규율을 발견하였다. 이러한 배경 아래서 현대과학이 비로소 형성될 수 있었다.

종합하면 고대 그리스시대 과학과 인문은 하나였는데, 차츰차츰 소원해지거나 대립된 상황까지 이르게 된 것은 하루아침에 형성된 것이 아니다. 이러한 현상은 복잡한 사회 변화 발전을 거쳐 다원적이고 여러 가지 요소를 가지고 있다. 따라서 우리는 이러한 결과의 발생을 단순한 어느 한쪽에 탓을 돌릴 수 없다.

이는 한 국가의 제도, 사회의 발전 유형 그리고 시대의 배경과 사람들의 생활 추구 등등과 모두 다소간 연관되어 있는 것이다. 이제 우리는 대립되어 있는 양자를 어떻게 융합하고 병진시킬 것인가의 문제를 안고 있고 아울러 이 문제를 해결하지 않으면 안 된다. 인류에게 과학과 인문은 어느 하나도 빼놓을 수 없는 것이기 때문이다.

2

과학

과학은 어느 면에서 보면 인류가 우주만물변화 규율의 지식체계를 탐색하고, 연구하고, 느끼어 깨닫는 총칭이고, 진리에 대한 추구이며 자연에 대한 호기심이라고 할 수 있다. 과학[39]이란 기본적으로 자연과학을 가리킨다. 자연과학은 일반적으로 수리과학[40]을 가리키고 수리과학은 또 뉴턴과학을 모델로 삼은 것이다.

뉴턴과학은 갑자기 나온 것이 아니라 그것은 서양과학전통이 배양해 낸 것이다. 물론 이렇게 말한 것은 수학화가 부족한 박물학 즉, 동물학, 식물학, 광물학, 지질학을 포함하지 않는 것이다. 노벨상에는 오

---

[39] 과학이란 말은 영어 혹은 프랑스어의 Science에서 번역한 것이고 기본적으로 자연과학(Natural science)을 가리킨다. 과학이라는 말은 실제로 일본학자의 영어 번역에서 온 것이다.

[40] 수리과학(Mathematical Sciences) 또는 수리학은 본래 수학이지만, 일반적으로 수학의 하위 범주로 간주되지 않는 학문 분야를 두루 가리키는 말이다. 이를테면 통계학은 수학에 속해있지만 과학적 관측에서 비롯되었다. 컴퓨터 과학, 계산과학, 집단 유전학, 운용 과학, 암호학, 계량경제학, 이론물리학, 보험계리학 등의 분야도 수리과학의 일부로 간주할 수 있다.

직 의학상, 생리학상, 물리학상, 화학상, 문학상, 평화상, 경제학상만 있고 지구과학, 박물학, 생태학 등은 없다.

독일어의 과학(Wissenschaft, 학문)이란 말은 라틴어 지식(Scientia, 과학)에서 온 것인데 라틴어의 내용이 더 넓어 일반적으로 말한 '지식'을 의미한다. 독일어의 과학(Wissenschaft)과 라틴어의 지식(Scientia)은 의미가 비슷하고 내용이 비교적 넓으며 자연과학을 가리킬 뿐 아니라 사회과학과 인문과학(인문학)을 포괄한다.

서양과학전통은 고대 그리스에서 기원되고 그것의 핵심어가 이성이다. '이성'을 어떤 믿음의 참(眞)에서 다른 믿음의 참(眞)으로 나아가는 능력이라고 할 수 있다. 이성 사유의 본질은 내재성을 추구하는 것이고, 이성추구는 고대 그리스 문화의 중요한 정신이다. 우리는 서양사상사에서 철학과 과학은 뒤얽혀 어떤 경우 심지어 구별할 수 없다는 것을 알고 있다.

서양역사에서 탈레스는 첫 번째 철학자이자 첫 번째 과학자이다. 서양의 과학자가 도량이 커지면 필연적으로 철학자가 된다. 예컨대 아인슈타인은 당연히 철학자이다. 아인슈타인은 세상에 있을 때 쉴프(Schilpp)[41]가 편집한 『현존하는 철학자들의 도서관』이 있는데 아인슈타인을 한 권으로 편집하였다. 왜 그럴까? 근본적으로 철학을 말해도 일종의 과학이고, 그것은 법칙, 원리, 규율을 말한 것이고 이성과학이기 때문이다.

---

41) paul Arthur Schilpp, 'Library of Living Philosophers', Open court, 1999.

(1) 과학이성의 특성

① 내재성

과학이성[42]은 어떤 특성을 가지고 있을까? 그것은 두 가지 특성 즉, 내재성과 합목적성이다. 내재성이 곧 순수성이다. 내재성이란 한마디로 말하면 '자연과학은 내재적이다'라는 의미이다. 이성은 지금까지 자신에게 법칙을 부여한 것이므로 외부적인 법률이 필요하지 않다. 이는 서양인의 인류문명에 대한 일대공헌이라고 할 수 있다.

이성세계가 있음을 발견하고 이 세계는 이성이 자신에게 법칙을 제정하거나 부여한 것이다. 이성이 자신에게 법칙을 부여한다는 것은 무엇을 의미하고 있는가? 내재성 자체는 이성의 최고가치의 근원을 구성함을 의미하고 있다. 즉 합목적성[43]이다. 이성은 최고의 가치체계를 제공한다.

소크라테스는 반성하는 생활을 하지 않는 것은 살아갈 가치가 없는 것이라고 주장하였다. 사람이 왜 반성적인 사고능력이 없으면 살아도 헛사는 것일까? 그러한 사람은 지금까지 이성세계를 접하지 않았기 때문이다. 이성세계를 접하지 않는 사람은 소크라테스가 보기에 자신

---

42) 과학이성은 논리, 실험과 증거를 통하여 진리와 지식을 탐구한다. 과학이성은 교육을 받아 체계적인 사고 훈련을 받은 이성적인 사고방식으로 체계적 과학적 사고방법을 가지고 있다.
43) 목적을 실현하는 데에 적합한 성질. 또는 어떤 사물이 일정한 목적에 적합한 방식으로 존재하는 성질.

의 인성을 파악하지 않았고 자신의 인성에 도달하지 않은 것이다.

칸트의 『순수이성비판』이 말한 것은 순수이성이 어떻게 자신에게 법칙을 제정하고 어떻게 내재적인 방식을 통하여 규칙을 만들어 낼 것인가이다. 『판단력비판』이 말한 것은 목적성이다. 이성 자체는 하나의 목적인(目的因: final cause)을 제공한다. 우리가 이성을 말하면 마치 하나의 규칙인 것 같고, 하나의 객관적 법칙(정률)인 것 같으며 목적성이 없는 것처럼 생각하기 쉬운데 그렇지 않다.

후설이 유럽의 과학의 위기는 한편으로 비이성주의[44]가 전면적으로 이성을 포기하는 데에 있고, 다른 한편으로 실증주의가 단지 편면적인 이성주의를 강조한 데에 있다고 말하였다. 편면적인 이성주의는 사실상 보편성에 대한 탐구를 포기하였고, 그것은 단지 사실이성을 말하고 가치이성을 말하지 않고, 단지 도구이성을 말하고 목적이성은 말하지 않는다.

오늘날 일부 과학자들이 스스로 자신을 도덕적 중립의 위치에 있으므로 도덕문제를 고려하지 않는 것 같다. 이는 일종의 편면적인 이성이고 일종의 분열적인 이성이다. 보편이성의 탐구를 포기하면 필연적

---

44) 사물을 인식하는 데에 이성의 능력이나 논리적 바탕을 부인하고 직관, 의지, 본능 따위를 중요시하는 경향. 비이성주의(irrationalism)는 반이성주의라고도 불린다. 이성주의와 대립하여 19세기 중반에 일어난 일종의 철학사조를 말한다. 종종 이성의 한계와 결함을 과장하고 이성이 세계를 인식하는 능력을 가지고 있음을 폄하하거나 더 나아가 부정하며, 존재 자체가 비이성 또는 비논리적인 성질을 가지고 있다고 단언한다. 쇼펜하우어와 키에르케고르가 개척한 것은 의지론, 생명철학, 실존주의 등 다양한 철학 체계나 유파를 망라한다.

으로 일련의 분열을 초래하게 된다. 어느 면에서 보면 과학과 인문의 분열은 실제로 이성분열의 자연적인 결과라고 할 수 있다. 그러므로 후설이 위기라고 말한 것이다.

고대 그리스인과 유럽인의 이러한 지식추구는 그들의 이상적인 인성(人性)에 의해 결정되는 것이다. 만약 중국유가의 인문형식이 인(仁)과 예(禮)라고 한다면, 고대 그리스와 유럽인의 인문형식은 자유와 과학이라고 말할 수 있다. 중국 점성학과 고대 그리스 수리천문학의 예를 들 수 있다.

중국인이든 고대 그리스인이든 간에 눈부시게 빛나는 별이 총총한 똑같은 하늘을 마주하였고 모두 하늘의 천체현상을 매우 주의 깊게 관찰하였다. 또한 그들은 하늘의 천체현상을 아주 열심히 기록하였다. 하지만 이 토대 위에 그들은 완전히 서로 다른 지식형식을 발전시켰다. 중국의 점성술은 천체현상(天象)의 변화를 통하여 땅 위의 인간사의 변화를 규정하고 예측하려는 것이다. 중국 역사상의 천문학자들은 모두 관원이며 모두 정부의 고관이다. 왜일까? 왜냐하면 그들은 황실의 일거수일투족을 위해 봉사(사냥, 농사, 등극, 결혼 등) 하였기 때문이다.

그렇다면 고대 그리스인은 어떻게 했는가? 그들은 시작과 동시에 어떤 실제적 용도를 위한 것이 아니다. 고대 그리스는 농업민족이 아니고, 그것 역시 역법을 엮는 데 사용할 필요가 없으며 농사짓는 것을 지도하고 또 점을 치는 데 사용한 것이 아니다. 그들은 바로 그 규율을 연구하고 행성은 왜 이러한 운행방식을 가지고 있는지를 연구하는 것이다.

왜 그들은 무슨 실제 용도가 없는 것을 연구하려는 것일까? 그것은 고대 그리스인이 이러한 연구가 최고 고상한 인성(人性)에 속하고 순수문제를 연구하는 사람이 가장 고상하다고 생각하였기 때문이다. 고대 그리스의 수리천문학은 근대과학의 진정한 시조이다. 오늘날 말하는 고전과학은 모두 수리천문학의 이 선상에서 내려온 것이다. 그것은 한편으로는 관찰하고 한편으로는 자연규율을 정합한다.

② 합목적성

과학이성의 첫 번째 측면이 내재성이고, 두 번째 측면이 합목적성[45]이다. 이 두 측면은 모두 자유가 인도하는 결과로 귀결시킬 수 있다. '자유'는 무슨 의미인가? 즉, 자신에 의한 것이고, 자신의 내재적인 논리에 의해 발전하는 것을 자유라 한다. 합목적성은 무슨 의미인가? 자유는 무얼 하고 싶으면 하는 것이 아니다.

서양사상사에서의 자유는 본래부터 일종의 목적성을 규정하고 있고, 가치문제를 가지고 있는 것이며, 자유가 그것의 최고 가치이다. 이 자유는 최고 가치로서 목적성 자신이다. 자유는 수단이 아니고 모두 최고목적이다.

고대 그리스 철인들은 오직 이성을 가지고 있는 사람만이 비로소 자유의 사람이라고 말했는데, 이는 고대 그리스인이 개척한 매우 중요

---

45) 목적의 실현에 적합한 성질. 또는, 어떤 사물이 일정한 목적에 적합한 방식으로 존재하는 성질.

한 사고 방향이다.

자유는 수단이 아니고 모두 최고목적이다. 다음 시를 음미해보자. "생명은 진실로 귀하고 사랑의 가치는 더욱 높다. 만약 자유를 위한 것이라면 양자를 모두 버릴 수 있다."[46] 즉 자유가 최고의 가치이고 그것은 생명과 사랑보다 더 높은 가치라고 생각한 것이다. 왜 그럴까? 왜냐하면 생명의 의의, 사랑의 가치는 모두 자유가 이끌어 낸 결과이기 때문이다. 자유가 없으면 생명은 의미가 없고 자유가 없으면 사랑도 근거가 없는 것이다. 우리는 고대 그리스의 철인들이 어떻게 말했는지를 보았다. 그들은 오직 이성을 가지고 있는 사람만이 자유의 사람이라고 했다. 이는 고대 그리스인이 개척한 매우 중요한 사고 방향이다.

(2) 고대 그리스 과학의 특징

앞에서 과학이성의 특성을 내재성과 합목적이라고 했다. 그렇다면 고대 그리스 과학의 특징은 무엇인가? 첫째, 내재적이다. 고대 그리스의 과학은 내재적이고 고대 그리스인의 천재가 창조한 가운데 한 가지가 있는데, 그것이 바로 논리연역추리의 과학이다. 측량술이 기하학으로 변한 것은 고대 그리스인 천재의 창조라고 할 수 있다. 피타고

---

46) Sandor Petofi(헝가리 시인), 「Liberty and love」, "Liberty and love These two I must have For love ,I will sacrifice my life; For liberty, I will sacrifice my love."

라스 정리는 기하학이고 연역적 논리이며 추리적 과학이다. 이러한 것이 내재적인 특징을 가진 것이다.

둘째, 비실용 비공리적이다. 지식을 추구하기 위해 지식을 추구하고 학문을 위해 학문하고 과학을 위해 과학을 하는 것이다. 이에 대해 어떤 사람들은 과거에 비판을 하였는데, 쓸모없음의 쓰임이 무슨 의미인지 그다지 알지 못하였기 때문이다. 실용주의가 압도하는 사회에서 이를 이해한다는 것은 더욱 이해하기 어려울 것이다.

셋째, 목적성과 선(善)을 지향한다. 고대 그리스의 과학은 최종적으로 의의문제를 지향하는 것이며, 그것은 선(善)을 지향한다. 플라톤은 최고의 학문이 수학이 아니라고 말하는데, 수학은 당연히 이미 어떤 자유의 특징을 표현한 것이다. 그것은 연역적이고 논리적이고 추리적이며 또 비실용적, 비공리적이다. 수학은 선(善)과 통한 것이다.

화이트헤드(Whitehead)는 수학과 선의 추구는 본질상 같은 것이고, 그것들이 추구한 것은 똑같은 것 즉, 이성의 완벽함(Perfect)을 날카롭게 지적하였다. 화이트헤드는 수학과 선의 최종적 합일성을 강조하였다. 그래서 어떤 사람은 화이트헤드는 희랍정신의 정통 계승자이고 플라톤주의의 정통계승자라고 말한다. 실제로 화이트헤드의 사상은 후설의 사상과 일치한 것이다.

3

고대 그리스의 과학정신이 어떻게 근대에 전해졌는가?

고대 그리스 과학정신의 핵심은 자유를 추구하고 지식을 위해 지식을 추구하는 정신에 있다. 고대 그리스인은 '지식을 위해 지식을 추구하는' 순수한 이념을 굳게 지키고 있었을 뿐 아니라 공리적 목적의 속박에서 용감하게 벗어났고 지식 탐구에 몰두하였다.

이러한 정신은 유크리드(Euclid)의 『기하원본』[47]에서 구현되었는데, 그는 심혈을 기울려 이 대작을 완성하였다. 그가 이렇게 기하학을 연구하고 글을 쓴 것은 실제적인 물질이익을 추구하기 위한 것이 아니라 기하학 지식 자체에 대한 사랑과 호기심에서 나온 것이다.

고대 그리스의 과학정신은 역시 철학과 수학의 성과 위에 구현되었다. 소크라테스, 플라톤, 아리스토텔레스 등의 사상은 후세에 심원한 영향을 주었다. 소크라테스는 문답법을 통해 윤리문제를 탐구하였고,

---

47) 일반적으로 사람들은 『성경』을 빼놓고 그 어떤 책도 『기하원본』만큼 널리 연구된 것은 없으며, 어떤 책도 과학적 사고에 이렇게 큰 영향을 끼친 것은 없다고 말한다.

플라톤은 이데아론을 처음 건립하였으며, 아리스토텔레스는 논리학과 자연과학에서 중요한 공헌을 하였다. 고대 그리스의 수학의 성과는 유크리드『기하원본』과 아르키메데스(Archimedes)의 부력원리 등 후대의 과학발전에 토대를 마련하였다.

이러한 과학정신은 역사의 긴 과정 속에서 끊임없이 전승되고 발전하였다. 과학이 중세기에는 정체된 것으로 여겨졌지만, 실제로는 과학사상이 조용히 싹트고 있었다. 문예부흥시기에 고대 그리스 철학과 과학은 다시 중시되었는데, 갈릴레오 갈릴레이, 뉴턴 등 과학자들은 이 기초 위에 중대한 돌파구를 마련하여 근대과학의 형성을 촉진시켰다. 갈릴레이의 망원경 관측과 뉴턴의 만유인력 법칙은 고대 그리스 과학정신의 기초 위에 건립한 것이고, 또한 현대과학의 발전에 심원한 영향을 주었다.

고대 그리스의 이러한 과학정신은 어떤 방식을 통하여 근대에 전해졌는가? 중세철학은 전과 후 두 시기로 나누어 초기의 교부철학은 신앙에 무게중심이 놓여 있고, 후기는 아리스토텔레스의 사상을 기독교의 교의에 조정하여 일치시켜 나아가 스콜라철학을 형성하였다. 스콜라철학은 논리 연역추리를 매우 중시하고 이치를 따지는 것을 매우 중시하였으며 이성을 매우 중시하여 고대 그리스의 과학정신을 근대에 전한 것이다.[48]

종합적으로 보면 스콜라철학의 출현은 고대 그리스 정신이 기독교

---

48) 吳國盛,『科學思想史指南』, 四川敎育出版社, 1994年7月出版.

에 대한 융합을 나타낸 것이다. 화이트헤드는 "현대과학이론이 아직 발전하기 이전에 사람들은 과학이 가능한 것임을 믿었는데, 이러한 신념은 알게 모르게 중세 신학에서 이끌어 나온 것이다."[49]라고 했다. 다시 말하면 중세기의 신학은 고대 그리스 정신이 근대로 전해지도록 도와준 가장 중요한 수단이 되었다.

그는 또 갈릴레이 갈릴레오가 근대과학의 시조라고 생각할 수 있는데, 조리가 분명하고 분석이 치밀하고 깊은 그의 두뇌는 곧 아리스토텔레스 쪽에서 배운 것이라고 말했다.[50] 그러므로 현대과학은 역사가 유구한 배경을 가지고 있다.

---

49) 悔特海(Whitehead),『科學與近代世界』, 何欽 譯, 商務印書館, 1959, 13쪽.
50) 悔特海(Whitehead),『科學與近代世界』, 何欽 譯, 商務印書館, 1959, 12쪽.

인문과 근대과학의
결합된 면과 단절된 면

근대 과학의 탄생은 흔히들 16-17세기라고 말한다. 근대과학은 고대 그리스의 수리천문학에서 비롯되어 중세의 스콜라철학에 의해 전달된 것이다. 일반적으로 이 시기를 근대의 과학혁명 시기로 보고 있는데, 이는 코페르니쿠스(Copernicus)가 지동설을 발표했던 1543년부터 뉴턴이 『자연철학의 수학적 원리』를 발표한 1687년까지를 말한다.

이 시기는 케플러(Johannes Kepler), 갈릴레오 갈릴레이(Galileo Galilei), 베살리우스(Andreas Vesalius)를 거쳐 데카르트(Descartes)의 철학과 수학적 전통과 베이컨(Francis Bacon)의 사상과 실험적 전통을 관통해 뉴턴(Isaac Newton)의 종합에 이르는 길이라고 본다.

다시 말하면 데카르트의 과학 형태와 베이컨의 과학 형태는 어떤 때는 또 개괄되어 수학전통과 실험전통이 되었다. 전체적으로 보면 근대과학의 형태는 이 두 가지 과학 형태에 의해 합성되어 온 것이다. 경험은 이성을 더하고 실험은 수학을 더하는 것을 보통 근대과학의 양대 요소로 생각되었다.

고대 그리스의 피타고라스학파 철학자들은 자연이 수로 이루어져 있다고 봤다. 그들이 보기에 수는 실제로 존재했고, 이상적이라고 느꼈으며 완전하고 영원한 구조로 되어 있다고 생각했다.

근대과학은 현실 세계에 대한 수학적 분석을 통해 우리가 실제로 경험하는 자연을 수리적으로 표현하려 하고 실험을 통해 계량적으로 검증한다. 이 두 가지의 태도 전환이 크게 드러난 혁명적 순간이 바로 코페르니쿠스 지동설의 등장이다. 지동설은 기존에 지구를 중심에 두었던 프톨레마이오스(Claudius ptolemaeos)의 천동설과 정반대로 태양을 중심에 놓고 지구가 공전과 자전을 한다는 내용이다.

이처럼 코페르니쿠스 지동설에서 시작된 근대 과학혁명은 뉴턴의 『자연철학의 수학적 원리』를 통해 완성됐다고 과학사가들은 평가한다. '뉴턴의 종합'이 그 완성의 근거로 제시된다.

인문과 근대과학은 사실상 결합된 면과 단절된 면을 동시에 가지고 있으므로 양자는 이중적인 관계가 존재한다고 할 수 있다. 한편으로는 전문화와 학문분야의 분과화가 가열됨에 따라 인문학의 활동의 장은 위축되었고 교육체계상 인문교육과 과학교육은 서로 단절되었다.

다른 한편으로는 인도주의[51] 의미의 인문주의(Humanism) 즉, 외재

---

51) 인간의 존엄성을 최고의 가치로 여기고 인종, 민족, 국가, 종교 따위의 차이를 초월하여 인류의 안녕과 복지를 꾀하는 것을 이상으로 하는 사상이나 태도이다. 인도주의 의미의 인문주의 역시 인문이라는 근본적인 시각으로 볼 때 열린 인문주의가 아니라 닫힌 인문주의라고 말할 수 있다. 왜냐하면 도덕주체(덕성주체)에 의해 연 인문주의가 아니기 때문이다.

적(닫힌)인 인문주의를 상징하는 근대인문 전통과 기술이성[52]을 상징으로 하는 근대 과학전통은 사실상 긴밀하게 결합되어 공동으로 '현대성'의 토대를 구성하였다. 현대성이 요구하는 전문적인 업무의 분업과 역량(Power) 의지는 과학(자연과학과 사회과학)과 인문학의 분열 그리고 인문학의 심각한 위기를 초래하였다.

과학과 인문의 분열은 양자가 서로 연계된 네 가지 측면에서 나타난다.

첫째 자연과학과 기술이 갈수록 분과화되고 확장됨으로써 인문학의 영역은 날로 좁아지게 되었다. 둘째, 학문의 전반적인 과학화 경향과 공리화(功利化)는 사회과학의 발전을 초래하였지만 인문학은 상대적으로 더 위축되었다. 셋째, 전문적인 인재를 배양하는 교육체제를 중시하여 과학과 인문 간의 단절을 인위적으로 초래하였다. 넷째, 자연과학은 도덕적으로 중립이라고 생각한 과학자들이 도리에 어긋나지 않다고 여겨 인문에 관심을 갖지 않았다.

근대과학은 역량형 과학 형태와 이해형의 과학 형태가 있는데[53], 전

---

52) 기술이성은 과학지식을 응용하여 광범위한 공예기술을 형성하는 목적에 이른다. 기술이성은 사람의 '권력의지'에서 비롯되었고 희랍이성에 대한 일종의 무한 확장이다. '역량'(Power)의 요구에 힘쓰고 '무한'(infinite)의 가능성에 순종하는 것은 기술이성의 양대 요소이다.
53) 근대과학은 두 가지 과학 형태가 있는데, 하나는 데카르트의 이해형의 과학 형태이고, 또 하나는 베이컨의 역량형 과학 형태이다. 전자는 고전의 이성전통이고 후자는 신흥의 공리전통을 대표한다. 데카르트의 "나는 생각한다. 고로 존재한다."와 베이컨의 "아는 것이 힘이다(지식이 바로 역량이다)."는 각각 두 가지 전통의 선언이다.

자는 분업형의 과학과 교육체계를 요구하고 후자는 종합적인 깨달음의 능력을 요구한다. 오늘날 과학과 인문의 분열에 대한 반성은 최종적으로 역량형 자신에 대한 반성을 이끌어내야 한다고 생각한다.

근대산업사회의 창시자로서 과학은 역시 그 '효용'으로 '통제'하고자 하는 인류의 권력의지에 힘쓴다. 이는 근대과학의 일시적이면서 새로운 차원이라고 할 수 있다. 즉, 역량화, 통제화, 예측화이다. 기술이성은 사람의 '권력의지'에서 비롯되었고 희랍이성에 대한 일종의 무한적인 확장이라고 할 수 있다. '역량'(Power)의 요구에 힘쓰고 '무한'(Infinite)의 가능성에 순종하는 것은 기술이성의 양대 요소이다.

5

기술이성과
외재적(닫힌) 인문주의

근대과학의 상징인 기술이성은 이성을 기술화, 도구화한 것이다. 기술이성은 일종의 목적이성의 활동체계이고, 그 핵심은 기술규칙과 과학방법을 이용하여 문제를 해결하는 데에 있다. 그것은 효율과 최적화를 강조하고 실제 효과와 결과를 추구한다.

기술이성을 상징으로 하는 근대과학은 인도주의적 인문주의 즉, 외재적(닫힌) 인문주의[54]와 합류한다. 그것들은 모두 역량(Power)을 믿는 낙관주의이다. 외재적 인문주의에서 보면 모든 문제는 해결할 수 있는 것이다. 왜냐하면 사람은 이성이라는 무한한 능력을 가지고 있기 때문이다.

---

54) 인류중심주의(Anthropocentrism)는 사람과 자연을 이원적으로 대립시키고, 사람이 주체이고 자연은 객체라고 생각한다. 모든 것은 사람을 중심으로 삼고 사람을 척도로 여기며 사람의 이익을 위해 힘쓰며 사람의 이익에서 출발한다. 인류중심주의, 인도주의적 인문주의, 키케로시대, 문예부흥시기, 18세기 독일의 인문주의를 필자는 닫힌 인문주의라고 부르고 있다. 사람과 자연을 하나의 전체로 보는 유가의 인문주의 철학과 다르다.

사람이 직면한 모든 문제를 해결하기 위해 기술이성은 매우 폭넓게 그것의 위력을 행사한다. 외재적 인문주의는 더욱 확대 발전하는 곳을 얻고 또한 기술이성이 원대한 계획을 펼쳐 나가는 곳이다. 왜냐하면 그것들이 서로 확인하기 때문이다.

이러한 상호확인이 결코 간단하지 않는 것은 사람을 목적으로 여기고 기술을 수단으로 여겨야 하는데, 그러나 여기서 수단과 목적이 뒤섞여 일체가 되어 버린다. 왜냐하면 기술이성은 사람이 자신을 확립하는 것을 가치 중심으로 여기는 유일한 근거와 보증이기 때문이다. 외재적 인문주의 자체가 기술이 인성(人性)을 위배하는 이러한 경향을 촉진하기 때문에 결국 외재적 인문주의는 자아 기반이 무너지는 기이한 현상 속으로 빠진다.

외재적 인문주의는 기술이성으로 인하여 자기 스스로 자기를 훌륭하다고 생각하고, 자신을 가치 원점과 세계중심으로 확대하며 자신이 뭐든지 다 할 수 있다고 여기고 자연계에 하고 싶은 대로 한다. 여기서 자아에 대한 숭배는 자연적으로 기술에 대한 숭배로 전환된다. 만약 우리가 자연이 기술에 굴복할 것을 요구한다면 우리 역시 자연의 일부로서의 우리 자신도 기술에 굴복할 것을 요구해야 한다.

만약 우리가 기술 산품이 자연적 산품보다 우수하다고 생각한다면 마찬가지로 우리의 창조물은 자연산물로서의 우리 자신보다 우수하다고 생각한다. 인류가 운명으로 정해진 것은 자연의 일부분이므로 외재적(닫힌) 인문주의가 운명으로 정해진 것은 기술의 소외를 당하게 된다.

본래는 사람의 지위를 확립하는 것으로 사용된 것이 결과적으로 인류 자신을 낮게 평가하는 데에 사용되어졌다. 기술이 발달하였지만, 인류는 노동의 재미나 즐거움을 상실하였고 심지어 노동의 권리(이른바 기술 실업)를 상실하였다. 과학이 발전되었지만, 인류는 갈수록 생명과 존재의 의미를 모른다. 이는 외재적 인문주의의 심각한 딜레마이다.

과학주의(Scientism)는 과학의 하나의 필연적인 산물이 아니라 기술이성의 지배하의 어떤 특정한 의식형태이다. 위대한 과학자들이 모두 과학주의자가 아닌 이유는 그들이 과학의 한계를 깊이 알고 있기 때문이다. 따라서 국가와 사회는 진정한 과학자가 성장할 수 있도록 주변 여건을 마련하여 주는 것도 사실은 무엇보다 중요하다.

과학정신 즉 자유정신을 확대 발전해야 하고, 인문과 과학이 융합하여야 한다. 그러기 위해서는 외재적 인문주의에서 벗어나 진정한 인문주의 즉 내재적(열린) 인문주의의 정신을 전개해 나가야 한다. 도덕주체에 의해 전개된 인문학의 정신적인 영양분은 기술이성에 오염된 과학을 해독시키는 해독제 역할을 할 수 있을 것이다.

이를 위해 현재의 교육의 전반적인 체계와 그 내용을 총체적으로 재검토해야 한다. 그리하여 기술이성, 도구이성[55]으로 이미 길들여지고

---

[55] 도구이성은 실천적 경로를 통해 도구(수단)의 유용성을 확인하고 그리하여 사물의 최대의 효과(효능)를 추구하고 사람의 어떤 공리적 실현을 위해 힘쓰는 것이다. 기술이성은 인류가 기술합리성, 규범성, 유효성과 이상적인 추상사유활동, 지혜와 능력을 추구하는 것을 가리키는 것이다.

또 내면을 형성하고 있는 인류를 진정한 인문교육을 통하여 도덕주체(덕성주체)가 형성되고 그것에 의해 인문세계를 열도록 해야 한다. 그러한 인문세계에서는 과학과 인문이 대립하거나 반목하지 않고 융합될 수 있을 것이다. 이는 마치 온전한 이성의 화신인 것처럼 기술이성, 도구이성에 탐닉하고 있는 현대인을 진정한 인간으로 회복시키는 중요한 출발점이 될 수 있을 것이다.

이성은 모든 다른 도구를 제조하는 데에 사용하는 도구가 되었다. 이성의 도구화와 기술화가 가져온 가장 크고 가장 직접적인 최종 결과가 바로 사람들이 단지 효용, 효율, 계산을 추구하는 것을 중시하도록 할 따름이다. 이러한 시대에 사는 사람들은 모두 다른 사람이 되어 이용당하는 도구의 위험을 가지고 있다. 사람은 물질에 의해 소외되고 사물화 되었다. 사람의 소외가 곧 사람의 사물화이고, 구체적으로 사람의 사유방식, 행동방식과 존재방식 상에 표현된다. 칸트가 말한 사람은 목적이지 도구가 아니라는 말은 하나의 빈말이 되어 버린 것 같다.

오늘날 도구이성과 기술이성은 온전하고 순수한 이성의 화신(化身)이 되었고, 지식이 기술이고 기술의 본질이 도구이다. 기술과 이성이 함께 결합하여 기술이성 혹은 도구이성이 되었다. 원래 숭고한 이성은 기술시대에서 검증할 수 있는 일종의 기술 조작으로 타락하기 시작하였고, 그것의 존재는 단지 조종되고 가공되고 소모되기 위한 것일 따름이다.

도구이성은 또 정의, 평등, 행복, 관용 등과 같은 가치내용들도 최종적으로 순수함이나 감정이 조금도 없는 도구가 된다. 사람의 가치와 의미감은 바로 도구이성의 팽창과 심화에 따라 점차 상실되었다. 적극적으로 말하면 사람은 일종의 물질을 위해 감정이 없고 더 이상 살아있는 가치와 의의를 찾지 않게 되었다.

기술이성, 도구이성은 온전한 이성이 분열된 것이다. 분열된 이성의 이름으로 개인적으로나 사회적으로 추구하는 모든 것들(예: 행복, 정의, 자유, 평등, 사랑, 정직 등등)은 결국 진정으로 실현 불가능할 것이다. 이 때문에 왜곡하거나 포기하거나 냉소적으로 대할 것이다. 이러한 인류와 사회의 그 끝이 어떻게 다가올지는 불을 보듯이 뻔한 것이다.

인류는 분열된 이성인 기술이성, 도구이성이 초래한 과학기술과 부(財富)의 무성한 꽃에만 관심을 기울이고 있다. 그것은 생존의 자유토양에 의지하는 것을 소홀히 하고, 심지어 인류의 소중한 자유가치를 외면하여 인류 미래를 위험스럽게 바라볼 수밖에 없다.

제4강

자유란 무엇인가?

1. 일반적인 의미의 자유 특성
    (1) 제한성
    (2) 모순성
    (3) 위기성
2. 몇 가지 시각으로 본 자유
    (1) 적극적인 자유와 소극적 자유
    (2) 감성적인 자유와 이성적인 자유
    (3) 신체의 자유와 의지의 자유
3. 자유의 심층적인 이해: 의지의 자유와 자유의 경계
    (1) 이성욕구가 곧 의지이다
    (2) 의지의 자유
    (3) 공평하고 올바르며 사심이 없는 마음과 자유
    (4) 자유의 경계

　자유는 인문학의 처음과 끝을 관통하는 핵심가치이다. 이 장에서 자유에 대해 좀 더 심층적으로 이해함으로써 삶에서 행복하고자 하는 모든 사람들에게 행복의 토대를 마련할 수 있도록 도움을 줄 뿐 아니라 인문학 이해의 차원을 높이는 핵심가치임을 알 수 있을 것이다.

　자유를 추구하는 사람은 크게 두 종류가 있다. 하나는 도덕적인 사람을 중시하고 다른 하나는 도덕적인 사람을 말하지 않는다. 도덕을 널리 고취시키고 강조한 시대환경에서는 도덕을 중시할 뿐 아니라 자유를 중시한 사람들이 더욱 많이 생긴다. 이러한 시대환경은 조화로운 사회라고 할 수 있다.

　그러나 반대로 도덕을 중시하지 않는 시대환경에서는 비록 자유를 매우 강조하지만 도덕을 중시하지 않는 사람들이 더욱 많이 생긴다. 이러한 시대환경은 조화롭지 못한 사회이다. 현 시대가 바로 이에 해당되는 것 같다. 자유를 외치지만 도덕을 말한 사람은 많지 않다.

　왜 그럴까? 자유를 강조하면 대부분 신체나 행동의 자유, 정치적인 자유를 염두에 두기 때문에 직접적인 혜택을 받는 것 같은 느낌을 준다. 하지만 상대적으로 도덕은 부담을 느낄 뿐 아니라 직접적인 혜택이 없는 것처럼 생각된다. 그러나 이는 자유와 도덕의 관계를 분명하게 알지 못하기 때문이 아닌가 생각된다.

의지의 자유는 논리적인 순서로 보면 이성에 의해 자유가 자유에 의해 도덕이 실현되고 도덕에 의해 자유가 드러난다. 그래서 이성, 자유, 도덕은 내적인 통일을 이루고 있는 것이다.

도덕을 실현함으로서 생기는 자유가 진정한 의미의 자유일 뿐만 아니라 행복의 핵심적인 조건이라는 사실을 알지 못하기 때문에 발생된 일이다. 또한 상대적으로 부담을 느끼는 '도덕'보다는 더 수월하게 느끼는 '자유'에 편중하여 생긴 결과라고 볼 수 있다. 정말 사려 깊고 자신의 행복한 삶을 위해 사회를 위해 고민한 사람이라면 도덕과 자유에 대해 깊은 이해와 깨달음이 없을 수 없다.

① 자유의 의미

'자유'의 글자적인 의미는 '자기 자신에 의한 것'이고, 외부의 힘에 의한 것이 아니라 자신이 자신의 주관자가 되는 것이다. 사람은 자아를 지배하고 자신의 의지에 의해 행동하며 아울러 자신의 행위에 대해 책임을 진다. '자유'는 외재적인 방해가 없으면서 자신의 의지에 따라 하는 행위이다. 넓은 의미로 말하면 자유는 동, 식물이 자연규율범위 내에서 제약을 받지 않는 모든 행위이다.

자유는 제약을 받지 않고 하고 싶은 것을 하는 것으로 이해하는 사람들이 많을 것이다. 먹고 싶은 것을 먹고 가고 싶은 곳으로 가고 사고 싶은 것을 사는 것, 이것이 자유다. 하지만 이러한 자유는 대부분 물질의 토대 위에 건립된 자유이고, 이러한 자유는 매우 제한적이다.

칸트는 자유가 '하고 싶은 것을 하는 것'이 아니라 우리가 '하고 싶지 않는 것을 하지 않는 것'이라고 했다. 즉, 자아욕망(감성적 욕망, 욕구)으로부터의 만족에 대한 것은 진정한 자유가 아니고, 욕망에 대해 부정과 자제야말로 진정한 자유이다. 왜냐하면 당신이 이성으로 본능을 극복했기 때문이고, 이것이 바로 의지의 자유이다.

이 글은 최종적으로 의지의 자유를 바탕으로 이성과 자유 그리고 도덕이 어떻게 하나가 되는지를 이해하고 더 나아가 자유의 경계가 어떻게 실현되는지를 알도록 하는 데에 있다.

1

일반적인 의미의
자유 특성

거리낌이 없이 제멋대로 행동하는 것을 우리는 방종이라고 한다. 그렇다면 자유와 방종은 결국 무엇이 다른가? 우리는 자유를 향한 지적 탐색을 위해 다음과 같이 사람들이 쉽게 생각하는 '그 자유'의 몇 가지 성질을 살펴보도록 함으로써, 그 잘못된 의식의 틀에서 벗어나 새로운 단계로 진입하도록 하겠다. 이를 바탕으로 진정한 자유의 의미가 무엇인가를 알게 될 것이다.

(1) 제한성

자유 자체는 반드시 자신의 자유의 본질[56] 즉, 자주성과 이성을 보존

---

[56] 자유의 본질은 자주성과 이성에 있다. 자주성은 개인이 외부세계의 강제와 독립해서 자신의 내적 동기와 욕망에 근거하여 행동하는 것을 의미한다. 이성과 자유는 처음부터 함께 묶여 있다. 우리가 자유를 담론할 때 사실은 그것이 이성에 근거하고 있다는 것을 묵인한 것이다. 칸트는 이성적인 사람은 의무가 당신의 욕망이 당신의 이성에 복종하도록 한다고 했다. 자율은 이성의 표현형식이고,

해야 한다. 자유의 본질인 자주성과 이성 속에 비자유의 기타 것과 섞일 수 없기 때문이다. 이를 자유의 제한성이라고 부른다. 예컨대 열차가 궤도 위에서 달릴 때, 그것은 궤도의 자유를 넘을 수 없다. 궤도의 자유를 넘으면 자유를 위배하는 자유이고, 자유를 해치는 자유이며, 자유를 끝내 버리는 자유이다. 또 그것은 자유가 아니고 그것은 자살이다.

자살한 사람은 모두 자유를 사용한 것이다. 자살한 사람을 아무도 죽이지 않았지만, 그 자신이 자신을 죽인 후 그의 자유는 그의 자살과 함께 희생된 것이다. 따라서 그는 이미 '자살하지 않을 자유'가 없으므로 이를 자유의 제한성이라고 한다.

어떤 사람은 자유가 곧 아무런 구속이 없고 제한이 있어서는 안 된다고 말하는데, 만약 자유가 조금도 제한이 없다면 그것을 야만, 방종, 어리석음이라 부르고, 그것은 자유가 아니고 그것은 방향이 없는 마구잡이다. 자유는 제한을 가지고 있는 것이고, 자유는 어떤 단계가 되면 책임과 관계를 맺기 때문에 자유는 책임 내에서 그것의 제한을 찾는다.

(2) 모순성

예컨대 두 여자가 있다. 이들은 모두 당신의 약혼녀가 될 수 있다고 가정해 보자. 그 중 한 사람은 매우 총명한데 외모가 마음에 맞지 않

이성과 자유는 함께 묶여 있는 것이다. 그래서 자율이 즉 자유이다. 사람이 자율적이면 왕왕 이성이 감성을 극복한 것이다.

고, 또 다른 사람은 매우 아름답고 미녀인데 지력이 좀 부족하다.

당신이 누구를 선택할지 줄곧 결정하지 못하고 방황할 때, 당신은 여전히 매우 자유롭기는 하지만, 도리어 매우 고통스런 자유이다. 심지어 당신은 이 사람의 외모를 바꾸거나 혹은 그 사람의 머리를 바꾸면 좋겠다고 생각할지도 모른다. 결정하기 매우 어려운 이 자유의 선택 중에 당신은 제한 속에서 혹은 모순 속에서 자유를 가진 것이고, 당신의 자유는 모순에 직면한 것이다. 자유는 매우 오묘한 것이다.

일단 당신이 외모가 마음에 맞지 않지만 총명한 사람을 선택했다고 하자. 그녀가 '저는 싫어요.'라고 말하지 않는다면, 당신은 곧 자유를 상실한다. 그러므로 당신의 자유를 보유하기 위해 가장 좋은 것은 그녀가 당신에게 거절하는 것이다. 그렇게 거절당하는 것을 마음 아파할 필요가 없으니 이렇게 되면 당신은 또 자유가 있다. 만약 그녀가 "그래요! 나는 이미 당신을 오랫동안 기다렸어요."라고 말하면, 당신과 그녀가 결혼할 수 있는 끈이 형성된 것이다.

이때 당신의 자유는 끝난 것이다. 당신이 만약 다시 그 미녀를 보면 당신은 볼수록 부자유하다. 왜냐하면 당신은 이미 자유가 지났기 때문이고 자유가 지나면 더 이상 자유롭지 않는데, 이것이 바로 자유의 모순성이다.

(3) 위기성

자유가 만약 진리에 의해 제약되지 않는다면 지극히 큰 파괴행동으로 변하는데, 위기성을 함유하고 있는 것이다. 우리가 자유를 잘못 사용할 때, 우리는 자유 중에 진리에 저항하고, 진리와 단절된 사람이 되는 것이다. 그런 까닭에 자유는 위기적이다. 이 이유 때문에 우리는 무엇을 자유라고 부르는지를 매우 깊게 생각해야 한다.

칸트는 '자유는 내가 하고 싶으면 하는 것인가?'라는 질문을 던진다. 만약 내가 하고 싶으면 하는 것, 이것이 자유라고 한다면, 칸트는 이러한 생각은 너무 얄팍하다고 했다. 하지만 이러한 자유는 대부분 물질의 토대 위에 건립된 자유이고, 그러나 이러한 자유는 매우 제한적이다. 칸트가 보기에 하고 싶은 것을 하는 것은 자연 본능에 따라 실행하는 것이고, 이는 자유라고 할 수 없고, 부자유한 것이다.

그래서 그는 거꾸로 매우 위대한 말을 하였다. 칸트는 '자유는 내가 하기 싫은 것을 하지 않는 것이다.'라고 했다. 이것이 진정한 자유이다. 자아욕망(감성적인 욕망)으로부터의 만족에 대한 것은 진정한 자유가 아니고, 욕망에 대해 부정하고 억제하거나 자제하는 것이야말로 진정한 자유이다.

왜냐하면 당신이 이성으로 본능을 극복하였기 때문이다. 내가 하고자 하는 것을 하는 것 그것은 자유가 아니고, 야만, 경솔, 방종, 정욕이며, 마치 내가 상대를 폭행하고 싶으면 폭행하고, 거짓말하고 싶으면 거짓말하고, 남의 물건이나 돈을 훔치고 싶으면 훔치고, 마약하고 싶으면 마약을 하는 것과 같은 이러한 행위는 결코 자유가 아니라 무법천지, 제멋대로 하는 것이다.

그러나 당신이 당신의 생활 속에 당신이 잘못한 어떤 일이 있음을 발견하고, 당신은 "나는 안 할 거야, 나는 다시는 안 할 거야!"라고 말하면서, 당신이 정말로 안 한다면 그거야말로 진정한 자유이다. 매우 미묘하게 많은 자유는 원래 중립적 선택 중에 있는 것이지만, 당신이 하게 되면 결코 중립적이 아님을 발견할 때, 당신은 내려놓을 방법이 없고, 그것은 자유를 훼손하는 자유이지, 진정으로 자유를 건립하는 자유가 아니다.

당신은 그것이 '자유인 것 같은 거짓 자유'와 그것이 '진정한 자유를 가져다준 그다지 자유가 아닌 것 같은 것'을 구분할 줄 알아야한다. 양자 사이의 차이가 무엇인가?

하나의 간단한 예를 들면, 내가 만약 마음껏 맛있는 음식을 많이 먹으면 먹을수록 그 결과는 어떻게 될까? 허리띠를 한 칸 한 칸 느슨하게 매게 되고 최후에는 허리띠조차도 필요 없게 되는데 이것이 자유인가? 여기서 허리띠는 자유가 제한을 받는 표시이다. 당신이 이 제한을 받기를 원치 않으면 결과는 거대한 몸이 되고 걷는 것이 자유롭지 못하게 되는데, 이것을 자유의 부자유라고 한다. 당신이 너무 자유롭게 먹으면 걷는 것이 부자유하게 된다.

칸트는 자유는 내가 하고 싶은 것을 하는 것이 아니라 내가 '하고 싶지 않은 것을 하지 않는 것'이라고 말했는데, 이것이 바로 '얽매임'을 받지 않는 자유이고, 잘못된 자유가 발생한 그러한 결과로 인해 '얽매임'을 받지 않는 것이야 말로 진정한 자유이다.

매우 많은 젊은이들이 말한 자유는 왕왕 표면적인 자유인 경우가 대부분이다. 그들이 원하는 자유는 다가올 앞날에 애써 벗어날 수 없는 그러한 '얽매임'이라고 할 수 있다. 그 실질은 얽매임이고 그것은 진정한 자유가 아니다. 담배를 피울 때 당신은 매우 자유이지만, 담배를 끊어야 할 때는 매우 어렵다면, 그것은 진정한 자유가 아니다.

마약을 할 때 당신은 매우 자유이고 대마초를 피우기 시작할 때 당신은 매우 자유이지만, 당신이 그것을 버리려고 할 때 그것은 당신이 그것을 버리지 못하게 하여 당신은 비로소 그것이 진정한 자유가 아니라는 것을 알게 된다. 당신이 벗어나기 어렵고 당신을 손상시키고 당신을 희롱하는 그러한 악습은 처음 시작은 당신에게 매우 자유자재의 즐거움을 주지만 그것은 모두 거짓이다.

당신이 생각한 자유가 갈수록 깊이 당신을 속박하는 것을 느꼈다면, 그것은 결코 자유가 아니라 중독이다. 이것이 바로 자유의 위기성이다.

2

몇 가지 시각으로 본 자유

자유는 매우 많은 측면이 있는데 긍정적인 면이 있고 부정적인 면이 있다. 적극적인 자유가 있고 또 소극적인 자유가 있으며, 행위의 자유가 있고 또 정신의 자유가 있다. 이성의 자유가 있고 또 감성의 자유가 있다.

(1) 적극적인 자유와 소극적 자유

자유를 적극적인 면과 소극적인 면으로 나누어 볼 수 있다.[57]

① 적극적인 자유

주체로서의 사람이 내린 결정과 선택은 모두 자신의 능동적인 의지에 근거하는 것이지 어떠한 외부의 힘에 근거하는 것이 아니다. 사람

---

[57] 『이사야 벌린의 자유론』, 이사야(Isaiah Berlin) 벌린 지음, 박동천 옮김, 343쪽-362쪽.

은 자주적 혹은 자각적이고, 사람은 '적극'적 자유의 상태 속에 있다. 즉, 이것이 가리키는 것은 사람의 내재적인 생각과 행위에 대한 통제력이다. 적극적인 자유의 중점은 '자신이 자신의 주인이 될 수 있음'에 있다.

내가 자신의 주인이 될 때, 나는 다른 사람의 도구가 아니고 나는 다른 사람의 의지행위에 지배를 받지 않는다. 이때 나의 행위는 나 자신의 이성과 자각적 목적에 의해 추진되는 것이지, 외부의 대자연이나 혹은 다른 사람의 결정과 부추김에 의한 것이 아니다. 바꾸어 말하면 만약 우리가 자기 자신의 주인이 되면 우리는 자유로운 것이다.

② 소극적인 자유

사람이 의지에서 타인의 강제를 받지 않고 행위에서 타인의 간섭을 받지 않으며, 즉 '강제와 간섭에서 벗어난' 상태인 것이다. 예컨대 우리는 마음대로 공중에서 비상할 수 없지만, 그러나 이는 결코 우리가 공중에서 비상하는 자유가 없음을 내포하지 않는다. 왜냐하면 우리는 단지 관계된 능력을 결핍하였을 따름이지 인위적인 속박을 받은 것이 아니기 때문이다.

(2) 감성적인 자유와 이성적인 자유

인류의 의식형태로 자유를 말하면 감성적인 자유와 이성적인 자유로 나눌 수 있다. 이성적 선택과 감성적인 선택은 왕왕 차이와 충돌이 존재한다. 일반적으로 사람들은 감성의미의 자유를 중시하는데, 감성의 자유는 외부세계와 충돌이 발생하기 쉽다. 이성의미의 자유에 대한 존중은 개인, 공동체, 민족과 국가에 이르기까지 문명과 발전의 필연적인 지향점이 아닐 수 없다.

이른바 자유는 누구의 베풂을 찾으려 해서는 안 되고, 설사 속박을 받을지라도 단지 마음은 억압되지 않기만 하면, 자신으로 말하면 수시로 이를 자유라고 부를 수 있다.

(3) 신체의 자유와 의지의 자유

우리가 일반적인 상식 수준에서 자유라는 의미를 말한다면, 다른 사람의 억압이나 명령, 혹은 강제나 구속을 받지 않는 상태라고 할 수 있다. 그래서 돈이 있으면 자유롭게 여행도 하고 물건도 구매하고 아침은 서울에서 점심은 도쿄에서 할 수 있는 자유를 누린다.

게다가 권력이 있으면 어느 누구라도 만날 수 있다. 그러나 돈은 늘 한정되어 있고 권력이나 명예역시 마음대로 얻는 것도 아니고 얻었다고 하더라도 영원하지 않다. 이는 자유의 중심점이 우리의 신체에 맞추어져 있다고 할 수 있다. 그래서 이를 신체의 자유라고 한다.

이를테면 주인이 잠깐 자리를 비운 사이 어떤 물건을 훔쳤는데, 공교롭게 이때 나를 본 사람이 없기 때문에 나는 훔친 물건을 주머니에 넣고 그곳을 빠져나와 다른 곳으로 이동하고 있다고 하자. 비록 나의 행동의 제한이나 억압이 없이 신체는 자유롭게 이동할 수 있지만, 이

때 과연 진정한 의미로 '자유롭다'고 말할 수 있을까?

　만약 그렇지 못하다고 한다면 분명 다른 의미의 자유가 있다고 해야 한다. 이때 누구든지 마음이 불편할 뿐 아니라 내면의 고발자가 행동하는 자신에게 고발을 할 것이다. 즉 양심의 내가 행동하는 나에게 도덕적인 경고음을 보낸 것이다. 그래서 마음이 부자유함을 느낄 것이다. 여기서 또 다른 의미의 자유가 있음을 알 수 있다. 즉 마음의 자유 혹은 의지의 자유이다.

자유의 심층적인 이해:
의지의 자유와 자유의 경계

사람은 주관과 외부세계에 의해 발생되는 수많은 느낌이 있지만 그 속에는 사람이기 때문에 '도덕적인 느낌'을 가지고 있다. 이러한 '도덕적인 느낌'은 본성본심에서 자연스럽게 흐르는 일종의 파동이다. 이러한 파동은 인위적인 것이 없이 본성본심에서 자연스럽게 나오는 것이다.

예컨대 어떤 사람이 길을 가다가 눈앞에 심한 상처를 입고 쓰러져 있는 사람을 보았을 때, 어떤 외적 요인이 전혀 개입됨이 없이 한 찰나에 본성본심(도덕이성)에서 지극히 자연스럽게 흐르는 파동(양심) 혹은 '도덕적인 느낌'은 조건이나 결과 등을 고려하지 않고 즉각적으로 '그 사람을 도와주라'는 행위법칙을 준다. 그 행위법칙에 의해 실천하는 것을 우리는 도덕행위라고 말한다.

본심(도덕이성)이 자신에게 행위의 방향을 정해 주거나 법칙을 세워 줌으로 이른바 자신의 행위에 입법을 하는 것이다. 자신이 자신에게 입법을 함으로 자율이고 자유인 것이다. 본심 즉 도덕이성의 법칙에 따르는 행위가 진정한 도덕이라고 할 수 있다. 이러한 법칙은 한 개인만이 아니라 모든 인류에게 보편적으로 적용됨으로 보편법칙이라고 말한다.

(1) 이성욕구가 곧 의지이다

 필자가 서울의 'ㅅ'병원에서 발생한 일을 소개하겠다. 아내가 내시경 검사를 끝내고 회복실에서 회복을 마친 후 필자는 검사 및 시술비를 납부하기 위해 무인 수납기 앞에서 진료카드로 확인하자 총 비용이 41만 원으로 나타나 지갑에서 카드를 꺼내려는 순간 납부영수증이 발행되고 있었다. 카드 삽입구에 이미 누군가가 빼지 않고 놓고 간 카드가 남아 있었고 그 카드로 41만 원이 결제가 된 것이다.

 필자는 즉시 창구로 가서 상황설명을 하고 문제의 카드를 건네주었다. 담당 직원은 다른 사람의 카드로 결재된 41만 원을 취소하고, 다시 제 카드로 41만 원을 결제하였다. 그때 마음이 매우 편안하고 자유로움을 느꼈다. 이는 필자만이 아니고 대부분의 사람들이 이러한 상황에서 이와 똑같이 했을 것이다.

 본인의 카드를 넣지 않았는데 영수증이 발행되고 있다는 사실과 이미 카드 삽입구에 다른 사람의 카드가 꽂혀 있다는 사실을 본 순간 사람으로서 마땅히 해야 하는 '도덕적인 느낌' 즉, 이 상황에서 '사람으로서 당연히 해야 하는 것(義)'에 의해 '실천한 것'(창구로 가서 사실을 알리고 정상적으로 결제한 것)이다.

 위의 상황을 또 다른 시각으로 보면, 사람은 '이성욕구'를 가지고 있을 뿐 아니라 동물과 함께 '감성욕구'를 가지고 있다.[58] 이성욕구 즉,

---

58) 아리스토텔레스(Aristoteles)는 지성(Intellect)과 의지(Will)가 이성능력이라고

의지가 '사람으로서 마땅히 해야 하는 의(義)'를 선택하고 '다른 사람의 카드에 의해 영수증이 처리된 것을 자기 것으로 하는 불의(不義)'를 포기한 것이다.

다시 말해 감성욕구인 동물적 본능과 충동에 의하지 않고 이성욕망인 의지에 따른 것이다. 왜냐하면 사람으로서 마땅히 해야 하는 의로운 행위가 선(善)이고, 그 선이 이성욕구(의지)를 만족시키기 때문이다. 따라서 필자의 마음은 편안함을 수반한 자유를 누릴 수 있었던 것이다.

사람은 자유로운 존재이다. 왜냐하면 사람의 의지가 자유이기 때문이다. 이 때문에 사람은 자유, 자주의 능력을 가지고 있고, '할 것인가' 혹은 '말 것인가', '이 일을 할 것인가'와 '저 일을 할 것인가'의 사이에서 마음이 하고 싶은 대로 자유롭게 선택할 수 있다.

이성적인 욕구인 의지는 정신적이고 그 대상은 선(善)일 뿐 아니라 보편선, 절대선이고 완전무결한 것이다. 오직 그것만이 의지의 필요를 만족시킬 수 있고, 기타 상대적인 선(善)은 의지를 만족시킬 수 없다. 이 때문에 의지는 어떤 것에 대해 받아들일 수 있고 또 포기할 수

생각한다. 사람은 지성(실천적)과 의지를 가지고 있는데, 양자는 밀접한 관계가 있으며 인과관계이다. 의지는 이성욕구이다. 의지는 목적을 추구하고, 지성은 목적에 도달하는 방법을 고려한다. 동물과 어린이는 욕망을 가지고 있지만 선택할 수 없다. 그래서 그들이 의지를 가지고 있다고 말할 수 없다. (Aristoteles) "이는 동물이 지성을 결핍한 때문이고, 어린이의 지성은 아직 성숙되지 못했기 때문이다. 왜냐하면 이성부분에서 이성욕구를 찾을 수 있고, 감성욕구와 정서는 비이성부분에 속하기 때문이다."(Aristoteles)

있다. 이것이 바로 자유의 의미이다.

바꾸어 말하면 모든 만물은 좋고 나쁨과 선과 악의 양면을 가지고 있고, 의지는 선을 원하고 악을 싫어한다. 이 때문에 의지가 선과 악의 양면에 직면했을 때, 선(善)의 관점에서 보고 의지는 그것을 추구한다. 악(惡)의 관점에서 보고 의지가 그것을 포기한다. 그래서 어떤 것도 의지에 대해서는 구속력이 없다. 이 때문에 의지는 완전히 자유(自由)인 것이다.

(2) 의지의 자유

칸트는 이성적인 존재로서 사람은 현상과 물자체의 교점(交點)에 있다고 생각한다. 즉 사람은 현상과 물자체의 통일체이다. 다시 말하면 육체(신체) 측면의 사람은 현상계(감성세계)에 존재하면서 자연의 필연성의 지배를 받는다. 이 시각으로 말하면 사람은 결정되어진 것이므로 자유를 말할 수 없다. 그러나 실천주체로서의 사람은 도리어 '감성세계에 대한 결정원인'을 초월할 수 있으므로 자유를 누린다.

자유의 적극적인 개념은 주체의 자아입법 혹은 사람이 도덕에 입법하는 데에 있다. 당연히 이러한 입법은 제멋대로 하는 것이 아니라 엄격한 형식조건을 가지고 있는 것이다. 이것이 곧 보편화원칙이다. 칸트는 '네 의지의 격률이 언제나 동시에 보편적 입법의 원리가 되도록 행위 하라!'라고 했다. 그러므로 도덕법칙은 주체 자신이 제정한 것이고, 이것으로 말하면 사람은 자아 입법자이다. 또한 이와 같기 때문에 그는 비로소 법칙을 준수한다.

바꾸어 말하면 사람은 입법자이자 수법자(守法者)이다. 이것이 곧 자율의 주요내용이다. 그러므로 의지자율은 도덕의 유일한 원칙이고, 또한 최고의 원칙이다. 이성을 가진 자로서의 사람이 이 세계에서 존엄을 누리는 원인은 자율에 있다.

칸트는 자율이 자유라고 했다. 그는 윤리도덕 영역에서 자유 개념에 새로운 내용을 담았는데, 진정한 자유는 사람의 이성의 자유이고 의지의 자유이며 도덕의 자유라고 생각하였다. 즉 이성, 자유, 도덕을 내재적으로 통일시킨 것이다. 이들을 통일시킨 것은 도덕을 인류 사회 실천영역의 진리로 여겼기 때문이다. 이성의 영역에서 진리는 보편성과 필연성을 가지고 있는데, 이는 진리의 특징이다. 실천영역에서 도덕은 똑같이 보편성과 필연성을 가지고 있다.

도덕은 자기 자신을 포함하여 모든 인류가 받들어 시행해야 하는 절대적 율령(정언명령)이다.[59] 즉 아무런 조건이나 제약이 붙지 않는 법

---

[59] 칸트에 따르면, 누구나 어떤 조건에서든 따라야만 하는 정언 명령은 다음 두 가지를 들 수 있다. 첫째 명령, "네 의지의 준칙(격률)이 언제나 동시에 보편적 입법의 원리가 될 수 있도록 행위하라."이다. 이 말은 쉽게 말해 누구든지 어떤 행동을 할 때 스스로 생각할 때 다른 모든 사람이 그와 같은 행동을 해도 괜찮다고 생각되는 행동을 해야 한다는 뜻이다. 둘째 명령, "너 자신과 다른 모든 사람의 인격을 언제나 동시에 목적으로 대하도록 행위하라."이다. 칸트는 당시 유럽에서 유행하던 자연론적인 인간관을 반대하였다. 인간이 자연 법칙의 지배를 받는다고 본 자연론적인 인간관을 부정하면서, 그는 모든 인간의 평등한 존엄성을 강조했다. 칸트에 따르면, 인간에게는 '도덕 법칙'이 있다는 것이다. 인간은 절대적인 가치를 지닌 인격체로서, 다른 목적을 위한 수단이 아니라, 그 '자체가 목적'

률이다. 그것은 이성세계 속의 진리처럼 동일시하고 자기 자신을 포함해서도 예외가 없다. 칸트의 도덕관은 매우 엄격하다. 자살이나 혹은 자신이 자신의 능력을 내버려 두거나 소홀히 하는 것이 바로 부도덕한 행위이라고 할 정도로 엄격하다.

왜 이렇게 철저한 도덕관을 가졌을까? 칸트의 도덕관은 사실 이성에 근거하여 건립된 것이기 때문이다. 다시 말하면 진리에 따른 표준에 근거하여 건립된 것이며, 그것은 인류가 실천 중의 진리이기 때문이다.

칸트는 동물적 본능과 충동을 이겨 내는 자유가 곧 의지의 자유이고 이러한 자유를 매우 중시하였다. 칸트는 인간의 의지는 본체(本體)의 세계(God, 자유, 영혼불멸)속에서 자유 법칙 즉, 도덕률이 지배하는 영역에 속해 있어서 이 규범에 따르는 한 자율적으로 움직인다고 생각하였다. 이러한 자유는 양심이 명령하는 대로 행동하거나 도덕률을 따랐을 때, 누릴 수 있는 자유이므로 물리적인 강제나 억압에 의해서 제약되지 않는 자유이기도 하다.

칸트가 보기에 자유와 자연은 상대적이고, '자유'는 일종의 '자연'을 초월한 능력이라는 데서 비로소 자유라고 할 수 있다. '자연' 즉, 대자연이 당신에게 부여한 천성과 본능에 따라 실행한다면, 자유는 이성의 원칙에 따라 실행하는 것이다. 자유는 인류가 특별히 가지고 있는 일종의 권력이고, 자연은 모든 동물도 가지고 있는 일종의 권력이다.

이며 그에 합당한 존엄한 대우를 받아야 한다고 했다.

그러므로 칸트에서 보면 자율은 이성의 상징이고, 이성으로 욕망과 본능을 극복하는 능력이며, 이는 바로 사람이 자유의지를 가지고 있다는 의미이다. 그래서 자율이 곧 자유이고 혹은 자율이 자유의 표현이다.

어떻게 사람이 자유를 가지고 있음을 증명할 것인가에 대해 칸트는 도덕관념을 빌린 것이다. 칸트에서 보면 오직 이성의 주체, 도덕의 주체만이 비로소 자유인 것이다. 이 두 구절이 매우 핵심이다. 도덕이 곧 자유의 인식 근거이고, 자유가 곧 도덕의 존재 근거이다.

이는 무슨 의미인가? 예컨대 당신이 매우 배고플 때, 빵집 안에 빵이 있음을 보고 마음대로 가져와 먹는다면, 이는 부도덕한 것이다. 당신이 배고픔을 참고 이성을 유지하면 이때 당신이야 말로 진정으로 자유를 가진 것이다. 이 상황에서 도덕은 우리가 내재적인 자연적 동물본능을 억제하도록 하거나 혹은 도덕이 당신으로 하여금 자유의 존재를 인식하도록 한다. 이는 칸트의 첫 번째 말 즉, 도덕이 곧 자유의 인식 근거이고, 도덕행위를 통하여 우리는 자신이 자유를 가지고 있음을 인식한 것이다.

그 자유가 도덕존재의 근거라는 것은 무슨 의미인가? 사람은 자유를 가지고 있기 때문에 비로소 도덕을 가질 수 있다. 만약 사람이 부자유하다면 사람에게 도덕이 존재하지 않는다. 어린 아기나 미치광이를 비유하면 그들은 자유의지가 없다(결핍되었음). 그래서 우리는 그의 행위가 부도덕하다고 말할 수 없다. 왜냐하면 그는 자유의 주체가 아니기 때문에 자유의지를 가지고 있지 않다.

그러므로 이 시각에서 말하면 자유는 도덕존재의 근거이고 혹은 자유는 도덕의 전제이다. 오직 당신이 자유의지를 가지고 있는 주체를 가져야만이 당신은 비로소 도덕으로 당신을 평가할 수 있다. 사자가 산양을 잡아 죽이는 것은 비록 매우 잔인하지만, 우리는 그것이 부도덕하다고 말할 수 없는데, 왜냐하면 사자는 결코 자유의지를 가지고 있지 않고 그것은 자연본능의 조종을 받기 때문이다.

칸트는 사람이 기타 동물과 구별되는 것은 사람이 이성을 가지고 있기 때문이라고 생각한다. 사람은 이성으로 인해 자유이고, 자유로 인해 도덕이며 이로 인해 자유를 실현하지만, 기타 동물은 단지 자연법칙(동물본능, 충동)에 따라 실행할 따름이다.

오직 인류만이 이성을 가지고 있기 때문에 자유를 가지고 있고, 또 자연을 초월하는 능력을 가지고 있으며, 역시 도덕주체가 된 것이다. 이성, 자유, 도덕은 칸트에서 내재적인 통일을 실현하였고, 그는 자유개념에 이성, 도덕의 내용을 주입하였다. 따라서 자유에는 이성과 도덕이 내재되어 있는 것이다.

(3) 공평하고 올바르며 사심이 없는 마음과 자유

자기가 하고 싶은 것을 하는 것이 자유인가 아니면 자기가 하고 싶지 않는 것을 하지 않는 것이 자유인가는 결국 어떠한 마음에 의한 것이냐가 핵심이다. 다시 말해서 어떠한 마음에 따라 하고 싶은지를 명확하게 해야 하는데, 이는 먼저 '공평하고 올바르며 사심이 없는 마음

(正心)'이어야 하고, 오직 '공평하고 올바르며 사심이 없는 마음'에 따라 하고 싶은 것을 하는 것이 자율이고 자유이다.

또한 그러한 마음에 의해 자기가 하고 싶지 않는 것을 하지 않는 것이 자율이고 자유이다. 즉 자유경계이다. 여기서 '공평하고 올바르며 사심이 없는 마음'은 수신(修身)과 연결되고 지행합일(知行合一)이다. 이는 동양의 유가의 관점이다.

"자신의 몸을 수양하고자 하면 반드시 먼저 자신의 마음을 단정하게 하고 자신의 마음을 단정히 하고자 하면 반드시 먼저 마음에서 발하는 생각을 진실하게 해야 한다."[60] 마음을 단정히 한다는 말은 공평하고 올바르며 사심이 없다는 의미이다. 사심(私心)이 없어야 자기를 극복할 수 있고, 이로써 자율과 자유경계로 진입할 수 있다.

"우리는 자신을 위한 마음을 가져야 한다. 이렇게 해야 비로소 사심(私心)을 극복할 수 있고 오직 사심을 극복해야만이 비로소 자신을 완성할 수 있다."[61]

인생에서 성취하려고 하면 자기(기질적인 자기)를 극복할 수 있어야 하고, 해야 하는 것을 하고 해서는 안 되는 것은 하지 않는다. 이른바 '자기를 극복한다는 것'은 사실 즉 우리가 늘 말하는 자율(自律)이다. 자율은 금욕주의자 혹은 고행승과 같이 자신을 억제하고 속박하

---

60) 『대학』, 제1장, "欲修其身者, 先正其心; 欲正其心者, 先誠其意; 欲誠其意者, 先致其知; 致知在格物."
61) 『왕양명전서』, 傳習錄, 捲上, 門人薛侃錄, 二十八, "先生曰: 人須有爲己之心, 方能克己; 能克己, 方能成己."

는 것이 아니라 일종의 합리적인 절제이다. 대부분의 사람들이 왜 자율을 하기 어려운가?

그 원인은 자기(기질적인 자신)를 극복하는 것이야 말로 자신을 위한 것이고 자율이야말로 자유롭다는 것을 진정으로 인식하지 않거나 혹은 깨닫지 못한 데에 있다.

진정으로 자신을 위한 '마음'이 있어야 사심(私心)을 극복할 수 있다. 사심을 극복한다는 말은 자신의 감성적인 욕망을 극복한다는 의미이다. 사심을 극복해야만이 자기 자신을 이룰 수 있다. 즉, 감성적인 욕망을 극복하여 이성적 욕구 (의지)에서 비로소 자신을 이룬다는 말이다.

자기를 완성한다는 말은 도덕주체가 형성되었다는 말이다. 그렇다면 자신을 위하는 마음이란 무엇인가? 그 마음은 한 마디로 진정한 자신이다. 모든 것이 천리(天理)가 작용을 발휘한 것이고, 천리로 신체의 모든 것을 주재함으로 천리를 '마음(心)'이라고 말한다.

마음(心)의 알맹이(핵심)는 본래 오직 천리(天理: 대도리)일 뿐이고, 예(禮: 질서)가 아닌 것이 없으며, 이것이 바로 진정한 당신 자신이다. 이 진정한 자기(眞己: 마음, 천리)가 신체의 주재이다.[62]

왕양명이 제자인 소혜(蕭惠)가 '자신도 매우 자기를 위한 마음을 가지고 있는데 무엇 때문에 사심(私心)을 극복할 수 없는지 모르겠다.'라

---

62) 『왕양명전서』, 전습록, 門人薛侃傳, "都只是那天理發生, 以其主宰一身, 故謂之心. 這心之本體, 原只是個天理, 原無非禮, 這個便是汝之眞己. 這個眞己是軀殼的主宰."

고 말하자, 도대체 '자신을 위한 마음'이 무엇인지를 말해 보라고 했다.

그러자 소혜가 잠시 생각하더니 "저도 한마음으로 좋은 사람이 되려고 했고, 상당히 자신을 위한 마음을 가지고 있다고 스스로 생각하였습니다. 지금 생각하니 마치 또 육신으로서의 자신을 위해 생각하는 것에 불과하지 결코 진정한 자신(眞己)을 위해 생각하는 것에 있지 않았습니다."63)라고 했다. 소혜는 스스로 생각한 끝에 '육신으로서의 자신을 위해 생각하는 것'이었음을 고백하였고 동시에 '진정한 자기'를 위한 것이 아니었음을 인정하였다.

왕양명은 "진정한 자기(眞己)가 언제 신체를 벗어났는가! 아마 육신으로서의 자신마저도 당신은 역시 그것을 위해 생각한 적이 없었을 것입니다. 당신이 말한 육신으로서의 자기를 말해보세요. 설마 귀, 눈, 입, 코와 사지는 아닌지요?"64)라고 말하자.

제자인 소혜(蕭惠)는 "바로 그렇습니다. 이러한 기관을 위해 생각하고, 눈을 위해 생각할 때 색깔을 찾아야 하고, 귀는 소리를 찾아야 하며, 입은 맛있는 것을 찾아야 하고, 사지는 오락하는 방법을 찾아야 합니다. 이렇게 되어 극복할 수 없었습니다."65)라고 답하였다.

---

63) 『왕양명전서』, 전습록, 門人薛侃傳, 惠良久曰: "惠亦一心要做好人, 便自謂頗有爲己之心. 今思之, 看來亦只是爲得個軀殼的己, 不曾爲個眞己."
64) 『왕양명전서』, 전습록, 門人薛侃傳, 先生曰: "眞己何曾離着軀殼! 恐汝連那軀殼的己也不曾爲. 且道汝所謂軀殼的己, 豈不是耳目口鼻四肢?"
65) 『왕양명전서』, 전습록, 門人薛侃傳, 惠曰: "正是. 爲此, 目便要色, 耳便要聲, 口便要味, 四肢便要逸樂, 所以不能克."

사람들은 늘 자신을 위한다고 스스로 생각하지만, 정말 자신을 위하고 있는가? 나는 진정으로 누구를 위해 종을 울리는가? 자기 자신을 위한다는 이름아래 우리는 무엇을 하고 있는가?

(4) 자유의 경계

신체의 자유, 의지의 자유는 중국철학의 자유에 대한 관념으로 보면 더 높은 자유를 실현하는 토대이지 결코 자유의 최종 귀착점이 아니다. 즉 정신차원에서 생명을 추구하고 심령의 자유를 추구한 것이다. 이는 경계[66]의 자유이고 자유경계이다.

자유경계란 자유의식의 깨달음과 정신의 수양 수준을 가리킨다. 다시 말해 자유에 대한 깊은 이해와 깨달음을 통해 도달한 정도나 상태를 의미한다. 자유 경계는 이미 있는 주체를 끊임없이 초월하는 것이다. 바꾸어 말하면 끊임없이 경계를 제고하는 것이다.

서양철학에서 주로 관심을 가진 개인의 의지의 자유 개념은 중국철학의 자유 관념과 차원이 서로 다를 뿐 아니라 후자는 의지의 자유를 더 높은 '자유의 경계'의 출발점으로 여겼다. 즉 정신차원에서 생명을 추구하고 심령의 자유를 추구한 것이다.

자유의 경계는 이미 있는 주체를 끊임없이 초월하는 것이다. 즉 주

---

66) 경계란 의식의 깨달음과 정신의 수양 수준을 가리킨다. 즉 깊은 이해와 깨달음을 통해 도달한 정도나 상태를 의미한다.

체의 경계를 끊임없이 제고하는 것이다. 오직 사전 설정이 없어야 비로소 철저히 초월할 수 있다. 주체를 초월한 자유는 기존의 주체를 초월하는 것을 가리킨다. 끊임없이 기존의 주체성을 버리고 동시에 새로운 주체성을 생성하는 과정이다.

끊임없이 초월하고 또 끊임없이 새로 생긴 이러한 주체성은 또한 공자가 제창한 "군자의 마음은 천하를 품었으니 (정해진)한도가 있는 그릇과 같지 않다."[67]라고 표현할 수 있다. 이러한 주체가 바로 진정한 도덕주체이고 이것에 의해 진정한 자유경계를 실현할 수 있다. 이러한 도덕주체에 의해 전개되어야 진정한 인문주의를 펼쳐나갈 수 있고, 병든 사회를 치료하는 해독제가 될 수 있다.

① 자유의 경계

"콩죽 먹고 물을 마시고 팔베개 베도 즐거움이 역시 그 속에 있다. 의롭지 못한 부귀는 나에게 뜬 구름과 같다."[68]

"소쿠리의 밥과 표주박의 물로 누추한 곳에 거처하며 산다면, 다른 사람들은 그 근심을 견디어 내지 못하거늘 안회는 그 속에서도 즐거움을 잃지 않는구나. 어질구나! 안회여!"[69]라고 했다.

---

67) 『논어』, 위정편, "君子不器"
68) 『논어』, 술이편, "飯蔬食, 飮水, 曲肱而枕之, 樂亦在其中矣. 不義而富且貴, 於我如浮雲."
69) 『논어』, 옹야편, "一簞食, 一瓢飮, 在陋巷, 人不堪其憂, 回也不改其樂. 賢哉, 回也."

'콩죽 먹고 물을 마시고 팔베개 베도 즐거움이 그 속에 있다.' 이는 사람의 운명적 한계를 초탈한 모습을 나타냈을 뿐 아니라 그 속에서도 자유롭고 편안한 내적 즐거움을 느끼는 경계를 드러냈다.

'의롭지 못한 부귀는 나에게 뜬 구름과 같다.' 이는 덕성주체(도덕주체)가 구체적인 생활 속에서 온갖 유혹과 사람이 세상을 사는 데는 자신의 의지와 무관하게 어쩔 수 없는 조건이나 한계가 자신을 제한하고 구속하지만, 덕성주체(도덕주체)가 위를 향해 실천적 수양을 한 사람은 자신이 해야 할 일을 다 했으므로 이를 제한이나 구속으로 여기지 않고 달관하여 편안한 마음으로 대할 수 있다.

사람으로서 마땅히 해야 하는 도리에 대해 그리고 정의롭지 못한 것으로 얻은 부귀는 자신과 아무 상관이 없음을 말하였는데, 뒤집어 보면 의로운 부귀가 나에게 자연스럽게 오는 것은 당연히 바라는 것이다. 공자가 말한 이와 같은 즐거움은 일시적인 것이 아니라 자아체험을 통한 내적 자아만족이고, 자유를 바탕으로 하는 도의적인 즐거움이다. 즉 덕성을 실현한 자의 자유경계이고 내적 즐거움이고 행복감이다.

삶의 어려움, 운명적인 제한에도 불구하고 도덕주체의 경계를 제고시켜 여전히 자유경계를 누리며 살아가는 모습이다. 자유롭고 편안하면서 내적 즐거움을 느끼는 자유경계이다. 인공지능시대에서 형태는 다르지만 사람이 겪는 비인간적인 요소들의 제한과 또 다른 운명적 한계 속에서 '나는 기계가 아니야!'라는 절규를 자유경계를 통하여 달관하는 지혜가 요구되고 있다.

제5강

인문학의 재건과 내재적 인문주의

1. 도구이성과 현대인
2. 사람과 우주대자연
3. 기계인과 인류
4. 외재적 인문주의
    (1) 키케로시대의 인문주의
    (2) 문예부흥시기의 인문주의
    (3) 18세기 독일의 인문주의
5. 내재적 인문주의
    (1) 본심의 이해
    (2) 왜 도덕일까?
    (3) 도덕주체
    (4) 현실생활에서 본 도덕주체의 기본특징

1

도구이성과 현대인

근대의 현대성[70] 이후 현대인은 도구이성으로 자신도 모르게 무장되어 가고 있고 개인주의의 길로 치닫고 있으며 더 나아가 점차 나르시시즘(Narcissism)적인 성향을 띠고 있다. 겉으로는 자유로운 세상인 것 같은데 내부적으로는 갈수록 자유가 위축되고 있음을 감지하고 있다. 이러한 상황에서 우리의 생활과 사고양식이 오직 오늘과 지금만 있는 것 같다.

또한 곳곳에서 개인의 향락을 생명의 의미의 출발점과 궁극적인 목표로 삼고 있으니, 먼 장래는 생각하지 않고 당장의 향락만을 추구하려는 마음의 태도로 흘러가고 있는 것 같다. 이 같은 상황 아래서 우리의 마음과 시야는 사실 더욱 좁게 변해 버렸다. 그래서 또 다른 패러독스(Paradox)를 형성한다.

---

70) 현대는 그 이전 시대와 비교해서 어떤 특질을 지닌 시대인가? 현대의 특질을 현대성(modernity)이라 지칭할 때, 무엇보다도 인간의 이성을 존중하는 합리적, 과학적 태도가 현대성의 요체라고 할 수 있다.

인터넷상에서 제공하는 정보가 갈수록 많아지고 우리가 얻은 진정한 지혜는 갈수록 드러나지 않아 사람은 감관 욕망의 지시를 받은 하나의 동물로 변하고 있는 것 같다. 이러한 욕망은 기본적으로 '물욕'이며, 이러한 '배물욕(拜物欲)'의 배후는 당연히 자본주의의 소비형태가 자리하고 있다.

인류가 만약 단지 물질욕망에 만족하는 것을 목적으로 삼고, 감관자극을 즐기는 것을 즐거움으로 여긴다면, 그 결과는 단지 끝없이 자연을 약탈하고 파괴하여 결국 인류 자신의 궤멸을 초래하게 된다. 이러한 모든 것은 일상생활의 자연스런 형태가 되었는데 결국 이 같은 환경 속에서 우리가 어떠한 '사람'으로 변했는지를 반성하는 사람은 매우 드문 것 같다.

인문학이 소비지상의 상업사회에서 결국 어떤 의미가 있는가에 대해 반성적인 사고를 하지 않을 수 없다.

인류시각으로 보면 기술이성의 상징이라고 할 수 있는 근대과학은 인류에게 도구이성을 안겨 주었고 이로써 구체적인 생활 속에서 도구이성은 사회에서 직장에서 심지어 가정에서까지 목적을 위해 사람을 포함한 모든 수단이 동원되는 지경에 이르렀다. 도구이성이란 목적을 달성하기 위해 최적의 수단을 찾아내는 능력을 말한다. 경쟁적으로 이러한 능력을 추구하는 상황아래 생명경시와 비인간적인 것들이 인간성의 자리를 메우는 기현상이 펼쳐지고 있음에도 그렇게 심각하게 반성적으로 사고하지 않는 것 같다.

가정시각으로 보면 밖에서 도구이성에 의해 시달리고 지친 몸을 안

식할 곳이 진정한 가정이어야 하지만, 가정 역시 정도만 다를 뿐이다. 왜냐하면 자신은 이미 도구이성과 감각적이고 감성적인 느낌이 섞여서 일체가 되어 자기 자신을 대하고 또 가족을 대하기 때문이다. 도구이성과 감성적인 느낌이 뒤섞여 일체가 되면 결국 느낌에 따라 움직이게 되어 마음은 더욱 좁아지게 된다.

그리하여 미래나 장래를 생각하기 보다는 지금 혹은 당장만을 생각하고, 정신적 가치보다는 물질적 가치를 중시하게 되어 물욕의 노예가 되어 충동적인 유사인간으로 변하고 있는 것 같다. 따라서 인류의 소중한 가치이자 인문학의 핵심가치인 '자유'라는 말은 단지 사치품이나 혹은 언어의 유희에 불과한 것 같다.

사람과 우주대자연

　사람은 타고난 자질도 매우 복잡하다. 이성, 의지, 창의, 추상사유, 잠재의식, 욕망, 감정, 상상, 환상, 신체감관의 각종 감각과 자극 등등 헤아릴 수 없이 많다. 이러한 복잡한 존재인 사람은 인간환경은 물론이고 거대한 자연환경인 우주대자연과 더불어 살아야 한다.

　우주 자연이라는 거대한 환경과 인간은 불가분리의 관계이다. 그러한 것들을 연구하고 이해하는 것이 학문이다. 즉 넓게 말하면 학문은 우주 자연을 연구하고 이해하는 것이다. 우주자연의 다양한 현상, 다양한 측면을 연구대상으로 삼기 때문에 학문에는 다양한 분과학문이 있다. 그 중에서도 '인문'에 관한 과목들이 있다. 이것이 이른바 인문학(Humanities) 분야라고 하는 것이다.

　그러한 과목 중에서도 일반적으로 문학(예술), 사학, 철학을 인문학의 핵심이라고 말한다. 왜냐하면 문학(예술), 사학, 철학이 인문지식을 바탕으로 인문소양을 함양하는데 핵심적인 지식체계일 뿐 아니라 인문정신을 가장 잘 대변해 주고 있기 때문이다.

　인문교육의 목적은 인문에 관한 지식과 이성적인 사고로 어떻게 해야 사람이 되고 어떻게 해야 사회에서 바르게 살아갈 수 있는가에 대해 이해하고 깨닫도록 할 뿐만 아니라 인류운명에 깊은 관심을 갖도록 하는 것이다. 따라서 인문학은 인문에 관한 학문이면서 동시에 깨달음의 학문이라고 할 수 있다.

이 일련의 과정 속에서 인문, 인성, 이성, 자유, 도덕 등의 소중한 개념을 바탕으로 예술수양, 자기 수양, 인문소양, 사랑, 행복, 나는 누구인가? 등을 체험적으로 깨닫게 된다.

르네상스 이후 학자들 사이에서 인문학(Humanities)이 입지를 다지게 된 것은 데카르트로부터 시작된 이성주의(Rationalism)의 영향이 크다. 코페르니쿠스의 대전환을 통해 기존의 기독교적 세계관이 붕괴된 이후, "나는 생각한다. 그러므로 나는 존재한다."(Cogito Ergo Sum)라는 명제와 함께 신을 대신해 세계관의 중심에 선 인간의 '합리적 이성'에 대한 담론은 인간이 가진 사유 그 자체의 기능을 학문의 중심에 놓게 되었다.

그러나 기술이성을 상징으로 하는 근대과학은 무섭게 발전하였고 그 과정에서 분업화와 전문화를 초래하였다. 전문화는 갈수록 인문학을 중심부가 아닌 주변으로 밀어내어 쇠퇴와 주변화의 길로 가도록 한 것이다. 학문의 시각으로 보면 중심점은 이미 과학으로 옮겨감으로써 우주 자연계를 끊임없이 개발하고 조작하여 인류에게 물질의 혜택을 주었지만, 동시에 정신의 황폐화를 주었고, 또한 생태계 파괴로 인해 도리어 우주자연계로부터 공격을 받는 상황에 이르렀다.

3

기계인과 인류

　기술이성의 극치라고 할 수 있는 현대의 과학기술은 인공지능, 생명공학 등의 발달로 생명복제와 유전자조작 그리고 인공지능(AI)과 로봇의 결합으로 우리의 사회 환경을 무서운 속도로 변화시키고 있다. 앞으로 인공지능과 로봇의 결합된 기계인의 법적인 문제뿐만 아니라 미래의 기계인의 세계가 인류를 괴멸시킬지 모른다는 염려를 하게 된다.

　그래서 2017년 1월 과학자들은 이미 비록 임기응변식의 현실적인 답이라고 할 수 있지만, '아실로마 인공지능원칙'[71]을 내놓았다. 즉, 인공지능은 '인류이익을 위한 인공지능'(Bennficial AI)[72]임을 공언한 것

---

71) 2017년 1월 미국 캘리포니아 아실로마(Asilomar)에서 개최한 '아실로마 회의'(the 2017 Asilomar conference)는 844명의 인공지능과 로봇 영역의 전문가들이 AI와 Robot의 신속하고 맹렬하게 발전한 것에 대한 관심을 토대로 하여 '아실로마 인공지능원칙'(Asilomar AI Principles)에 서명하고, 전 세계의 인공지능 영역 종사자들이 이러한 원칙들을 준수하여 공동으로 인류의 미래의 이익과 안전을 보장할 것을 호소하였다.
72) 첫째, 인간에게 유용하고 이로운 혜택을 주는 지능을 개발하는 것을 목표로 한다. 둘째, 윤리와 가치는 AI를 개발하는 과정에서 발생할 수 있는 실패와 자유의

이다. 이 문제는 인류가 전체적이고 깊은 사고를 통하여 더욱 확실하고 구체적인 원칙을 마련하여 엄격하게 지켜 나가야 한다. 그렇지 않으면 인류의 파멸의 자충수가 될 수 있다는 것을 명심해야 할 것이다.

인류의 불확정한 미래는 아직 가시지 않고 여전히 남아있는 그림자이다. 즉 기독교의 '세계의 종말'의 예언에서부터 '신은 죽었다.'(니체), '사람은 죽었다.'(미셸 푸코)라는 서양의 비이성 사조까지, 다시 오늘날 '인류의 종말'의 추측까지 갈수록 위협적이고 파괴적인 진동의 발자국 소리가 우리의 귓전을 울리는 것 같다.

인류의 문화와 문명의 이와 같은 상황 속에서 인문학은 여전히 해독제 역할을 할 수 있을까? 당연히 아직은 해독제가 될 수 있다고 본다. 그러기 위해서는 내재적(열린) 인문주의를 바탕으로 인문학을 펼쳐나갈 때 인문정신과 과학정신(자유정신)이 통일되어 병든 문화 몰락한 문화의 해독제가 될 수 있을 것이다.

서양의 외재적(닫힌) 인문주의가 그 시대의 문제에 따라 변용되어 자신의 모습을 드러냈지만, 끝내 진정한 인문주의의 의미를 드러낼 수 없었다. 따라서 이제라도 '사람'을 '근본'으로 하는 내재적(열린) 인문주의로 인류의 최대 위기 중의 위기가 될 수 있는 인공지능시대를 슬기롭게 대처해 나가야 한다.

침해에 대해 책임성 있게 행동해야 한다. 셋째, 인공지능이 장기적인 문제 즉, 합의된 여론 없이 미래 인공지능이 인류를 멸망하게 한다는 등 강력한 가설은 삼가야 한다.

인문학을 하는 것은 마치 "위기지학(爲己之學)"[73]의 정신으로 해야 한다. '자기 자신을 위한 학문'(爲己之學)은 배움의 목적이 자신의 인격수양을 높이는 데에 있고, 배움은 자신의 내면적인 흥미에서 나온 것이다. "위인지학"(爲人之學)은 그 목적이 다른 사람에게 자신의 학문을 자랑하는 것이고 자신의 인격완성과 상관이 없다. 또한 배움은 결코 자신의 인격수양을 높이는 데에 있는 것이 아니다. 결국 학문을 명예와 이익을 구하고 이익을 얻는 도구로 삼은 것이다.

---

[73] 『논어』, 헌문편, "古之學者爲己, 今之學者爲人."

4

외재적 인문주의

　서양문화의 발전에서 주된 인문주의(Humanism)는 크게 세 시기로 나눌 수 있다. 키케로시대의 인문주의, 문예부흥시기의 인문주의와 18세기 독일의 인문주의이다. 이 세 단계의 인문주의는 구체적인 내용 면에서는 각각 차이가 있을 수 있지만, 기본적인 성격으로 말하면 서양의 문화생명을 이끌고 나아가는 사명을 감당할 수 없다는 점이 그 공통점이라고 할 수 있다. 왜냐하면 그것들은 극복할 수 없는 한계성과 부족함을 가지고 있기 때문이다.[74]

　진정한 인문주의는 '도덕주체'의 문을 열어야 비로소 총괄적이고 광범위한 형태에 이를 수 있고 문화생명을 이끄는 최고원칙이 될 수 있다. 서양 인문주의의 각 단계는 시종 '도덕주체'의 문을 열 수 없었는데, 이것이 그 최대 특색이자 또 그 한계가 되는 근본 원인이다. 이후 현대에 이르기까지 여러 형태의 인문주의가 있지만, 그 기본 틀은 위와 크게 다를 것이 없다.

---

74) 牟宗三, 『道德的理想主義』(인문주의의 완성), 臺灣學生書局, 1982년.

서양의 이와 같은 인문주의를 필자는 닫힌 인문주의 혹은 외재적 인문주의라고 부른다. 외재적(닫힌) 인문주의는 스스로의 한계성으로 인해 인문주의의 근본적인 의미를 완전히 드러낼 수 없다. 따라서 도덕주체[75]의 문을 열어 전개한 진정한 인문주의로 인문정신을 완전히 드러내야 한다. 이를 열린 인문주의 혹은 내재적 인문주의라고 한다.

(1) 키케로시대의 인문주의

인문주의라는 개념은 키케로시기의 로마에서 성립되었지 고대 그리스에서 성립되지 않았다. 키케로는 서양문화사에서 첫 번째 인문주의 내용 및 그 가치를 의식한 사람이다. 로마는 원래 야만족이었는데 키케로는 자신의 초라함을 반성하고 문화를 가진 생활을 하려고 했다. 즉 글을 모르는 야만의 민족이 문화를 가진 생활을 하려고 한 것이다. 그리하여 현실생활의 자유를 중시하고 이성을 존중하고 미감(美感)을 풍부하게 하였는데, 이러한 폭넓은 생활 정서 위에 인문주의를 실행하였을 따름이다.

따라서 이때의 인문주의는 단지 형식적인 예의 규범상에 관심을 가졌을 따름이지, 결코 내면의 깊은 곳으로 개발하지 않아 인문주의가

---

75) 도덕주체는 개인의 도덕실천 중의 자주성과 자발성을 가리키고, 개인의 도덕행위의 능동성과 책임성을 강조한다. 도덕주체는 순수한 자발성을 그 요지로 삼고, 개인의 도덕행위의 능동성과 책임감을 강조하였지, 외부규칙 혹은 권위에 의해 강제되는 것이 아니다.

성립될 수 있는 문화생명의 최후 근거를 충분히 드러내지 못하였다. 이때의 인문주의는 성취도 있고 한계도 있다. 성취로 말하면, 매우 교양이 있고 규범에 합하는 사회정치생활이라는 데에 있다. 한계로 말하면, 교양이 있고 규범에 합하는 사회정치생활은 단지 외재적인 질서 중시와 조화를 소중히 여길 따름이었다.

따라서 이때의 인문주의가 성취한 것은 단지 외재적, 형식적, 미적인 인간의 모습이었다. 이러한 아름다운 인간의 모습은 외재적, 형식적이기 때문에 허망한 것이고 언제든지 타락할 수 있는 것이다. 즉 '근본(本)'이 없는 것에 실현되니 스스로 똑바로 설 수 없는 것이다.[76]

(2) 문예부흥시기의 인문주의

인문주의가 세계적인 의미를 얻은 것은 이 시기에서이다. 하지만 이 시기의 인문주의는 여전히 인문주의가 서양문화 속의 발전전통을 계승하였고, 중세기 기독교신학의 질곡에 대해 대응하고 극복한 것이다. 그러므로 이때의 인문주의는 역시 외적인 것과 비교하고 대조한 후에 보완한 것이지, 진정한 사람 자신의 자각과 자립이 아니다. 르네상스(Renaissance)의 본래 의미는 '사람의 재생(再生)'이다. 즉 사람을 신의 겨울잠 속에서 구해내는 것이다.

재생은 현실의 인생과 현실의 자아 그리고 개성의 자아를 중시하고

---

76) 牟宗三, 『道德的理想主義』, 臺灣學生書局, 1982年, 第158, 160-161.

또한 현실의 인간애를 가지고 있다고 할 수 있다. 이처럼 개성의 자아를 중시함에 따라 사람의 보편적 인성의 일면을 소홀히 하게 되고, 특히 사람의 기질성의 일면을 중시하였다. 다시 말하면 문예부흥시기의 인문주의는 자연생명 자신에서 발상하였고 그 결과 물욕(物欲)에 대한 만족과 감상이라고 할 수 있다.

따라서 문예부흥시기의 인문주의는 기독교 신학에 대응함에 따라 사람의 재생을 표명하였는데, 사실 사람의 재능 등 기질의 성(性)에 대한 인정이라고 할 수 있다. 그래서 문예부흥시기에 재능 면에서 그 창조력을 나타낸 많은 과학자와 예술가들이 있다.

(3) 18세기 독일의 인문주의

이 시기의 인문주의는 계몽사상의 '추상적 지성'에 대한 반항으로 성립된 것이다. 계몽사상은 문예부흥시기의 인문주의에 대한 반성으로 일어난 것이다. 문예부흥시기의 인문주의는 개성에 매달리고 과학과 예술을 성취하였지만, 이러한 성취는 보편생명이 아닌 개체 생명의 대자연에 대해 추구하고 애호하는 것이지, 그것은 결코 주체 내로 돌아와 초월적으로 반성하고 분해하지 않았다. 따라서 이 시기의 과학은 대부분 아직 경험차원에 있었고 과학이 과학이 되는 까닭의 지식의 학은 결코 성립되지 않았다.

사변철학에 의해 인문주의로 진입하는 것은 결코 인문주의의 전체 내용을 다 할 수 없다. 왜냐하면 인문주의는 반드시 생명자체의 깨달음에 의하여 소박하고 진실한 정신주체[77]를 열기 때문이다. 다시 말하면 플라톤의 '이데아'에 근거하여 제기한 '인격'개념은 결코 인성주체의 정확한 의미를 다할 수 없다. 또한 사람이 사람이 되는 '도덕주체성'을 수립할 수 없고 아울러 진정으로 가치의 근원과 이상의 근원을 열 수 없다.

이상에서 인문주의의 서양문화 속에서의 발전을 간략하게 살펴보았다. 비록 서양문화의 '물본(物本)'과 '신본(神本)'의 영향 아래서 '인본(人本)'으로서의 인문주의는 결코 주류가 아니었지만, 크든 적든 그것이 사람의 심령을 제고하고 생명을 넉넉하게 하는 것을 부인할 수 없다. 그러나 그 한계성은 그것이 인문주의를 전체적으로 망라할 수 없음에도 불구하고 문화생명을 이끄는 최고원칙이 되었다는 점이다.

이후 서양에서 여러 형태의 인문주의 역시 근본적인 틀은 바뀌지 않고 변용된 형태일 따름이다. 예컨대 과학기술을 토대로 미국을 중심으로 형성된 초인류(인문)주의(Transhumanism)[78]는 어느 면에서 보

---

[77] 중국철학의 정신주체는 하나의 종합적인 개념으로 논리, 이지, 도덕, 심미와 종교 등 여러 방면의 정신주체를 융합한 것이다. 이러한 정신주체는 논리와 이지의 주체(지식주체)를 포함할 뿐 아니라 도덕주체, 심미주체와 종교주체를 포함하고, 知, 情, 意 등 이성과 비이성 요소의 종합이다.

[78] https://en.wikipedia.org/wiki/Transhumanism. 근자에는 일부에서 트랜스휴머니즘을 주장하고 있다. 트랜스휴머니즘(영어: Transhumanism)은 과학기술을 이용해 사람의 정신적, 육체적 성질과 능력을 개선하려는 지적, 문화적 운동이다. 이것은 장애, 고통, 질병, 노화, 죽음과 같은 인간의 조건들을 바람직하지 않고 불필요한 것으로 규정한다. 이는 어느 면에서 보면 중국 도교의 불로장생의 현대판이라고 할 수 있다. 트랜스휴머니스트들은 생명과학과 신생기술이 그런

면 고대 중국도교에서 주장한 불로장생을 목표로 한 양생술의 현대판이라고 할 수 있다. 과학기술을 활용하여 인간이 가진 장애, 질병, 고통, 노화와 사망 등 인류생존과 발전에 걸림돌이 된 문제를 없애고 동시에 최대 한도로 사람의 지력(智力), 생리와 심리능력을 증진시키는 것이다.

초인류(인문)주의(Transhumanism)는 미래를 생각하는 방식이라고 할 수 있다. 그것을 주장한 사람들은 인류의 현재 형태가 우리의 발전의 종말을 의미하지 않으며, 오히려 그 반대라는 전제에 기반하고 있다. 그들은 비교적 초기 발전 단계에 있다고 생각한다. 초인류(인문)주의(Transhumanism)는 서양의 '외재적'인 인문주의의 그 끝을 보여주는 것이라고 할 수 있다.

조건들을 해결해줄 것이라고 기대한다. 트랜스휴머니즘은 1957년부터 등장한 단어이지만 1980년대 미국의 미래학자들에 의해 지금의 뜻을 갖게 되었다. 트랜스휴머니즘 사상가들은 인류가 더 확장된 능력을 갖춘 존재로 자신들을 변형시킬 것이라고 예언하면서, 이렇게 변형된 인간을 "포스트휴먼"(Posthuman)으로 이름을 붙였다. 그래서 트랜스휴머니즘과 포스트휴머니즘은 같은 뜻으로 쓸 때도 있다.

5

내재적 인문주의

　고대 그리스전통에서 비롯된 객체의 외부사물의 규율, 원리, 법칙을 파악하는 이러한 전통을 18세기 독일의 칸트는 객체에 있는 중심점을 주체로 이동하였다. 그리하여 지성주체, 도덕주체, 심미주체를 뚜렷하게 드러냈다.[79] 객체중심에서 주체중심으로 이동한 것이다. 이는 서양의 지성사에서 매우 혁명적인 일이 아닐 수 없다. 또한 그의 이러한 사고의 중심점 이동은 동양의 유가철학과 맥을 이을 수 있는 토대가 되었다고 할 수 있다.[80]

---

[79] 칸트는 서양의 계몽사상이 제기한 '추상적 지성'의 토대 위에서 한 발 나아가 지성주체를 철저하게 드러냈는데, 이 의미상으로 말하면 그는 계몽사상의 완성자라고 할 수 있다. 또 한 발 들어가 지성주체의 한계를 점검하였고 더 나아가 도덕주체와 심미주체를 뚜렷하게 드러냈다. 이 의미상으로 말하면 그는 계몽사상의 극복자라고 할 수 있다.

[80] 서양철학은 실체의미상에서 본체를 말하고 물질본체이든 정신본체이든 모두 최종적으로 분해할 수 없는 것이다. 중국철학에는 이러한 것이 없다. 중국철학은 작용 상에서 본체를 말하고, 기능상에서 본체를 말하며 생명활동에서 본체를 말한다. 한마디로 말해 과정상에서 본체를 말한다. 따라서 중국철학에 현상 배후의 '물자체'가 없을 뿐 아니라 현상을 벗어나면 본체가 없고, 작용을 벗어나면 본

그러나 칸트의 도덕철학은 단지 '도덕주체'를 똑바로 세웠지, 도덕주체에 우주론 의미를 부여하지 않았다. 즉 유가철학에서 말한 실천공부를 통한 우주적인 마음(우주심)이 없다는 것이다. 칸트는 생명에 내재하는 존재체험[81]이 없는데 이는 그의 순수하고 추상적인 철학사고와 관계가 있다. 따라서 '도덕주체'를 실천적인 면에서 구체적이면서 진실하게 '드러내지' 못하였다.

유가의 존재체험이란 실천적인 수양공부를 통하여 마음을 실현하여 본성을 깨달아 알게 되고 본성을 깨달아 알게 되면 천도를 깨달아 알게 된다는 일련의 존재체험이다. 이러한 존재체험을 마음의 시각으로 보면 우주적인 마음이라고 할 수 있다.

따라서 비록 칸트가 위대한 철학적 성과를 냈지만, 내재적(열린) 인문주의를 완성한다는 측면으로 볼 때 일정부분 제한적일 수밖에 없다.[82] 이는 어쩌면 동양시각으로 보았을 때 그 문제점이 드러나지만, 서양시각으로 보면 그 의미가 훼손되지 않을 수 있다.

체가 없다.
81) 실천적인 수양공부를 통하여 마음을 실현하여 본성을 깨달아 알게 되고 본성을 깨달아 알게 되면 천도를 깨달아 알게 된다는 일련의 존재체험이다. 이러한 존재체험을 마음의 시각으로 보면 우주적인 마음이라고 할 수 있다. 본심과 본성은 일체의 양면일 뿐 아니라 천도와 연결되어 존재의 내적 연속성을 띠고 있는 특징을 가지고 있다.
82) 칸트가 지성주체, 도덕주체, 심미주체를 뚜렷하게 드러내는 것은 선험적 비판을 통한 것이며, 그 비판철학은 생명에 내재하는 존재체험이 없는데, 이는 순수하고 추상적인 철학사고이다. 이는 비판철학을 말하는 데에 적합하지만, 결코 열린 인문주의를 말하는 데에 적합하지 않다.

그래서 모종삼이 비록 칸트의 도덕철학에 대해 어느 면을 비판하였지만, 다음과 같은 말을 하였다. "칸트의 철학은 결코 쉽게 마음대로 비판되는 것이 아니다. 만약 서양철학전통과 기독교전통에 의한다면 칸트의 논조는 아마 가장 합당할 것이다. 오직 중국의 전통에 근거해야 비로소 칸트철학의 원만하지 않음과 근본적인 문제점에 이르지 못했음을 알 수 있다. 우리는 중국철학의 지혜를 통해 (그의 철학을) 적절하게 소화하고 향상시키기를 바라는 것이다."[83]라고 했다.

진정한 인문주의 즉 내재적(열린) 인문주의는 사람을 '근본(本)'으로 여겨 사람 자신의 문화를 건립하는 것이다. 그러므로 모든 가치 있는 사상과 문화를 총괄할 뿐만 아니라 용해되어야 한다. 그렇다면 내재적(열린) 인문주의의 출발점은 도대체 무엇인가? 이 출발점이 바로 도덕주체이다.

이는 서양의 각 단계의 인문주의가 이미 걸어왔던 그러한 방식에서 길을 찾아서는 안 된다. 즉 당시의 외적 반발이나 반항으로 문제를 이해하고 파악했던 그러한 방식으로는 근본적인 문제를 해결할 수 없다. 그것들은 결국 외재적인(닫힌) 인문주의를 전개하였던 것이다.

인문주의의 출발점을 찾으려면 단지 생명, 생활에 내재하는 반성적인 깨달음의 실증의 길로 갈 수 있을 뿐이다. 그것이 바로 도덕주체(덕성주체)이다. 인격의 수양공부를 통해 드러나는 도덕주체 즉 본심이 비로소 진정한 사람의 '근본(本)'이고, 인문세계가 즉 이 '근본(本)'

---

83) 牟宗三, 『中國哲學十九講』, 上海古籍出版社, 236쪽, 2005.

에 의해 열리는 것이다.

(1) 본심의 이해

① 생활에서의 본심

인류에게 본심은 심오한 곳에 존재하면서도 생활 속에서 매우 일반적이거나 결정적인 상황을 지극히 자연스런 내적 파동으로 감지하도록 한다. 그것을 볼 수도 없고 만질 수도 없지만, 은은하고 희미하게 그것의 존재를 느낄 수 있다. 사람은 내심의 깊은 곳에서부터 자연스럽게 흐르는 파동 혹은 느낌을 양심이라고 하거나 도덕적인 느낌이라고 한다.

본심은 일상생활에서 매우 자주 느끼지만, 인격수양 정도에 따라 그것을 느끼는 민감도가 차이가 있을 수 있다. 예를 들어 보겠다. 어느 날 편의점에 가는 도중에 뒤쪽에서 처절하게 울부짖는 개소리를 듣고 뒤돌아보니 자동차에 치어 다리가 부러져 그곳에서 꼼짝 못하고 있는 개가 신음하고 있었다. 이를 보는 순간 말할 수 없는 동정심이 흘러나왔다. 두 사람이 달려가 응급조치를 취하고 있었다. 이와 같이 본심에서 인위적인 조작 없이 자연스럽게 흐르는 파동이나 느낌을 많은 경우에서 경험할 수 있다.

방송을 통하여 다른 사람의 비참한 고초를 보면 모든 인류가 본래 가지고 있는 본심에서 자연스럽게 흐르는 느낌 즉, 동정심이 생긴다. 다른 사람이 자신의 운명과 말없는 투쟁 끝에 자신이 뜻한 바를 이루었을 때, 한 번도 본적이 없는 낯선 시청자들에게 기쁨의 눈시울을 적시게 하는 것은 위와 똑같은 이치에서 나온 것이다.

사람의 행위가 선을 벗어나 악으로 향할 때, 내심은 평정을 타파하고 파란이 일어나며 형언할 수 없는 초조와 불안을 느끼게 된다. 이것이 바로 본심을 일탈한 것이다. 본심이 곧 양심이다. 악을 저지르고 도망가는 사람, 지나치게 욕심을 부린 나머지 본심을 일탈한 그러한 사람들은 매일 양심의 고문과 고통을 남모르게 겪어야 한다.

본심은 보이지 않는 궤도와 같다. 사람의 행위가 이러한 궤도를 일탈할 때 내심은 고통과 불안을 느끼거나 외부환경의 징벌을 받는다. 본심은 사람마다 가지고 있고, 일의 맞고 틀리고 옳고 그름을 판단하는 그 표준을 가지고 있기 때문에 이를 양지(良知)라고 말한다. 본심이 양지(良知)이다. 즉, 본심은 인류의 행위의 지침서와 같다. 보이지 않는 궤도를 일탈하여 누적되면 인생행로가 험난해진다는 것은 모두가 알고 있을 것이다.

본심이 양지이고 본심이 이(理)이다. 그래서 왕양명은 "성인의 도(道; 良知)가 나의 본성에 자족한데 사물에서 이(理)를 구하는 것은 잘못이다."[84]라고 했다. 주체의 행위의 규범이나 행위법칙을 입법하는 것은 도덕이성이므로 외부에서 규율, 법칙을 구하는 것은 잘못이라는

---

84) 『왕양명전집』, 年譜, "聖人之道, 吾性自足, 向之求理於事物者, 誤也." 성인의 도가 바로 양지(良知)이고, 양지는 사람마다 모두 가지고 있다. 일의 맞음, 틀림, 옳음, 그름을 판단하는 표준이 양지(良知)이지, 외재적인 사물이 아니다.

말이다. 이론 이성은 객체에서 규율, 법칙, 원리 등을 얻지만, 실천이성 혹은 도덕이성은 사람의 행위법칙, 행위규범을 얻는 것이다. 즉, 본심의 도덕이성이 행위법칙을 입법하기 때문에 외부사물에서 구할 필요가 없는 것이다.

본심은 사람마다 가지고 있는 것이고 본래 자족한 천성이다. 그것은 후천적으로 양성한 습관과 같은 것이 아니다. 예컨대 어렸을 때부터 독서를 많이 하고 공부하는 분위기 속에서 성장한 사람이 만약 얼마간 책을 보지 않고 공부를 하지 않으면 내심은 가책을 받고 매우 괴로울 것이다. 그러나 어렸을 때부터 책을 보지 않고 공부를 하지 않은 사람으로 말하면 책을 보고 공부하는 것은 매우 고통스러운 일이다. 이것이 바로 습관의 차이이다.

도대체 본심이 무엇인지 비록 느껴 알고 있지만, 결코 그것의 전체 내용을 말하는 것은 쉽지 않다. 본심을 인지하고 느껴 깨닫고 이를 지키는 것은 인생의 중요한 과제일 뿐 아니라 사람이 살아 있는 의의의 하나일 것이다. 우리의 행위가 도대체 어떠한 규범에 따라야 하고 무엇을 할 수 있고 무엇을 해서는 안 되는지 이러한 문제가 모두 본심과 관계된다.

본심은 인생의 망망대해에서 영원히 방향을 잃지 않도록 하고, 정확한 궤도를 따라서 영원히 발전하고 진화하도록 인도하는 영원한 안내자라고 할 수 있다. 진정한 인문주의는 생명과 생활 속에 내재하는 반성적인 깨달음의 길로 가야 하는데 그 출발점이 바로 본심 즉 도덕주체이다. 그래야만이 광범위하고 총괄적인 형태에 이를 수 있고 또한 문화생명을 이끄는 최고원칙이 될 수 있다.

② 본심과 도덕이성(실천이성)

본심은 도덕이성의 내재적인 토대이다. 또한 본심은 이성의 규정성을 가지고 있다. 도덕이성은 외재적인 규범이 아니라 본심에 내재된 것이다. 도덕이성(실천이성)이 인류 행위에 법칙성과 제약성을 입법하여 주는 것이다. 사람은 내심의 수양과 반성을 통하여 본심에 내재된 이러한 이성을 인식할 수 있다. 그래서 도덕실천 중에 자주, 자각의 특성을 나타내는 것이다.

본심을 통하여 도덕주체 정신을 입증하고 또한 도덕행위에 깊은 느낌과 심리가 유지되도록 마련해 준다. 본심은 선천적으로 타고난 양심, 양지이다. 그것은 측은한 마음, 부끄러운 마음, 사양하는 마음, 옳고 그름을 가리는 마음으로 표현된다. 또한 본심은 배우지 않으면서도 있고 가르치지 않아도 있으며 어느 면에서 보면 일종의 '순수한' 본능적 심리상태이다.

이러한 본심은 인성(人性)이 본래 선함을 구현한 것이다. 또한 그것은 인류의 타고난 특성일 뿐 아니라 보편성을 가지고 있다.

어느 면에서 보면 도덕이성과 사람의 의식 즉 마음은 하나로 합한 것이다. 그래서 심즉리(心卽理: 마음이 곧 이(理)이다)라고 말한 것이다. 본심(양지)은 사람마다 모두 가지고 있고 도덕실천의 내재적인 동력이다. 본심(양지)의 존재는 사람이 각종 유혹과 도전에 직면할 때, 맑고 깨끗함을 유지하고 정확한 도덕적인 선택을 하도록 한다.

본심은 사람들의 가장 본래적이고 가장 순수한 생각과 느낌을 의미한다. 그것은 외부세계의 영향을 받지 않고 단지 내심의 깊은 곳에서 자연히 그렇게 생기는 일종의 '순수한' 원초적 생각 혹은 '순수한' 원초적 느낌이다. 항상 사람의 느낌 상태와 긴밀하게 연결되고 느낌이 외부세계의 방해를 받지 않을 때, 사람들이 전개하는 행위는 본심의 구현에 더욱 가깝다고 할 수 있다.

인류의 본심(양지)은 내심 깊은 곳에서 자연적으로 그러한 도덕적인 감지(感知)이고 선악에 대한 식별능력이다. 따라서 그것은 인간생명의 본원 혹은 본질이고 영원히 존재한다. 그 본질은 '천리' 혹은 '천도'를 포함하고 있고 천도가 곧 인도이다. 따라서 천리는 본심에 존재하고 천도가 곧 우리의 본심이다.

(2) 왜 도덕일까?

사람은 행위 혹은 실천을 통하여 이 세상을 조화롭게 살아갈 수 있을 뿐 아니라 자신을 변화시키고 인류를 변화시키는 것이다. 그러나 사람의 행위 혹은 실천이 자신이 외부를 향해 느끼는 대로, 제멋대로, 마구잡이식으로 한다면 나 자신은 어떻게 될까? 더 나아가 인류는 어떻게 될까? 결국 사람의 본능에 따라 충동에 따라 살기 때문에 정상적인 생활을 할 수 없고 그 생명을 온전히 보전하기도 어려울 것이다. 그런 사람들이 대부분이라면 사회와 자연계 그리고 인류역시 안정적으로 지속되기 어려울 것이다.

사람은 반드시 먼저 자발적이고 주체적인 행위를 하는 능력을 가져야 한다. 즉 자발적이면서 자신의 행위의 제약이 없는 결정인(Determinant) 즉, 조건이 없는 조건으로 여겨야 사람은 비로소 자신의 행위의 주인이 될 수 있다. 바꾸어 말하면 사람은 비록 그 존재의 원인이 될 수 없지만, 그 행위의 원인이 될 수 있다.

그러나 만약 사람의 행위의 원인이 감성적 즉, 감성세계의 각종 원인에서 비롯된 것이라면, 사람은 감성세계의 인과관계의 사슬의 하나의 존재이지, 그 행위의 주체가 아니다. 오직 그 행위의 원인이 제약이 없는 결정인(決定因)이어야 비로소 사람은 그 행위의 주체가 된다. 이 제약이 없는 결정인은 단지 이성에서 나올 수 있을 뿐이고 이성이 확립한 도덕법칙에서 나올 수 있을 따름이다. 감성세계의 원인에 의해 야기되는 행위는 영원히 타율적이고 결정되어진 것이므로 절대로 부자유한 것이다.

철학자는 이 세계를 해석해야 할 뿐 아니라 사람의 행위의 원리를 근본적으로 설명해야 한다. 행위의 원리를 설명하는 것은 그 행위를 통하여 사람 자신은 물론이고 이 세계를 바람직한 방향으로 바꾸려는 것이다.[85]

도덕은 인류의 실천영역 혹은 활동영역의 진리이기 때문에 서양의 칸트 동양의 유가철학이 (비록 내용면에서 양자가 상이하지만) 이성, 자유, 도덕을 내재적으로 통일시킨 것이다. 왜냐하면 이성의 영역에서

---

85) 이상선, 『느낌, 존재, 경계, 행복』, 13쪽, 좋은땅출판사.

진리는 보편성과 필연성을 가지고 있는데, 이는 진리의 특징이기 때문이다. 실천영역에서 도덕은 똑같이 보편성과 필연성을 가지고 있다.

인류에게 도덕은 개인의 행복의 근원이고 자유를 깨달아 느끼게 되며, 또한 사회질서와 자연계의 질서 및 인간관계의 초석이라고 할 수 있다. 그것은 사람이 자신에서부터 가정생활, 사회생활, 자연생태환경 중에 마땅히 가져야 하는 행위준칙을 규정하고 상호신뢰를 건립하고 조화를 유지하며 가정의 행복, 사회번영과 인류복지를 촉진하는 중요한 역할을 한다. 도덕은 이성과 자유가 내재적으로 통일되어 있기 때문에 진정한 도덕생활은 자신의 정신경계 특히 자유경계가 제고되는 것이다.

사람과 사람, 사람과 우주자연계, 심지어 사람과 동, 식물 간에도 엄격하게 말하면 자유 관계이다. 가장 기본적인 자유의 의미는 외부의 속박이나 제한을 받지 않는 상태이다. 어떤 것을 얻기 위하여 상대의 자유를 제한하여 철없고 무도덕한 행위를 하는 사람도 있다. 나와 다른 사람(나이, 어른, 아이, 직업, 성별, 인종, 국적 등과 상관없이)과 관계는 자유다.

그 자유 관계가 훼손되었을 때 상대의 인격이 손상되고 자유가 짓밟히는 상황이 초래된다. 사람과 자연계 혹은 사람과 동, 식물과의 관계 역시 마찬가지다. 여러 가지 시대적 조건 혹은 사람의 발전과정에서 이 같은 자유의 관계가 점차 개선되기도 하지만, 어떤 것은 심각한 상황을 초래하고 있다. 이제라도 도덕주체에 의해 인문세계를 전개하여 인간환경과 자연환경이 조화를 이룰 뿐 아니라 진정한 사람이 사는 사회, 인간미를 풍기는 사회를 이루어야 한다.

도덕은 현실세계에서 구체적인 측면으로 보면, 국가는 물론이고 각 기관, 부서, 단체 등은 각각 집단적 도덕주체로서 역할을 해야 하고, 이것에 의해 비로소 국가, 각 기관의 품격을 말해주는 기준이 되는 것이다. 또한 사회의 다양한 기업에서 소규모 상점에 이르기까지 집단적 도덕주체에 의해 그 품격이 드러나도록 해야 한다. 이를 통해 국민, 구성원, 소비자 등의 입장에서 그것들을 내재적인 '진실한 느낌', '도덕적인 느낌'으로 그 품격을 음미하는 것이다.

기업 심지어 소규모 상점에 이르기까지 영업활동 중에 도덕은 공평한 거래와 신의 성실의 원칙을 보장하고, 시장의 건전한 발전을 촉진한다. 이른바 기업윤리 역시 집단적인 기업의 도덕주체에 의해 전개되는 것이다. 기업의 도덕주체에 의해 기업행위가 전개되지 않으면 결국 건전한 기업이 되기는 어려울 뿐 아니라 반 인문적인 방향으로 갈 가능성이 매우 크다.

가정에서 부부간, 부모 자식 간에 서로 존중하고 사랑하고 책임을 지도하고, 가정의 화목과 행복을 확보할 수 있는 것은 가정의 도덕주체에 의해 전개되기 때문이다.

종합하여 말하면 도덕은 개인적으로는 자신의 행복의 근원이고 가정의 행복의 토대이며, 다른 사람과 좋은 인간관계를 건립하는 것을 도와주고, 사회의 조화와 번영을 촉진하며 우주자연계와 조화를 이루고 인류의 생활을 더욱 아름답게 한다. 여기서 중요한 것은 규범윤리가 아니라 덕성윤리[86]를 실현해야 여러 가지 문제를 더 근본적으로 해소할 수 있다.

그렇다면 사람은 왜 도덕적으로 살아야 하는가? 이 질문을 던지지 않을 수 없다. 인류가 도덕적으로 살아야 하는 까닭은 인류가 가지고 있는 다양한 가치는 물론이고 과학의 합리성, 예술의 창조성, 종교의 갈망 우주자연계의 조화성 등 다양한 가치를 받아들임으로써 사람다운 삶과 사람의 존엄성을 구현할 뿐 아니라 자유경계를 통한 행복한 삶을 누리기 위해서다.

(3) 도덕주체

주체는 '객체'와 상대적인 말이다. 주체는 실천 활동과 인식 활동의 당사자 즉 사람을 의미한다. 객체는 주체의 실천 활동과 인식 활동의 대상 즉 사물이나 외부세계를 말한 것이다. 인지능력과 지식획득의 기능을 가진 주체를 지성주체 혹은 인식주체라고 한다. 도덕의식과

---

[86] 규범윤리학과 덕성윤리학의 주된 구별은 그것들의 연구 중점과 기본 가설이 서로 다르다는 데에 있다. 규범윤리학은 도덕의 규범체계를 연구하는 데에 치중하고, "나는 무엇을 해야 하는가?"를 강조하지만, 덕성윤리학은 덕성과 미덕을 연구 대상으로 여기고 "나는 어떠한 사람이어야 하는가?"를 강조한다. 규범윤리학은 행위의 합리성이 그것이 특정한 규범에 부합하는지에 달려 있다. 덕성윤리학은 개인의 덕성과 미덕에 관심을 가지고 있고, 개인의 행위는 그 덕성에 의해 결정된다고 생각한다. 그것은 개인의 행위는 합리적인지, 그가 어떠한 미덕 예컨대 성실, 용감 등을 구비하였는지에 달려 있음을 강조한다.

도덕행위를 가지고 있는 주체를 도덕주체라고 한다.

그렇다면 무엇이 도덕주체인가? 사람의 본심이다. 본심(仁)[87]이 도덕주체이고 본심 속에 사람이 사람이 되는 까닭의 본질인 성(性)[88] 즉, 도덕이성이 있다. 다시 말해 도덕이성은 본심에 내재되어 있는 것이다. 도덕이성(본심)이 사람의 행위에 입법하는 것이다. 따라서 도덕이란 본심 즉 도덕이성의 법칙에 따르는 행위라고 할 수 있다.[89]

이러한 법칙은 한 개인만이 아니라 모든 인류에게 보편적으로 적용됨으로 보편법칙이라고 말한다. 사람이 도덕주체가 되는 이유는 사람의 본심(도덕이성)에 달려 있다. 자신의 본심(도덕이성)이 자신에게 도덕법칙을 세우고 지키게 하여 자율적 존재가 되도록 한다. 즉, 본심(도덕이성)은 사람을 도덕주체[90]가 되도록 하여 도덕에 의해 자유가 생겨나도록 한다.

---

87) 인(仁)을 성(性)의 전체, 심(心)의 전체 덕(全德)으로 삼고, 인(仁)은 '덕성'의 전부내용이 되며, 기타 여러 덕은 단지 인덕(仁德)의 표현이다.
88) 천지의 성(性)은 사람의 당연한 성(性)이고, 도덕창조의 성(性)이며, 성인이 되는 성(性)이다. 이러한 성을 도덕이성이라고 한다.
89) 본심의 다양한 역할을 분리해서 말하면 다음과 같다. 본심은 도덕실천의 원천이고, 도덕이성은 도덕의 주체적 지위를 확립하며, 도덕주체는 구체적으로 도덕행위를 실시하는 책임자이다. 즉 본심은 사람의 내재본성 및 그 초월성에 더욱 치중한다. 도덕이성은 도덕의 이성과 주체적 지위를 강조한다. 도덕주체는 도덕행위를 구체적으로 실시하는 개인이다.
90) 유가의 도덕이성과 도덕주체는 개념상에서 다소 다른 점이 있지만, 그것들은 실천과 응용에서 상호의존하고 상호촉진하는 것이다. 도덕이성은 도덕주체에 내재적인 지도와 동력을 제공하고, 도덕주체는 도덕이성의 실제생활 속의 구현과 응용이다.

그러면 어떻게 본심을 회복할까? 후천적이고 상대적인 외부 경험세계의 나의 마음을 경험심이라고 한다. 즉, 경험 세계의 '나'이며, 상대적으로 존재하며 끊임없이 변화하는 마음의 흐름이다. 경험적인 마음 혹은 감성적인 느낌 속에 간혹 찰나적으로 내면의 고발자가 있는데 이것이 양심이다. 즉 본심에서 자연스럽게 흘러나오는 내면의 파동을 우리는 양심이라고 한다. 그래서 본심과 양심은 같은 것이고 도덕심이라고 할 수 있다.

본심을 회복하는 공부 방법은 다양하나 결국 마음으로 마음을 보는 것이다. 즉, 깨닫는 것이다. 첫째, 내면을 향한 느낌을 통하여 '느낌'을 높이고 넓혀서 사사로운 느낌에서 벗어나는 공부를 통하여 도덕적인 느낌으로 제고시켜 본심을 실현함과 동시에 본성을 드러낸다.[91]

여기서 높이고 넓히는 과정에서 빼놓을 수 없는 것이 바로 '사사로운 느낌'에서 벗어나 '보편적인 느낌'으로 가는 공부이다. 둘째, 자신의 내면을 향한 반성적이고 직각적인 방법으로 본심을 깨닫는 것이다. 셋째, 내면의 고발자인 양심에 따라 행위하고 이를 확충하고 여기에 귀를 기울이며 반성적으로 양심의 출처를 추구하여 본심을 실현한다.

도덕주체인 본심은 우리의 생활, 생명에 하나의 방향을 정해 준다. 그 방향은 우리가 마땅히 어떻게 행해야 하는가를 인도한다. 어떻게

---

91) 칸트 윤리학은 이성과 정감(느낌)의 이분적인 구조를 사전 설정하였고, 그 도덕주체(엄격한 의미의 의지)는 단지 실천이성이고 모든 정감(느낌, 도덕정감(도덕적인 느낌)을 포함)은 감성에 귀속되며, 도덕주체성 밖으로 배제하였다. 李明輝, 『儒家與康德』, 臺灣, 聯經出版公司, 48쪽.

행동할 것인지를 이끌어 주고 또 행위규범을 세우는 것이 바로 도덕 이성(性)이고, 이(理)이다. 즉 성(性)이 곧 이 이(理)이고, 이 이(理)가 곧 이 마음이다. 따라서 본심이 자신의 행위에 입법을 하는 것이다.

심리학적 의미의 마음이 우리의 행위에 방향을 정해 주지 못하고, 논리적인 의미의 마음과 인식론 의미의 마음 역시 하나의 방향을 정해 줄 수 없다. 오직 본심만이 우리에게 방향을 정해 주는 것이다.[92] 따라서 현실생활에서 도덕주체인 본심이 도덕 법칙을 입법(제정)하여 우리에게 알려 주고 인도하는 것이다.

결국 사람은 인격의 수양공부를 통해 내면에 드러나는 도덕주체가 비로소 진정한 사람의 '근본(本)'이고, 인문세계가 즉 이 '근본(本)'에 의해 열리는 것이다. 이와 같이 도덕주체에 의해 열리는 것이 진정한 인문주의이고 이를 열린 인문주의 혹은 내재적 인문주의라고 한다. 서양의 인문주의가 사람의 개성에 머물러 있거나 개념적이고 형식적인 의미를 통해 자신을 실현하려고 한 것과는 근본적으로 차이가 있음을 알 수 있다.

그렇다면 도덕주체인 본심(도덕이성)을 회복했을 때, 현실적으로 그것은 어떤 상태일까? 마음의 본래 모습인 본심의 ① 능동적인 면, ② 순수한 면, ③ 텅 비어 밝은 면이 함께 보일 때 비로소 진정으로 마음을 보았다고 할 수 있다.[93] 이를 또 다른 말로 표현하면 "거대하면서

---

92) 이상선, 『느낌, 존재, 경계, 행복』, 135-136쪽, 좋은땅출판사.
93) 이상선, 『느낌, 존재, 경계, 행복』, 135-136쪽, 좋은땅출판사.

시원하게 넓고, 심원하면서 광활한"[94] 도덕주체라고 할 수 있다. 이와 같은 것이 바로 도덕주체(본심)의 모습이다. 즉 본심은 전체 덕 즉 모든 덕(德: 예컨대 정직, 정의, 절제 등등)이라고 할 수 있다.

도덕주체는 구체적 현실에서 자신에게 입법하여 열린 인문사회를 펼쳐나갈 뿐 아니라 내면의 상층을 향하여 끊임없이 자신의 정신경계를 제고하여 사람이 사람이 되는 까닭은 물론이고 천이 천이 되는 까닭을 깨달아 알게 된다. 즉 천인합일의 경계를 실현하는 것이다.

본심(도덕이성)은 사람으로 하여금 감성세계를 초월하여 자유세계의 구성원이 되도록 한다. 또한 본심이 도덕법칙을 스스로 세우고 스스로 지키도록 하여 자율적 존재가 된다. 한마디로 말하면 본심에 내재된 도덕이성은 사람을 도덕주체가 되도록 하여 도덕으로 하여금 '자유'가 솟아나도록 한다. 인공지능시대를 맞아 진정한 사람으로 살아가기 위해서는 내재적(열린) 인문주의가 요구된다. 외재적(닫힌) 인문주의는 그 한계성으로 인해 속수무책일 수밖에 없다.

도덕주체의 자신에 입법(도덕법칙을 제정)하는 것은 자율의지에 의한 것이므로 도덕주체의 자율이고 자유이다. 즉 본심이 자신에게 입법하는 것이고 의지자율이 즉 본심이다. 도덕주체 즉 본심, 양심이 도덕심이다. 인격의 수양공부를 통해 내면에 드러나는 도덕주체 즉 본심이 사람(人)의 근본(本)이고 인문세계가 이 근본에 의해 전개되는 것이다. 이는 일반적인 인본주의가 아니고 인류중심주의

---

94) 『장자』, 천하편, "其於本也, 宏大而辟, 深閎而肆, 其於宗也, 可謂稠適而上遂矣."

(Anthropocentrism)도 아니다.

본심(仁)은 다른 시각으로 보면 사람과 자연의 조화통일을 특징으로 하는 덕성주체이지, 사람과 자연이 서로 대립하는 것을 제창하는 가치주체가 아니다. 사람의 덕성은 '천지의 덕(德)'에서 비롯되고, '천지의 덕(德)'은 초월성을 가지고 있지만, 결국은 단지 자연계의 '내재가치'의 최고구현이지 결코 절대실체가 아니다.

덕성이 본심이고 인(仁)이라고 말할 수 있다. 성(性)의 전체, 마음의 전체 덕이 인(仁)이고, 인은 덕성의 전부 내용이라고 할 수 있다. 여러 가지 덕 즉, 진실, 정직, 정의, 겸허, 사랑, 믿음 등등은 단지 인덕(仁德)의 표현이다. 본심, 인, 성, 덕성은 같은 것이다.

사람이 존귀한 것은 결코 사람이 자연계의 입법자 혹은 통치자이기 때문이 아니라, 사람은 자연계의 '내재가치' 즉 천도, 천덕의 실현자 혹은 구현자이기 때문이다. 따라서 사람은 자연계에서 특수한 지위를 차지할 뿐 아니라 특수한 사명을 가지고 있다.

즉 인문으로 세상을 교화하여 사회가 문명된 사회가 되도록 하고, 또한 '천지 만물이 낳고 자라도록 도와주며 자연계의 생명질서가 완성되도록 한다. 다시 말하면 사람은 그 천부적인 덕성으로 적극적으로 자연계의 생명창조에 참여하여 사람과 사회, 자연의 생명이 조화를 실현하도록 한다.

(4) 현실생활에서 본 도덕주체의 기본특징

이상의 설명을 근거로 도덕주체는 다음과 같은 특징을 갖는다. 첫째 도덕주체는 '자아의식'을 가지고 자신의 행위를 인식할 수 있으며 자주성을 가지고 자발적으로 선택한다. 그러나 외부세계의 요인의 영향을 피동적으로 받는 것이 아니다.

둘째, 도덕주체는 자유의지를 가지고 있고 자주적으로 행위를 선택하지 외부세계의 영향을 받지 않는다. 또한 이성적으로 판단하고 자발적으로 자신의 권리를 행사하고 자신의 의무를 이행한다. 셋째, 도덕주체는 도덕관념을 가지고 정확하게 자신의 행위의 정의와 비정의를 인식하고 평가한다. 또한 자신의 행위의 도덕적인 의미를 인식하고 아울러 도덕관념에 근거하여 행위를 한다.

도덕주체는 개인과 집단으로 나누어 말할 수 있다. 개인의 도덕주체는 도덕관념과 자유의지를 가진 사람을 가리키는 것이고, 그들은 자발적으로 정확한 선택을 할 수 있고 아울러 도덕규범으로 실행한다. 집단 도덕주체는 집단에 의해 구성된 국가, 모든 기관, 기업, 사회단체 등을 가리키는 것이고, 그들은 공동으로 공동의 도덕관념과 행위준칙을 가지고 있으며 그들은 자발적으로 도덕규범을 받아들이며 아울러 도덕규범에 근거하여 실행한다.

제6강

문학, 예술, 역사, 철학은 인문학의 핵심이다

1. 문학
   (1) 문학의 의미
   (2) 문학의 일깨워 줌과 인문
2. 예술
   (1) 예술의 의미
   (2) 예술과 인문
3. 역사
   (1) 역사의 의미
   (2) 역사의 거울과 인문
4. 철학
   (1) 철학을 배우는 자세와 그 효과
   (2) 철학의 의미
   (3) 철학의 목적

　철학은 모든 학문의 근원이라고 할 수 있다. 어떠한 학문이나 학술 사상체계도 가장 높은 단계로 발전하면 철학차원에 이르게 된다. 문학이 추구하는 극치는 미(美)이고, 사학은 진실(眞)을 추구하는 것을 자신의 최고 목표로 삼는다. 미(美)를 위하여 문학은 대담하게 가공할 수 있지만, 사학으로 말하면 가공이나 허구는 진실(眞)을 손상시킨다.
　예술은 일종의 심미체험이고, 그것은 사람들이 미(美)적 존재를 감상하고 체험하도록 한다. 철학자들은 영원한 최고의 진, 선, 미를 추구하는 것을 자신의 연구대상과 최종목표로 삼는다. 진, 선, 미를 추구하는 데는 철학적인 사고를 해야 한다. 철학적인 사고는 비공리적이고 전체적이고 근원적인 사고와 생각이다.
　일반적으로 문학, 예술, 역사, 철학을 인문학의 핵심이라고 한다. 가장 넓은 의미로서의 문학은 문학, 예술, 미학을 포함하고 넓은 의미의 미학이라고 할 수 있다. 문(예), 사, 철을 한 그루의 나무로 비유한다면 뿌리가 철학이고 줄기가 역사이고 잎과 꽃이 문학과 예술이다. 뿌리가 건강하고 튼튼해야 나무는 잘 자랄 수 있고 줄기, 잎, 꽃 등이 윤택하게 성장하고 오래도록 생존할 수 있으며 인류에게 건강한 기능을 할 수 있다.

사람들이 쉽게 볼 수 있다고 해서 뿌리를 외면하고 잎과 꽃만을 부각시킨다면 일시적으로는 효과가 있는 것처럼 보이겠지만, 시간이 지나면 문화가 병들어 가고 의식이 병들어 가는 결과를 초래할 것이다. 보이지 않는 뿌리를 근거로 하여 줄기, 잎, 꽃으로 전개되어야 병든 문화를 치유할 수 있고 병든 의식을 건강하게 회복할 수 있다. 그래서 인문학은 '내재적(열린) 인문주의'를 통해 병든 사회의 해독제 역할을 할 뿐만 아니라 개인적으로 진정한 행복으로 인도할 것이다.

인문정신은 '사람'의 이념을 중심으로 하여 사람의 존엄, 사람의 가치, 인류의 운명, 사람의 추구, 사람의 배려, 생명의 의의 등으로 나타난다. 이는 인문학의 핵심인 철학, 문학, 역사, 예술 등이 외형적인 결합에 의하지 않고 각각의 정신가치가 새로운 형태로 융합한 것이다. 따라서 인문학은 인문에 관한 깨달음의 학문이라고 할 수 있다.

문학, 예술의 심미체험, 역사의 진실과 거울의 역사체험, 철학의 진, 선, 미의 가치와 존재체험을 음미함으로써 깨달음으로 이끌게 된다. 문학은 호숫가의 버드나무 아래 잘 드러나지 않는 수면 위에 비친 버드나무 그림자를 우리가 볼 수 있도록 '보여 주는 것'이다. 역사는 어떤 것도, 그것의 특정한 출발점이 있고 어느 현상도 고립되어 존재하는 것은 없음을 알도록 한다.

철학은 우리에게 생각과 사고의 미궁 속에서 반짝이는 별을 알도록 하고 그리하여 미궁을 나갈 수 있게 한다. 미궁은 인간의 원초적 무지에 대한 비유이다. 철학은 '길을 잃고 다시 찾는 법'을 가르침으로써 문제에 대한 공포를 없애는 일이다.

1

문학

문학은 깊은 느낌으로 사람을 감동시키거나 혹은 사람을 유쾌하고 기쁘게 하며 사람에게 미감(美感)[95]을 주어 내적으로 향상하도록 이끌어 준다. 또한 사람이 완곡하게 탄식하게 하고 분노하도록 자극하며 사람에게 용기를 준다.

(1) 문학의 의미

문학이 왜 필요할까? 문학을 이해하고 문학에 접근하는 것이 가치 판단을 형성하는 데에 무슨 관계를 가지고 있는가? 문학이 백가지 기능과 작용이 있는데 한 가지만 선택해야 한다면, '보이지 않는 것을 보이도록 하는 것'이라고 말할 수 있다. 다시 말해 보이지 않는 것을 보이도록 하여 깨닫게 하는 것이다. 이는 문학과 예술의 가장 중요하고 실질적이고 핵심적인 작용이다.

---

95) 미감(美感)이란 미(美)에 대한 느낌과 체험이다.

문학은 인류의 생활체험 혹은 가치 있는 체험을 글로 표현하는 독특한 형식으로, 가장 풍부하고 가장 개성이 있는 방식으로 인류에게 오랫동안 시들지 않는 보편적인 주제와 인성(人性) 속의 영원한 요소를 표현한 것이다. 그것은 인류정신에 대한 긍정이고 동시에 인류의 생존상황과 활동방식에 대한 비판과 반성적인 사고이다.

작가의 시선이나 관점을 통해 작품 속의 어떤 마을에 펼쳐진 인생은 곧 예술적 간격을 가진다. 작품에서 우리는 때로는 단지 우매함을 볼 뿐 아니라 동시에 우매함 배후의 사람의 생존상태를 보도록 하고, 사람의 생존상태 중에 어찌할 도리가 없는 운명과 서글픔을 보게 한다. 작품에서 때로는 가난에 찌든 상스러움을 볼 뿐 아니라 동시에 가난의 밑바닥의 '사람'이 가장 존경할 만한 것으로 여기는 일종의 원형적(原型的)인 고통을 보여 준다. 문학은 볼 수 있도록 '보여 주는 것'이다. 즉, 보이지 않는 것을 보여 줌으로써 독자는 깨닫게 된다.

작가도 경계가 높은 작가가 있고 경계가 낮은 작가가 있다. 따라서 문학도 경계가 높은 문학이 있고 낮은 문학이 있다. 철학 역시 경계가 낮은 철학이 있고 경계가 높은 철학이 있다. 역사도 마찬가지이다. 어떤 사람은 작가를 나쁜 작가, 좋은 작가, 위대한 작가로 나누어 말한다.

나쁜 작가는 자신의 우매함을 스스로 폭로하고, 좋은 작가는 독자가 그 우매함을 보도록 보여 주고 위대한 작가는 독자가 그 우매함을 보도록 할 뿐 아니라 동시에 원형(原型)을 알아보게 하여 가장 깊은 애련(哀憐)이 솟아오르도록 하고 깨닫도록 한다. 결국 작가의 문학적 경계가 높고 낮고의 차이가 있는 것이다. 문학과 예술은 우리에게 현실

배후의 생존본질에 더욱 가까운 현실을 볼 수 있도록 하고 이러한 현실에는 이성의 심층 외에 또 직각적인 '미(美)'에 대한 찰나의 깨달음이 있다. 미(美) 역시 생존본질에 더욱 다가가는 일종의 현실이다.

(2) 문학의 일깨워 줌과 인문

호숫가의 버드나무는 수면에 비친 그림자가 없을 수 없고 다만 버드나무가 물가에 있기만 하면 수면에 비치는 그림자가 있다. 이러한 그림자는 우리가 그것의 나무줄기를 만질 수 없고 더군다나 그것이 수시로 변한다. 바람이 불 때나, 혹은 오늘 구름이 떠 있거나 가는 비가 내리거나 혹은 보름달의 달빛이 떠서 움직이거나, 혹은 물결이 치거나 하면 버드나무의 물에 비친 그림자는 영원히 서로 다른 모양, 서로 다른 깊이, 서로 다른 질감으로 나타나게 된다.

해변에서 바다를 바라보면 끊임없이 파도가 때로는 거세게 때로는 잔잔하게 일어난다. 마치 우리의 마음을 묘사라도 하듯이 잔잔하게 파도가 일기도 하고, 거센 파도가 치기도 한다. 그 파도를 보면서 사람들은 파도를 바닷물로 생각한다. 그러나 파도가 일어나는 것은 바닷물의 본래 모습이 아니라 외부 환경 때문이다.

파도가 없는 바닷물의 또 다른 면을 대부분 주의하지 않고 관심을 갖지 않는다. 즉 바닷물의 본래 모습을 볼 수 없는 것이다. 파도가 없는 바닷물의 본래 모습이 파도라는 현상을 보여주는 것이다.

결국 바닷물의 파도가 유일한 현실인지 아니면 보이지 않고 파도가 없는 바닷물의 본래 모습이 현실인지? 호숫가의 버드나무가 비로소 유일한 현실인지 아니면 그 물속에 비친 버드나무야말로 유일한 현실인지? 우리는 눈으로 볼 수 있는 면에 익숙하고 또 다른 면을 소홀히 한다.

문학은 단지 우리에게 일깨워 주는 것에 불과하다. 파도가 없는 바닷물의 본래 모습이 있다는 것을 일깨워 준다. 또한 호숫가의 그 물속에 비친 그 그림자가 있다는 것을 일깨워 준다. 문학은 사람을 감동시키고 사람을 연마한다. 즉, 느낌, 형상, 내포된 의미를 요소로 삼는 삼차원 세계를 건립하고 사람에게 정신의 위안과 이성적으로 터득할 수 있게 한다. 더욱 풍부한 인생체험, 느껴서 깨닫는 것은 문학 속에서 얻을 수 있고 사람의 세계에 대한 이해를 확대할 뿐 아니라 사람의 감지능력, 심미능력을 제고한다. 문학은 인간학이고 우리로 하여금 문학 속에서 깊이 인생을 느껴 깨닫도록 한다!

문학은 언어를 통해 생각, 깊은 느낌, 경험 등을 표현하는 예술형식을 가리키는 것이다. 그것은 문화의 표현방식이고, 소설, 시가, 희극, 산문 등의 서로 다른 형식을 통해 나타난다. 문학작품은 통상 작자의 생각, 가치와 깊은 느낌을 포함하고 있고 동시에 사회, 역사와 문화 등의 내용을 반영하고 있다. 문학작품을 통해 사람들은 생활의 아름다움과 비통함을 체험하고 인성의 깊은 면을 이해하며 인생의 의의를 탐구한다.

인문학은 문학을 이해하고 연구하는 중요한 경로이다. 인문학은 역사, 철학, 예술 등 영역을 포함하고 이러한 학문의 연구를 통하여 인류

행위와 사상 배후의 심층의의를 깊이 탐구할 수 있고, 문화의 핵심가치와 의의를 드러내 보인다. 문학은 인문학의 일부로서 상상력과 창조력을 통하여 인류의 경험, 가치와 이상을 탐색하고, 인류정신세계에 대한 깊은 이해를 촉진한다.

따라서 문학은 독특한 문학적 방식으로 '미적 체험'을 통하여 인문정신을 함양하고 인문소양을 터득하도록 하여 인문학 나무의 잎과 꽃의 역할을 한다.

2

예술

 예술은 창조력의 구현이고, 깊은 느낌의 표현이며, 심미(審美)[96]의 수준을 끌어올린다. 예술은 또한 문화의 전수와 계승일 뿐 아니라 사람에게 심리적인 문제를 완화시킨다.

(1) 예술의 의미

 우리는 왜 어떤 사물은 아름답다고 느끼고 어떤 사물은 추하다고 느낄까? 왜 우리는 어떤 사물에 대해 흥미를 느끼고 어떤 사물에 대해서는 흥미를 느끼지 못할까? 우리는 왜 어떤 사물에 대해서는 감탄하고 어떤 사물에 대해서는 비판적일까? 이러한 문제들은 사실 모두 하나의 개념 즉, 심미(審美)에 관련된 것이다.
 심미체험[97]은 형상(形象)의 직각(直覺)이다. 이른바 형상은 심미대상

---

96) 사물이나 예술품의 미(美)를 감상하고 음미하고 터득하는 것이다.
97) 심미체험이란 우리가 예술작품을 감상할 때, 직각(直覺)적인 느낌을 통해 우리

이 심미주체의 마음속에 나타나는 형상을 가리키는 것이고, 그것은 심미대상 자체의 형상과 현상이고 또 심미주체의 성격과 취향의 영향을 받아 변화된다. 예술형상은 시각형상, 청각형상, 문학형상, 종합형상(연극, 희곡, 영화, TV 등 종합예술 중의 예술형상)으로 나눌 수 있다.

직각이란 분석이나 추리를 거치지 않고 직관적으로 느끼는 것이다. 그것은 한 순간의 느낌의 불꽃이고 찰나의 미적 깨달음이다.[98] 심미체험은 예술적인 형상 속에 미(美)를 분석이나 추리를 거치지 않고 직관적으로 느끼는 것을 의미한다. 심미는 미(美)에 대한 느낌, 관찰, 사고와 평가가 주관적, 개인화된 체험이다.

미학과 철학의 기원은 고대 그리스까지 거슬러 올라갈 수 있다. 고대 그리스에서 철학자들은 인류의 존재와 사유방식을 반성적으로 사고하기 시작하였고, 그들은 자연과 인류의 본질을 이해하려고 했다. 동시에 고대 그리스의 예술가들 역시 미(美)의 본질과 미(美)의 규율을 탐색하였다. 미학과 철학은 따라서 고대 그리스에서 동시에 발전하였고 또 서로 스며들어 있었다. 예컨대 플라톤은 『이상국』에서 '미(美)의 본질이론'을 제기하였는데 이 이론은 미학과 철학이 결합하는 경전적인 작품이라고 할 수 있다.

예술과 인류에 대한 의미로 보면, 예술은 창조력의 구현이라고 할

의 상상력과 연상력을 동원하고, 풍부한 감정을 불러일으켜 자신을 완전히 예술의 세계 속에 몰입해 일종의 심령의 유쾌함을 얻는다. 이 과정은 외재적인 예술형상을 우리 자신의 생명활동으로 전환한다.
98) 이상선, 『느낌, 존재, 경계, 행복』, 17쪽, 좋은땅출판사, 2021년, 4월.

수 있다. 예술은 일종의 창조력이고 그것은 예술가가 끊임없이 탐색하고 새것을 창조하고 틀에 박힌 관습을 타파해야 한다. 이러한 창조력은 예술영역에 국한될 뿐 아니라 인류의 각종 활동 속에 스며들어 있다. 예술의 창조력은 사람들의 상상력을 불러일으키고 인류의 잠재능력을 찾아내어 사람들이 끊임없이 더 좋은 미래를 창조하도록 한다.

예술은 깊은 느낌의 표현이다. 예술은 사람의 깊은 느낌의 표현방식이고, 그것은 색채, 형상(形狀), 선(윤곽의 선), 음악 등 서로 다른 형식을 통하여 예술가의 깊은 느낌과 체험을 표현한다. 예술은 사람들이 더욱 심층적으로 깊은 느낌을 체험하도록 하고 깊은 느낌을 이해하도록 하여 인간의 느낌문제를 더욱 잘 처리하고 느낌지수를 제고하도록 한다. 예컨대 음악, 회화, 사진 등 예술 형식을 통하여 사람들은 자신의 느낌과 정서를 표현하여 깊은 느낌상의 만족을 하고 승화된다.

예술은 심리적인 문제를 완화시킨다. 예술 역시 일종의 심리치료방식이 될 수 있는데, 깊은 느낌을 표현하고, 압박감에서 해방되고 자신감을 건립하는 등의 방식을 통하여 심리문제를 완화시켜 줄 수 있다. 예술은 사람들이 더욱 깊이 자신을 이해하도록 하고, 자신을 알도록 하여 자신의 깊은 느낌문제를 더 잘 처리하도록 하며, 자아인지와 자기 치료능력을 제고하도록 한다.

예컨대 회화, 음악, 무용 등 예술형식을 통하여 사람들은 자신의 깊은 느낌과 정서를 표현하고 압박감에서 해방되어 깊은 느낌상에서 만족하고 승화될 수 있다.

(2) 예술과 인문

　인문과 예술의 관계는 서로 의존하고 서로 촉진하는 것이다. 예술은 통상 음악, 회화작품, 문학 등 표현형식을 가리킨다. 실천적인 면에서 예술과 인문은 서로 스며들며, 예술창작은 인문의 내용과 감정표현을 벗어날 수 없고, 인문연구 역시 예술작품에 의존하여 인류의 정신세계와 가치체계를 탐색한다.

　인문은 예술정신의 알맹이이다. 예술은 생활에서 비롯되지만, 생활보다 높고 그것은 인문세계가 빚어낸 순정하고 진한 향기이다. 인문적 깊이가 있는 정도는 예술의 성과를 감상하는 중요한 기준 중 하나이다. 고대의 청동기에서부터 현대의 입체주의까지 예술은 모두 처한 시대의 사상적 반영과 문화 상태의 집중적인 반영이라고 할 수 있다. 사상 문화의 축적이 없다면, 예술은 매력과 위력을 잃게 될 것이다.

　예술과 인문은 실천 중의 특색과 가치 역시 각각 서로 다르다. 예술은 통상 작품을 통하여 인류문화와 역사에 대한 이해와 사고를 표현하고, 인문은 예술작품에 대한 연구와 판독을 통하여 인류문화와 정신을 발전시켜 나아간다. 예술과 인문학의 상호 영향과 상호 작용은 인류 문명의 발전과 진보를 함께 추진하였다.

　종합하면 예술은 인류의 의의에 대해 미학과 문화영역에 국한될 뿐 아니라 그것은 인류생활의 각 영역에 스며들어 사람들의 인지, 깊은 느낌과 행위방식을 바꾸게 하고 또 영향을 준다. 따라서 예술은 자신의 독특한 예술적 표현방식으로 사람들이 심미체험을 통해 인문정신과 인문소양을 제고하도록 하여 인문학 나무의 잎과 꽃으로 미적 정신을 구현한다.

역사

　역사란 무엇인가? 넓은 의미의 역사는 물질이 발생되고 발전하고 소멸하는 과정이다. 우주의 진화사, 지구의 발전사 및 생물진화사를 포함하여 우주에서 생명이 있는 혹은 생명이 없는 어떤 물체도 자신의 발전사를 가지고 있고, 모두 인류와 관계가 밀접하다.

　좁은 의미의 역사는 인류의 역사이고 인류역사는 한 사람의 인생, 국가의 발전, 민족의 진보이고, 역시 지금까지 인류가 걸어온 유구한 세월이다. 이 점에서 말하면 사람마다 모두 하나의 역사이고 사람마다 모두 역사의 구성부분이다.

　역사를 쓴다는 것은 영향력 있는 인물과 사건을 사진처럼 역사의 순간에 고정시키는 것이다. 역사의 긴 두루마리를 수십억 배로 확대하면, 우리 지구에서 살았던 모든 사람이 역사의 페이지에 등장할 수 있다. 그러므로 역사는 인생이다.

(1) 역사의 의미

역사는 인류활동의 역정을 기록한다. 역사지식은 사람이 과거를 통하여 현재를 이해하도록 하여 미래를 더 잘 파악하도록 한다. 역사는 크게 세 층의 의미를 가지고 있다. 인류의 과거의 발전과정, 과거의 일에 대한 기록, 사람의 역사인식이다. 인류의 과거의 발전과정이 말한 역사는 객관적 존재이거나 '본래의 역사'라고 할 수 있다.

기왕 '본래의 역사'가 있는 이상 '비본래적 역사'가 있다. '본래의 역사'는 이미 더 이상 존재하지 않는다. 그러므로 반드시 우리가 접할 수 있는 그것의 '매개체'에 근거하거나 매개체를 거쳐서 그것을 인식할 수 있을 뿐이다. 이것이 바로 역사에 관한 기록 및 남겨진 과거의 유물이다.

이 중간에 가장 중요한 것은 글로 쓴 과거의 역사이고 우리는 그것을 '글로 쓴 역사'라고 통칭할 수 있다. 이렇게 되면 본래의 객관존재의 역사가 아닌 '비본래적 역사'를 갖게 된다. 이는 역사라는 말의 두 번째 의미이다. 바꾸어 말하면 우리가 다른 사람의 눈을 통하여 과거 역사를 본 것이고 다른 사람의 역사에 대한 인식을 통하여 과거의 역사를 인식한 것이다. 이는 간접적인 인식이고 즉, 매개체를 통하여 본래의 역사를 인식한 것이다.

이와 같이 과거 역사의 매개체나 과거를 인식하는 매개체는 '글로 쓴 역사'나 '역사 기술'에서 과거 남겨 놓은 실물과 현실생활 속의 역사적인 것을 포함한 것으로 확대된다. 즉 기록을 문자의 기록으로 이해할 뿐 아니라 '담고 있는 정도가 진실하고 본래의 역사를 반영하고, 심지어 그것이 진실이든 거짓이든 간에 그것은 결국 객관존재이고 우리가 역사를 인식하는 근거'를 포함한다.

역사학의 임무는 진실(眞)을 추구하는 것이다. 설사 글로 쓴 역사가 과거의 진실한 모습에 매우 가깝다고 할지라도 사료와 동일할 수는 없다. 다만 과거의 역사를 묘사하여 과거의 것이 새롭게 우리 앞에 펼쳐진 것이다. 그러나 과거의 것은 환원할 수 없다. 역사학이 글로 쓴 역사는 보기에 마치 환원한 것 같은데 실제로 단지 과거 역사의 모사본이고 초상일 따름이다.

본래적, 객관적인 역사는 믿는 것과 믿지 않는 것과 상관이 없으나, 글로 쓴 역사, 인식된 역사는 믿는 것과 믿지 않는 것의 구분이 있다. 믿거나 믿지 않는 것은 글로 쓴 것이 본래의 역사와 서로 부합하는지를 본다. 글로 쓴 역사와 본래의 역사는 동일한 것이 아니고 그 사이의 관계는 원본과 모사본의 차이이고, 원형과 초상의 차이이다.

과거적이고 본래적인 역사는 객관존재이고 글로 쓴 역사는 주관적인 인식이다. 적어 놓은 역사 역시 객관존재이지만 그것은 역사학자가 주관적으로 인식한 객관존재이다. 모든 경험적인 학문은 인류의 주관이 객관에 대한 인식이고, 주관적인 인식은 결국 인식한 그 객관 대상과 완전히 부합할 수 없고, 일반적으로 말해 인식은 기껏해야 단지 상대적인 진리일 따름이다.

① 과거의 사실

과거의 사실이 곧 우리가 말한 역사이다. 역사에 대해 매우 유명한 말이 있는데, 역사를 거울로 삼아 우리는 옷차림을 바르게 할 수 있다.

② 내력

역사의 정의 역시 내력 혹은 연속이라고 할 수 있다. 우리가 만약 다른 사람의 내력을 이해하려면 다른 사람의 역사가 무엇인지를 말할 수도 있다. 역사의 해석은 매우 많은데 우리가 이해하는 것 역시 단지 비교적 편면의 일부일 따름이다.

③ 기록과 해석

역사 역시 기록과 해석이라고 해석할 수 있다. 기록과 해석은 사실 우리 인류의 일련의 활동 진행과정의 역사이고, 즉 우리가 역사사건을 연구하는 학문이다. 역사의 가치판단에 대한 영향은 마치 매우 뚜렷한 것 같다. 지난날을 거울삼아 앞날을 알고, 과거를 알아야 비로소 미래를 예측할 수 있다.

역사는 마치 거울과 같아 우리의 과거를 비추고 또 우리의 미래를 밝혀준다. 이 거울 속에서 우리는 인류사회의 흥망성쇠, 과학기술의 진보와 퇴보, 문화의 번영과 몰락을 볼 수 있다. 이 거울은 우리가 사물의 표면을 보도록 할 뿐 아니라 우리가 사물의 본질을 보도록 하고, 그리하여 그 속의 지혜를 얻도록 하며 우리에게 미래의 방향을 인도한다.

역사는 인류지혜의 소중한 성과이다. 역사의 길고 긴 과정에서 인류는 무수한 기적을 창조하였는데, 이러한 기적은 과학기술의 발전상에 구현될 뿐 아니라 문화의 번영과 사회의 진보 상에 구현되었다. 예를 들면 고대 그리스의 민주제도는 우리가 민주, 평등, 자유의 서광을 보도록 하였고, 중국의 4대발명은 인류사회의 진보를 추진하였으며 세계문화의 발전을 촉진하였다. 이러한 지혜의 소중한 성과는 모두 우리가 얻어야 하는 귀중한 경험이다.

(2) 역사의 거울과 인문

전체적으로 말하면 역사는 우리의 귀중한 자산이고 우리가 앞으로 나아가는 동력이다. 우리는 적극적으로 역사 속에서 경험적인 교훈을 얻어야 하고, 이로써 우리의 미래를 깨우치도록 해야 한다. 우리가 학술연구나 기업경영이든 아니면 일상생활 속에서도 역사 속에서 영감과 답을 찾을 수 있다. 우리가 역사의 거울을 들어 자신의 과거를 비추고 자신의 미래를 밝히도록 해야 한다.

지난날을 거울삼아 앞날을 안다고 말하는 것은 과거의 역사 사건 등의 교훈을 통해서 알 수 있다는 말이다. 우리가 본 것은 현상의 그 자체가 그 시각에 고정되고 고립된 것으로 보이지만, 그러나 우리가 본 그 현상의 배후에 실마리가 있고, 이리저리 복잡하게 얽힌 사정이 대단히 복잡하게 얽혀 있는 내력이 있다. 따라서 역사는 우리에게 어떠한 현상도 고립된 존재는 없다는 것을 알려 준다.

그러나 어떠한 것, 현상, 사람, 사건에 대해 만약 그것의 과거를 모른다면 그것이 지금 무슨 의미를 가지고 있는지를 어떻게 이해할 수 있을까? 그것의 현재를 이해하지 못하고 또 무엇으로 그것의 미래를 판단할까?

  인문은 역사에 대해 깊이 이해하고 중시하지 않을 수 없다. 따라서 역사는 인문학 나무의 줄기라고 말한 것이다. 창작자는 역사 배경을 알아야 하고 과거 사람들의 생활상태와 사물의 시간의 시련 아래서 남긴 흔적을 이해해야만이 비로소 진정한 창작을 할 수 있다.

  인문관심은 사람의 생명, 존엄, 가치, 깊은 느낌, 자유에 대한 정신적인 추구이고, 그것은 사람의 전체적인 발전, 생존상태, 독립인격 및 그 운명과 행복에 관심을 갖는다. 인류의 과거의 경험을 통하여 사물이 그렇게 된 까닭을 탐구하는 자각의식이 즉 역사이성이다. 그것은 역사사건과 인물에 대한 기억일 뿐 아니라 더욱 중요한 것은 역사에 대한 평가와 반성 즉 이성사고를 포함하는 것이다.

  역사이성은 사회발전역량에 대한 긍정평가이고, '진(眞)'의 가치기능을 추구한다. 양자는 사람의 발전 중에 필수적이고, 역사이성의 강조는 사람과 사회의 발전을 촉진할 수 있고, 인문관심은 이러한 발전을 더욱 건전하고 더욱 풍부하고 더욱 조화롭게 한다.

  종합하면 역사가 우리에게 주는 깨우침을 받아들여야 비로소 역사발전의 추세에 순응할 수 있고 더욱 먼 미래를 향해 갈 수 있다. 역사는 사람들이 역사지식과 역사경험을 귀감으로 삼고, 진실하고 구체적인 역사 형상과 역사평가를 활용하여 은연중에 감화되어 인문정신과 인문소양에 영향을 주어 인문학 나무의 줄기로서 역할을 한다.

철학

철학은 이치, 논리로 사람에게 일깨워 준다. 또한 인식론, 형이상학, 가치철학, 종교철학, 미학까지 깊고 넓으며 사람에게 마음의 문을 열게 하고, 사람에게 깊이 생각하도록 하며, 사람에게 형이상학적인 지혜를 준다.

(1) 철학을 배우는 자세와 그 효과

주체인 사람이 철학공부를 하는 데 있어서 다음과 같은 준비자세가 필요하다. 첫째, 마음을 활짝 열어야 한다. 그래서 "천지와 나는 함께 존재하고 만물과 나는 하나"[99]라는 그 우주적인 마음을 가져야 한다. 둘째, 행위에 있어서 내면을 거짓이라고는 조금도 없는 진실한 마음으로 해야 한다. "아는 것을 안다고 하고 모르는 것을 모른다고 하는"[100]

---

99) 『장자』, 제물편, "天地與我竝生, 萬物與我爲一"
100) 『논어』, 위정편, "知之爲知之, 不知爲不知"

자세로 행위를 해야 한다. 셋째, 소망을 가져야 한다. 모든 학설에 대해 종교처럼 경건함과 정성이 있어야 하고 마음의 희망이 있어야 한다.

철학을 배우면 나타나는 효과는 다음과 같다.

① 철학을 배우면 뚜렷하고 분명한 생각을 배양할 수 있다

전문 철학자가 문제를 보는 것은 그의 일련의 체계적 답을 가지고 있을 것이다. 그러나 철학을 배우는 사람이 문제를 보는 것은 그의 답과 전제는 일종의 새로운 지식을 얻을 것이고, 또 그의 추리 변증법에 따라 오랜 시간이 지나면 생각은 뚜렷하고 분명하게 변할 것이다.

② 철학은 사람을 회의(懷疑)하는 정신을 기르도록 한다

늘 철학서적을 읽으면 우리의 독단과 맹종(盲從)적 습관을 줄이게 된다. 만약 우리가 회의(懷疑)하는 것을 배우면, 남이 말하는 대로 따라 말하는 것이 아니라, 많은 문제에 대해 우리 자신의 이해와 견해를 내놓을 수 있다. 그렇지 않고 함부로 가볍게 하게 되면 외부 혹은 타인의 사고 방향에 따라가게 되는 것이다.

③ 철학을 배우면 너그러운 마음으로 참는(容忍) 태도를 기를 수 있다

당신이 이 학파의 철학사상을 믿으면 이 때문에 다른 학파의 학설이나 신앙은 모두 잘못된 것으로 단정하게 되고, 이에 대해 완전한 배제와 말살을 하는 것, 이는 옳지 않는 것이다.

왜냐하면 만약 이렇게 되면 당신은 자신의 너그러운 마음으로 참는

것(容忍)과 개방의 태도를 배양하지 못할 뿐 아니라 또 스스로 기회를 상실하기 때문이다. 세상의 비극은 대단히 많은 것들이 사람들의 무용인(無容忍)의 태도에 의해 초래된 것이다. 예컨대 종교충돌, 전쟁 및 편협한 민족주의이다.

④ 철학을 배우는 것은 대인[101]의 시야로 넓히고 대인의 그릇으로 넓힌다

철학의 대상은 우주의 전체, 인생의 총화이고, 우주시각으로 보면 사람은 하나의 먼지에 불과하고 작기가 말로 할 수 없고 거론할 가치도 없다. 태양계는 우주 중에서 하나의 점에 불과하고 더욱이 지구와 지구상의 생물은 말할 것도 없다. 이러한 점을 알면 우리의 마음은 같은 수준으로 확대할 수 있고, 시야와 그릇 역시 같은 수준으로 제승되고 확대될 수 있다.

(2) 철학의 의미

철학이란 무엇인가? 철학은 넓혀 말하면 우주인생에 대한 반성적인 사색이라고 할 수 있다. 더 좁혀 말하면 철학은 인간과 우주자연에 대한 전체적이고 근원적인 지식의 탐구이고 과학기술의 비판인 동시에

---

101) 대인은 도덕을 말하고 소인은 이익을 말한다. 대인은 마음이 넓고 소인은 마음이 좁다. 대인은 정직하고 올곧고 소인은 심술이 바르지 않다. 대인은 일을 당하면 반성하고 소인은 당하면 불평만 한다.

주체적이고 자각적인 학문이라고 할 수 있다. 따라서 철학의 궁극적인 목표는 '자기인식'에 있다고 할 수 있다.

그렇다면 어떻게 우주자연(세계), 사람, 절대존재를 인식할까? 철학적 사고방식을 통하여 인식한다. 철학적인 사고나 생각은 공리적인 것과는 아무 상관이 없이 오직 진(眞), 선(善), 미(美) 그 자체를 위한 것이다. 다시 말해 철학적 사고의 지향점은 상대적인 진, 선, 미가 아니라 그것들의 근거나 근원을 탐색하는 것이다.

따라서 철학적인 사고는 이해관계에 관심이 없는 사고나 생각일 뿐만 아니라 전체적이고 근원적인 것에 대한 종합적인 생각과 사고이다. 상대적이 아닌 상대를 초월한 근거나 근원을 캐묻기 때문에 또한 초월적이고 근원적인 사고나 생각이다.

철학은 모든 것에 대해 한 번 의심해 보기 때문에 비판적인 생각이나 사고라고 할 수 있다. 사람은 우주자연계에서 생활하고 경험하고 또 우주자연계를 전체적이고 근원적으로 생각하기 때문에 우주자연을 생각하고 절대존재와 사람에 대해 생각하고 더 나아가 정신, 물질, 문화, 종교에 대해서 전체적이고 근원적으로 생각한다.

이렇게 높고 깊고 전체적인 차원으로 깊숙이 안으로 파고들어가 그 근원 혹은 근본을 찾아내는 것을 우리는 철학적 사고방식의 특징이라고 말한다. 이러한 태도로 생각하고 사고하는 특징을 가지고 있기 때문에 철학적 사고는 초월적 혹은 근본적이라고 말한다.

우주자연(세계), 사람, 절대존재를 인식하는 데는 철학적 사고방식을 통하고, 이를 논리학, 지식론(인식론), 형이상학, 윤리학, 가치철학,

철학개론으로 나누어 살펴볼 수 있다. 사고의 법칙과 추리의 기능을 연구하는 것이 논리학이고, 어떻게 인식을 하는가를 연구할 뿐 아니라 인식의 능력과 인식의 대상을 연구하는 것이 지식론이다.

형이상학은 철학의 원리원칙의 문제를 연구한다. 윤리학은 '사람이 되는' 기본적인 규범을 연구한다. 가치철학은 이 세상에서 생존하면서 추구하는 진, 선, 미의 가치를 연구한다. 이상의 철학문제를 하나의 체계로 삼아 연구하는 것이 철학개론이라고 할 수 있다.

논리학과 인식론(지식론)을 통하여 지식을 추구하는 방법으로 삼는데, 이는 철학의 입문이다. 철학의 입문에서부터 우주와 인생의 원리와 원칙을 연구하는데, 이러한 원리와 원칙들이 즉 형이상학의 주제이고 형이상학은 이 때문에 철학의 '체(體)'[102]이다. '체'는 가장 근본적이고 내재적이며 본질적이다.

'용(用)'은 '체'의 외재적인 표현이다. 형이상학이 구체적으로 철학의 용(用)에 적용될 때, 인간 세상에 적용되고, 윤리학과 사회철학이 된다. 이는 실용적인 것을 말하고 또 위를 향해 발전하여 가치철학, 종교철학과 미학으로 발전되는데 이는 경계(境界)[103]를 말한다.

---

102) '체(體)'는 가장 근본적이고 내재적이고 본질적이다. '용(用)'은 '체'의 외재적인 표현이고 표상이다.
103) 경계는 사람의 사상 깨달음과 정신수양이자 또 자아수양의 확립의 능력이다. 즉 수양하여 인생의 깨달음이 경계로 말하면 각각 서로 다른 영역 혹은 서로 다른 생각과 견해를 가진다. 그러므로 경계는 매우 미묘한 느낌이다. 대부분 경계를 몇 가지로 나누는데, 질(質)로 구분하고 정도로 헤아린다. 주체가 어떤 사물에서 처한 수준과 같다.

지식론은 철학의 입문이고, 형이상학은 철학의 체(體)라면 윤리학과 가치철학은 철학의 용(用)이다. 또 다른 면에서 형이상학이 동양철학에서 말한 천도(天道)라면 가치철학과 윤리학은 '인도(人道)'라고 할 수 있다. 철학개론은 철학의 횡적인 면이고, 철학의 역사는 철학문제의 종적인 발전을 의미한다.

(3) 철학의 목적

철학의 목적은 진리를 추구하고 존재의 의의를 탐색하고, 지혜와 인류행복을 추구하고, 인류의 발전과 사회변화를 촉진하는 데에 있다.

철학은 깊은 사고, 추리와 반성적인 사고를 통하여 사물의 본질과 진리를 드러내 보인다. 인류와 우주 간의 관계를 이해하고 그리고 인류생활의 목적과 가치를 탐색한다. 철학은 또 지혜와 사변에 대한 추구를 강조하고, 도덕, 윤리와 미덕과 같은 아름다운 인격을 배양한다. 이밖에 철학은 또 사회현상과 공정하지 않는 것을 비판하는 것에 힘쓰고, 사회변화를 추진한다.

또한 인문정신을 더욱 확대발전시키고, 타인을 사랑하고 타인을 존중하는 자질을 갖추도록 배양하여 사회의 조화와 발전을 촉진시킨다. 따라서 철학은 사람에게 행복을 얻고, 책임을 지는 인생과 자신의 견해를 가진 삶을 살도록 하는 데 있다.

철학은 이론적인 인문학일 뿐 아니라 학문적 투과성과 광범위한 응용 가치를 지녀 인문정신의 중요한 구성 요소이다. 인문정신의 기본

내용은 인성, 이성과 초월성 세 차원을 포함하고, 그중 인성은 사람의 행복과 존엄에 대한 추구이고, 이성은 진리에 대한 추구이며, 초월성은 생활(삶)의 의의에 대한 추구이다. 따라서 철학은 인문정신 중에 핵심적인 지위를 차지하고 인문학의 뿌리라고 할 수 있다.

인문학은 넓은 의미로 일반적으로 문화를 의미하고, 좁은 의미로 전문적으로 철학을 의미하며, 특히 미학범주이다. 인문철학이 관심을 갖는 것은 사람의 가치와 사람의 발전문제이고, 그것은 인문정신의 관조아래서의 인식론 내용을 확장하고 심화시키며, 사회역사와 사람의 정신영역에 관련된다.

철학연구는 존재, 지식, 가치, 이성, 자유 등의 기본문제에 대한 사고에 관련되고, 보편성과 기초성의 특색을 가지고 있다. 철학은 존재, 지식과 가치 등 기본문제를 사고하는 것을 통하여 인문학에 이론토대를 마련해 준다.

철학은 진, 선, 미의 가치와 존재체험을 통하여 인문학의 토대인 진, 선, 미는 물론이고 자유, 정의, 사랑, 행복 등의 근본적이고 소중한 가치를 제공하여 인문학 나무의 뿌리 역할을 할 뿐 아니라 깨달음의 방향을 이끌어 준다. 또한 철학은 문학, 역사, 예술 등 각각의 정신가치가 '인문학'이라는 새로운 형태로 융합하도록 도움을 준다.

제7강

인문학 지식의
인문학 소양으로의 전환

1. 인문과 인문학 소양
2. 인문학 소양
   (1) 인문학 지식과 인문학 소양
   (2) 인문학 지식은 인문학 소양의 토대이다
   (3) 인문정신과 인문행위
3. 인문학 소양의 중요성을 높임
   (1) 인문학 소양의 개인에 대한 중요성
   (2) 인문소양의 민족과 국가에 대한 작용
4. 인문소양을 높이는 현실적인 길
   (1) 인문지식의 학습을 강화한다
   (2) '사고하는 것'을 좋아하는 습관을 가져야 한다
   (3) 지식과 행동을 하나로 일치시켜 실행한다
   (4) 신독과 신미의 정신을 가져야 한다

1

인문과 인문학 소양

　동물은 원시 자연 그대로의 모습으로 살아가지만, 인간은 원시 자연 그대로 살아갈 수 없고 자신을 꾸미고 장식하는 것을 통하여 점차적으로 문명사회를 이룩하였다. 그 꾸밈과 장식은 긴 역사를 통하여 오늘날 획기적인 물질문명을 발전시켰고 그 발전의 정도가 급기야는 정신문명을 위협할 정도로 양자의 균형이 무너져 버렸다.

　그리하여 자연생태계 문제, 도덕적 혼돈상태(Moral Anomie; 도덕규범상의 상실), 자원고갈 등의 심각한 문제를 초래하였다.

　이러한 문제의 근원은 사람들이 물질문명을 추구하는 과정에서 정신문명을 무시한 데에 있다. 즉 과학기술의 압도적인 추세에 인문정신이 지나치게 위축된 것이다.

　우리는 물질문명과 정신문명이 상호보완적이며 한쪽을 버려서는 안 된다는 것을 인식해야 한다. 왜냐하면 인류에게 양자는 필수적이기 때문이다. 물질문명을 추구하는 동시에 정신문명의 건립을 중시해야 한다. 즉 과학과 인문이 조화를 이루어야 한다. 그러기 위해 입으로만 외치고 책에서만 언급하는 그 물거품과 같은 인문학 지식에서 벗어나 진정한 인문학 지식에서 인문학 소양으로 내면화시키는 획기적인 교육이 필요한 때이다. 오직 이렇게 해야만이 인류사회는 정상궤도를 향해 나아갈 수 있고 비로소 전면적으로 발전할 수 있으며 진정으로 문명화된 사회가 될 수 있다.

교육은 인류문명 계승과 발전의 중요한 길이고 또한 사람들의 인문학 지식과 인문학 소양을 제고하는 핵심이다. 우리는 교육에 대한 새로운 체제를 구축해야 한다. 과학교육과 인문교육을 조화시키는 일대 개혁을 통해 기술적이고 도구적인 인간이 아닌 기술과 도구를 인문화하고 덕성화한 진정한 사람이 되는 교육으로 나아가야 한다.

인문(人文)의 의미는 앞에서 설명하였다. 첫째는 이상적인 인성, 이상적인 사람을 의미하고, 둘째는 그것을 배양하고 나타내는 방식이 다양화된 것을 말한다. 즉, 다양한 문화지식 즉 인문학 지식을 의미한다. 이상적인 인성 혹은 이상적인 사람이 되기 위해서는 사람의 내재적인 일종의 덕성의 수양[104]을 해야 한다.

셋째 인문은 지나친 물질문명에 대한 제한과 절제를 의미한다. 『역경』은 "문명을 이루어 멈추는 것을 아는 것이 인문이다."[105]라고 했다.

---

104) 덕성수양은 한 사람이 일상생활에서 자기 수양과 도덕 규범 준수를 통해 좋은 도덕적 자질과 행동 습관을 기르는 것을 의미한다. 오직 사람이 각종 상황에서 외부환경이 어떻게 변화든 간에 정확한 도덕입장과 행위준칙을 견지한다면, 그의 덕성은 진정으로 "자연과 같은" 경계에 도달한다.
105) 『역경』, 賁卦, "文明以止, 人文也."

문명(물질문명)이 과도하게 한 쪽으로 치우쳤을 때 야기되는 위험성을 바로 잡을 줄 알아야 함을 일깨워 준 것이다. 물질문명[106]의 발전은 알맞은 정도를 유지해야 하고 적당한 선에서 멈출 줄 알아야 하며 이것이야말로 진정한 인문정신이다.

인류는 현재 끝없이 물질문명의 발전을 추구하고 있다. 그러나 덮어놓고 발전을 추구하고 기타 방면의 균형을 소홀히 한다면 아마 매우 큰 문제가 발생할 것이다. "사물이 지나치게 강대해지면 쇠락의 길로 나아간다."[107]라는 말이 있다. 모든 일이 극에 달하면 쇠락의 길로 치닫기 시작한다. 물질문명 역시 마찬가지이다.

만약 무제한적으로 발전하여 환경의 수용 능력을 고려하지 않고, 사람의 마음의 요구를 고려하지 않으면, 결국 돌이킬 수 없는 문제를 초래할 것이다. '문명을 이루어 멈추는 것을 아는 것이 인문이다.' 이는 일종의 지혜이고, 그것은 우리에게 절제를 알고 적당히 멈추는 법을 알아야 한다고 알려 준 것이다. 다시 말하면 이는 사람의 자각과 자율이고 사람이 되는 근본이다.

이것은 또 물질문명에 대한 요구일 뿐 아니라 매 사람에 대한 요구이다. 우리는 생활에서 이러한 지혜 즉, 인문학적 지혜를 배워야 한

---

106) 인류가 이룩한 물질적, 기술적, 사회 구조적인 발전을 의미하고, 자연 그대로의 원시적 생활에 상대하여 발전되고 세련된 삶의 양태를 뜻한다. 흔히 문화를 정신적·지적인 발전으로, 문명을 물질적·기술적인 발전으로 구별하기도 하나 많은 학자들이 양자를 엄밀히 구별하여 사용하지 않는 추세이다.
107) 『노자』, 30장, "物壯則老, 是謂不道, 不道무已."

다. 덮어놓고 물질적 향유만 추구하고, 정신적인 측면의 추구를 소홀히 해서는 안 된다. 이렇게 해야 인류는 비로소 더욱 충실하고 더욱 의미를 가지고 살 수 있다.

동물은 자신을 꾸미거나 장식을 하지 않고 원시 자연적으로 생존해 가지만, 사람은 원시자연으로 살아갈 수 없고 그래서 자신을 꾸미고 장식을 한다. 이것이 동물과 사람의 외재적인 차이다. 동물은 자연 본능에 따라서 생존해 가지만, 사람은 배움, 자각, 교화 등의 방식으로 마치 외양을 꾸미듯이 내면을 수양, 함양하며 가능하면 이성적으로 사람답게 살아간다. 이것이 동물과 사람의 내재적인 차이다. 이러한 차이가 사람이 문명을 이루도록 하는 근본 토대이다.

그러나 모든 것은 지나치면 반드시 문제가 생기는 법이다. 그래서 '과유불급(過猶不及)'이라고 하지 않았던가! "사람이 지나치게 소박하여 꾸밈(文彩)이 부족하면 거칠고 속되고, 꾸밈이 지나쳐 소박함이 부족하면 경망스럽게 보인다. 소박함과 꾸밈(文彩)이 잘 조화되어야 도덕적인 인격체인 군자라고 할 수 있다."[108]

사람의 도덕수양은 내면에서는 깊이 있는 수양과 도덕성을 갖추어야 하고 외부로는 예의가 바르고 학문을 이해하며, 내외 양쪽이 완벽하게 결합해야 도덕적인 인격체인 군자의 기풍을 갖춘 것이다. 도덕적인 인격체이면서 품격이 높은 사람은 내재적인 것과 외재적인 것이 잘 조화를 이룬다는 의미이다.

---

108) 논어, 옹야편, "子曰: '質勝文則野, 文勝質則史. 文質彬彬, 然後君子.'"

인문학 지식은 문학, 역사, 철학, 예술 등에 응집되어 있다. 인문학 지식을 적극적으로 소화하고 내면화하여 인문학 소양이 된다. 인문학 소양은 인문학 지식이 소화되고 내면화되어 '내면의 인문학적 바탕'이 되는 것을 말하는데, 그 핵심은 인문정신이다. 인문정신은 일종의 보편적인 인류의 자아관심이고, 인간의 존엄, 인간의 가치, 인간의 운명에 대한 유지, 인간의 추구와 관심으로 나타난다.

인문정신의 기본 내용은 인성, 이성과 초월성 세 차원을 포함하고, 그중 인성은 사람의 행복과 존엄에 대한 추구이고, 이성은 진리에 대한 추구이며, 초월성은 사람의 생활(삶)의 의의에 대한 추구이다. 따라서 인문소양은 사람의 '내면의 인문학적 바탕' 혹은 '내면의 인문학적 됨됨이'라고 말 할 수 있다.

문화지식을 보다 큰 차원에서 보면 과학, 도덕, 예술로 나눌 수 있는데, 과학은 진(眞)을 추구하고, 도덕은 선(善)을 추구하며, 예술은 미(美)를 추구한다. 따라서 인문을 사람의 내면의 덕성수양을 배양하는 학문에 목적이 있는 것으로 이해할 수 있다.

2

인문학 소양

(1) 인문학 지식과 인문학 소양

　인문학 지식과 인문학 소양은 서로 다르다. 인문학 지식은 인류가 자신과 인류사회를 인식하고 개선한 경험의 종합이다. 그러나 인문학 소양은 인문학 지식이 육성하여 이룬 주체에 내재된 정신적인 결과이고 그것은 사람의 내면세계에 깃든 것이며 사람의 행위동작 및 그 결과에서 나타난다. 따라서 인문학 소양은 사람의 '내면의 인문학적 바탕' 혹은 '내면의 인문학적 됨됨이'라고 할 수 있다.

　인문학 지식의 담지체는 주로 각종 매체이고 인문학 지식 습득은 시청각에 의하여 수업 시간이나 매체에서 얻을 수 있다. 인문학 소양의 담지체는 사람 자신에 있고, 인문학 소양의 획득은 반드시 인문학 지식의 내면화와 정합(整合)을 통하여 주체의 의식, 사상, 깊은 느낌 등 생명체험과 선행(善行)으로 변화된다.

　인문학 지식은 입을 통해서 혹은 시험답안지로 나타나지만, 인문학 소양은 단지 사람의 깊은 느낌 속에 혹은 실천 중에 행동으로 나타난다.

인문학 지식은 인문학 소양과 서로 다르다. 인문학 지식이 있다는 것이 결코 반드시 인문학 소양이 있는 것이 아니다. 예컨대 어떤 대학생들 심지어 인문학분야의 대학 혹은 대학원생은 많은 인문학 지식을 배웠지만, 결코 반드시 그에 상응하는 인문학 소양을 갖추고 있는 것은 아니다.

글이 짧은 일부 사람들은 제대로 된 인문 과정을 밟지 못했지만 오히려 진실성, 정직성, 정의, 선량, 이타(利他) 등의 품격을 드러내는 경우가 있다. 대학생이 배운 것은 책 속의 인문학 지식이고, 만약 자신의 의식, 생각과 깊은 느낌으로 내면화되지 않고 도덕성과 선행으로 전환되지 않으면, 그것은 입으로 말하는 지식일 뿐이다. 인문학 지식이 반드시 자기 것으로 소화되고 내면화되어 인문학 소양으로 전환되어야 한다.

어떤 사람은 비록 책에서 배운 인문학 지식은 별로 없지만, 인문학적인 분위기가 농후한 환경에서 성장하면서 오랫동안 영향을 받아 감화되어 자신의 생각이나 깊은 느낌과 행동으로 인문학 소양을 구현하는 경우도 있다.

(2) 인문학 지식은 인문학 소양의 토대이다

책 속의 인문학 지식이 중요하지 않고, 있어도 되고 없어도 된다는 말이 결코 아니다. 인문학 지식이 있으면 인문정신을 배양하기 위해 폭넓은 이성적인 지식의 배경을 마련하게 된다. 풍부한 인문학 지식은 우수한 지식을 구성하는 필수적인 요소이다. 또한 사람이 '전체적으로 발전하는 사람'이 되기 위한 필수조건이며, 인문학 소양의 전제와 토대이다.

언어, 문학, 예술, 역사, 철학 등을 포함한 이러한 학습과 깨달음 속에서 사람들은 '사람이 사람이 되는 까닭이 무엇인가?', '사람이 된다는 것이 무엇인가?', '자유란 무엇인가?', '나의 생명의 의의는 무엇인가?', '행복이란 무엇인가?', '너 자신을 알라!' 등의 문제에 답을 얻도록 도와준다.

이러한 질문은 확실히 매우 중요한 의미를 가지고 있다. 이러한 의미를 통해서 비로소 인류의 행복이 무엇이고 인류의 고통이 무엇이며, 어떻게 고통을 행복으로 변화시키는지를 알 수 있고, 비로소 어떻게 타인과 화목하게 지내고, 더 나아가서 우주와 조화롭게 공생할 것인가를 알게 되는 것이다.

(3) 인문정신과 인문행위

인문학 지식은 반드시 인문학 소양으로 내면화되고 전환되어야 하고, 자신의 의식, 생각, 깊은 느낌 더 나아가 행동으로 변해야 한다. 즉 모든 인문학 지식은 선행(善行)으로 나타나야 한다. 인문학 지식이 자신의 내면에서 소화되고 스며들어 인문정신, 인문소양으로 내면화되어 행위로 표현되는 것이다. 즉 '내면의 인문학적 바탕' 혹은 '내면의 인문학적 됨됨이'가 행위로 드러나는 것이다.

오직 이렇게 해야 비로소 지식이 정신을 배양하는 진실한 의미를 구현하고, 비로소 인문학 지식의 진정한 가치를 뚜렷하게 나타내는 것이다. 이 역시 인문학 소양이 포함한 또 다른 두 가지 중요한 요소 즉 인문정신과 인문행위이다.

① 인문정신은 인문학 소양의 핵심이다

인문정신은 인문학 소양의 내재적인 버팀목이고, 인문학 소양의 최고차원이다. 즉 인문정신은 인문학 소양의 가장 핵심부분이다. 인문정신은 보편적인 인류의 자아관심[109]이고, 사람의 존엄, 가치, 운명에 대한 보호유지, 추구와 관심으로 표현된다. 또한 인문정신은 사람의 행복과 존엄을 추구하고, 이성을 중시하며 초월성을 통하여 인간의 생활(삶)의 의의를 추구한다.[110]

사람은 생활에서 어려운 상황에 처할 때, 좌절할 때, 고통과 실망할 때, 자기 자신에게 부정적으로 대하는 것이 아니라 열린 마음과 담담한 마음으로 이러한 상황을 받아들일 수 있을 뿐 아니라 스스로를 위로하고 사랑할 수 있는 능력이 있다. 이것이 바로 인류의 보편적인 자아관심이다. 그러기 위해서는 먼저 초월성을 통하여 생활(삶)의 의의

---

109) 자아관심은 개인이 곤경, 좌절, 고통 혹은 실망에 처했을 때, 자신의 부정적이고 소극적인 상태를 개방적이고 다정한 마음으로 받아들일 수 있으며, 또한 스스로를 위로하고 사랑할 수 있는 능력을 가지고 있음을 의미한다.
110) 초월성은 사람의 생활의 의의를 추구한다. 이는 주로 본능욕망을 초월하는데 구현되고, 또한 더 높은 정신경계와 자아의식의 발전을 추구한다.

를 하나하나 추구해 가야 한다.

초월성은 생활(삶)의 의의에 대한 추구로서 그것은 본능과 욕망을 초월하는 데에 드러날 뿐 아니라 자신의 인생경계 혹은 정신경계와 자아의식의 발전을 추구하는 것이다. 사람은 이성과 동물성 양면을 가지고 있기 때문에 언제라도 동물성인 본능, 욕망, 충동이 드러날 수 있지만, 이를 이성이 제어함으로 인해 정상적인 사람으로 살아가는 것이다. 그러나 위에서 지적한 바와 같이 어려운 상황에 처했을 때, 초월성이 그 상황을 초월하여 평온한 마음을 유지할 수 있지만, 여기에는 이성과 인성이 개입되어 있다. 따라서 인문정신의 근본내용에 인성, 이성, 초월성에 대한 깊은 이해와 배양이 필요하다.

인문학 소양의 얼은 '사람을 대상으로 삼고, 사람을 중심으로 여기는 정신'이고, 그 핵심 내용은 인류생존 의의와 가치에 대한 관심이다. 이것이 바로 인문정신이다. 이는 사실 다른 사람과 조화롭게 살아가는 기본적인 덕성이고 가치관과 인생철학이다. 그것은 인생과 사회의 아름다운 경계를 추구하고, 사람의 감성과 깊은 느낌을 존중하며 사람의 상상성과 생활의 다양화를 중시한다.

② 인문행위는 인문학 소양이 겉으로 드러난 것이다

인문행위는 인문학 지식이 인문소양으로 내면화되어 그것이 행위로 나타나는 것이다. 따라서 인문행위는 인문소양의 목적지라고 할 수 있고, 인문소양은 인문행위에 방향을 명확하게 가리키는 것이다. 사람은 인문지식의 학습과 체험적인 터득을 통하여 사람의 생명 자체에 대해 궁극적인 물음을 던지게 된다. 즉 생명의 의의, 생명의 본질, 사람의 생명 속에서의 역할과 책임 등에 대한 질문이다. 인격이 높고 절개가 굳으며, 세속에 구속되지 않고 초연한 가치추구와 정신품격을 기른다.

　이러한 내재적 가치추구와 정신품격은 외재적인 행위상 즉, 인문행위로 구현된다. 인문학 지식의 내면화가 즉 인문소양(인문정신)이며, 인문소양(인문정신)의 외재화가 곧 인문행위이고 사람의 구체적인 행위와 실천상에 표현된다.

3

인문학 소양의 중요성을 높임

(1) 인문학 소양의 개인에 대한 중요성

① 사유와 지혜와 능력의 전체적인 발전

인문학 지식의 학습은 지혜와 지식을 증가시키고 시야가 넓고 포부가 크며, 이상 경계를 배양하고 책임과 사명을 이해한다. 철학훈련을 통하여 인류의 '사물의 이치를 꿰뚫어 보는 뛰어난 지혜'를 파악하고 존재의 심오함을 탐색한다. 철학을 배우면 뚜렷하고 분명한 생각을 배양할 수 있을 뿐 아니라 너그러운 마음으로 참는 태도를 기를 수 있고 또한 대인의 시야로 넓히고 대인의 그릇으로 넓힌다.

철학적 사고의 최종 지향점은 상대적인 진, 선, 미의 근거나 근원을 탐색하는 것이다. 따라서 철학적인 사고는 이해관계에 관심이 없는 사고나 생각일 뿐만 아니라 전체적이고 근원적인 것에 대한 종합적인 생각과 사고이다. 상대적이 아닌 상대를 초월한 근거나 근원을 캐묻기 때문에 또한 초월적이고 근원적인 사고나 생각이다.

역사학의 학습을 통하여 인류의 집단기억을 축적하고, 역사의 경험

교훈을 존재의 자각으로 전환한다. 우리가 본 것은 현상의 그 자체가 그 시각에 고정되고 고립된 것으로 보이지만, 그러나 우리가 본 그 현상의 배후에 실마리가 있고, 이리저리 복잡하게 얽힌 사정이 대단히 복잡하게 얽혀 있는 내력이 있다. 따라서 역사는 우리에게 어떠한 현상도 고립된 존재는 없다는 것을 알려 준다.

문학의 깊은 연구를 통하여 사람의 자세하고 핵심을 찌르는 깊은 느낌세계를 이해한다. 문학이 백가지 기능과 작용이 있는데 한 가지만 선택해야 한다면, '보이지 않는 것을 보이도록 하는 것'이라고 말할 수 있다. 이는 문학과 예술의 가장 중요하고 실질적이고 핵심적인 작용이다. 문학은 단지 우리에게 일깨워 주는 것에 불과하다.

예술은 창조력의 구현이고, 깊은 느낌의 표현이며, 심미(審美)의 제고이다. 또한 문화의 전수와 계승일 뿐 아니라 심리적인 문제를 완화시킨다. 예술은 인류의 의의에 대해 미학과 문화영역에 국한될 뿐 아니라 그것은 인류생활의 각 영역에 스며들어 사람들의 인지, 깊은 느낌과 행위방식을 바꾸고 영향을 준다.

정치학, 사회학 등의 검토를 통하여 여러 가지 고난과 사람의 마음에 완전히 부합하지 않는 것을 이해하여 존재의 책임을 명확하게 하고 강화한다. 자연과학의 기초이론의 학습을 통하여 객관세계의 복잡하고 심오함, 무궁무진함을 깨닫고, 사고가 더욱 넓고 깊게 된다. 또한 과학정신이 자유정신임을 깨닫게 되고, 자유는 동시에 인문학을 꿰뚫고 있다는 것을 재차 깨닫게 되어 그 융합의 가능성을 생각하도록 한다.

② 정신경계와 고상한 정서를 제고

고상한 인문학 소양은 도덕성의 형성에 자기도 모르게 감화되는 작용을 하고, 인문학의 가치는 진(眞)과 선(善)이 조화를 이루어 심미경계에 도달한다. 또한 도덕과 합하고 도리에 순응하여 사람이 진(眞)을 추구하고 선(善)을 향하도록 하여 인식수준과 정신경계를 높이는 데에 있다. 따라서 사람들이 고상한 인문학 소양[111]의 영향을 받을 때, 사람을 정신상에서 위로 향하도록 촉진시키는 그 무언의 암시는 자신도 모르게 감화를 받게 되고, 자기도 모르는 사이에 고상하게 변한다.

이로써 인문학 소양을 제고하는 과정은 실제로 개인의 가치관, 인생관과 방법론을 만들어 내는 과정이고, 그것은 고상한 품격을 배양하는 데에 중점이 있다. 그 핵심은 인문관심이며, 사람을 근본으로 삼는 이념을 형성한다.

(2) 인문소양의 민족과 국가에 대한 작용

한 국가와 민족은 과학과 인문소양이 균형을 이루어야 한다. 왜냐하면 양자는 인류에 필수불가결한 것이기 때문이다. 만약 인문소양이 없으면 정신은 방향을 잃고 민족은 소외된다. 사람이 인문소양이 결

---

111) '소질'은 선천적인 사람의 기본특질과 능력이고 후천적인 노력을 통해 쉽게 바꾸어지는 것이 아님을 강조한 것이다. '소양'은 후천적으로 수련하고 노력하는 것을 강조한 것이고, 학습과 실천을 통해 얻은 기능과 지식임을 가리키는 것이다.

여되면 불완전한 사람이다. 민족이 인문정신을 잃으면 병적인 이상 상태의 민족이다. 인문학 소양은 개인은 물론이고 한 나라의 정신적인 주축이자 응집력이라고 할 수 있다.

  인문학 소양은 한 국가의 문화상징이다. 세계에는 수많은 나라가 있는데 나라마다 공통으로 느끼는 품격이 있다. 어떤 나라는 품격이 높고 어떤 나라는 품격이 낮다. 그 품격은 어디에서 올까? 바로 그 나라의 집단적 도덕주체의 지속적인 표현이 누적되어 형성된 것이다. 도덕주체는 인문학 소양을 드러내는 핵심이다. 개인이든 집단이든 도덕주체에 의해 자신을 펼쳐나가면서 인문사회, 인문세계를 형성하는 것이다.

  인문학 소양의 높고 낮음은 다양한 측면과 관계된다. 첫째, 인문학 소양의 높고 낮음은 인격이 완벽한가 여부에 관계된다. 둘째, 인문학 소양의 높고 낮음은 수양의 높고 낮음에 관계된다. 셋째, 인문학 소양의 높고 낮음은 인재가 될 수 있느냐에 관계된다. 넷째, 인문학 소양의 높고 낮음은 국가의 품격과 관계된다. 다섯째, 인문학 소양의 높고 낮음은 인류의 화복에 관계된다.

4

인문소양을 높이는 현실적인 길

(1) 인문지식의 학습을 강화한다

사람이 오랫동안 인문학관련 서적의 올바른 독서[112]를 하고 모범적인 시나 예술작품을 감상하여 자기 것으로 소화하면, 인문의 본질이 우리의 생명혈맥 속으로 침투해서 점차로 우리의 정신과 융합하여 일체가 된다. 그리하여 우리의 인문학 소양이 제고된다. 끊임없이 진정한 독서를 함으로써 지식을 증가시키는 것은 물론이고 자신의 시야를 넓히게 된다. 또한 자신의 정서(감정)를 도야하고 자아반성과 성찰로 몸과 마음이 완벽한 경계에 이르게 하는 것이다.

문학, 예술, 사학, 철학이 인문학의 중요한 핵심이다. 각 학문분야의 근본적이고 본질적인 의미를 파악하면서 인문학 지식을 축적하여 이를 인문학 소양으로 내면화하고 전환하는 것이 매우 중요하다고 생각한다.

---

112) 본서 '인생은 배움의 순환과정이다'에서 독서 부분 참조.

문학은 우리에게 보이지 않은 것을 '보여 주는 것'이고, 예술은 우리에게 심미체험을 하도록 하며, 역사는 우리에게 어떠한 현상도 고립된 존재는 없다는 것을 알려 주고, 철학은 우리에게 마음의 문을 열게 하고, 깊이 생각하도록 하며, 형이상학적인 지혜를 주어 어두운 미혹이나 미궁의 길을 빠져나와 바르게 가도록 한다.

문학은 독특한 문학적 방식으로 '미적 체험'을 통하여 인문정신을 함양하고 인문소양을 터득하도록 한다. 예술은 자신의 독특한 예술적 표현방식으로 사람들이 심미체험을 통해 인문정신과 인문소양을 제고하도록 한다. 역사는 사람들이 역사지식과 역사경험을 귀감으로 삼고, 진실하고 구체적인 역사 형상과 역사평가를 활용하여 은연중에 감화되어 인문정신과 인문소양에 영향을 준다.

철학은 진, 선, 미의 가치와 존재체험을 통하여 인문학의 토대인 진, 선, 미는 물론이고 자유, 정의, 사랑, 행복 등의 근본적이고 소중한 가치를 제공하여 인문학 나무의 뿌리 역할을 할 뿐 아니라 깨달음의 방향을 이끌어 준다. 또한 철학은 문학, 역사, 예술 등 각각의 정신가치가 '인문학'이라는 새로운 형태로 융합하도록 도움을 준다.

(2) '사고하는 것'을 좋아하는 습관을 가져야 한다

옛사람은 "단지 배우기만 하고 사고하지 않으면 미혹하게 되고, 단지 사고만 하고 배우지 않으면 마음속에 의혹이 가득하여 궁지에 빠진다."¹¹³⁾라고 했다. 앞 구절의 말은 배움과 사고의 불가분리성을 강조한 것이다. 단순하게 피동적으로 지식을 배우고 사고와 이해를 하지 않으며, 단지 표면에 머물러 있으면 진정으로 지식의 정수를 깨달을 수 없다. 이런 학습은 안개 속에서 꽃을 본 것과 같고 충분히 익힌 것 같으나 사실 아무것도 얻은 것이 없다.

뒷부분의 말은 지식의 누적과 토대의 중요성을 강조한 것이다. 오로지 공상하고 사고만 하고, 배움을 통하여 지식과 경험을 얻지 않으면 누구의 말을 믿어야 좋을지 모르는 상황에 빠지게 된다. 지식의 토대가 없는 사고는 근원이 없는 물과 같아 사물의 본질을 깊이 이해할 수 없고 도리어 자신을 속이고 남을 속이는 곤경에 빠지기 쉽다는 의미이다.

독서를 통하든 교육을 통하든 간에 배움은 이해하고, 기억하고, 익히고, 자기 것으로 소화하는 것이다. 일반적으로 배움은 위와 같은 순서로 진행되는데, 자기 것으로 소화하는 것은 결국 깊이 깨닫기 위한 중요한 토대라고 할 수 있다. 따라서 배움의 목적은 깨달음을 얻는 데에 있고 최종목적은 자신의 기질변화와 인격수양에 있다.

여기서 언급해야 할 것은 독자의 마음에 영합만 하려는 책을 피하고 독자의 마음을 바꾸고 괴롭히는 무거운 책을 잘 골라 자신과 전쟁을 치르듯이 자기 자신을 향해 정독을 해야 한다.

깊은 사고를 하는 것은 진정한 독서를 하면서 이해하고, 기억하고,

---

113) 『논어』, 선진편, "學而不思則罔, 思而不學則殆"

익히고, 자기 것으로 소화하는 것이다. 즉, 책의 지식을 자신의 지식으로 소화하는 것이지 책의 노예가 되는 것이 아니다. 책의 노예는 독서병 환자를 일컫는 말이다. 맹자는 "책을 읽을 때 만약 깊은 사고를 하지 않고(분석하고 사색하지 않고) 책 속의 말을 완전히 믿으면 차라리 독서하지 않는 편이 낫다."[114]라고 했다. 독서를 하면서 깊은 사고를 하지 않고 책을 읽는 것은 단지 완전히 책을 맹목적으로 믿는 것이고, 역시 독서하지 않는 것만 못하다는 의미이다.

(3) 지식과 행동을 하나로 일치시켜 실행한다

지식(知)과 행동(行)의 통일 즉, 실천을 통해 지식을 검증하고 실현하는 것을 의미한다. 지식(知)은 행동(行)의 전제와 토대이고, 행동(行)은 지식(知)의 목적과 귀결점이다. 지식(知)은 행동(行)의 시작이고, 행동은 지식의 완성이다. 다시 말하면 진정한 지식은 반드시 행동을 통하여 실현되고 행동을 떠난 지식은 공허하고 지식이 인도하지 않는 행동은 맹목적이다. 오직 지식과 행동을 합해야 비로소 진정한 지혜에 이를 수 있다.

오직 지식과 행동의 일치를 유지해야만이 비로소 인문소양을 효과적으로 높인다. 사실 고상한 행위는 정확하게 아는 것을 통해 인도되는 것이다. 만약 인문소양을 높이는 것이 단지 책속에서나 입에서 머

---

114) 『맹자』 진심하편, "盡信書, 則不如無書."

무를 뿐이고, 자신의 생각을 건드리지 않으며, 이론으로 자신의 행위를 지도하지 않거나 혹은 알면서(知) 행(行)하지 않고 지행(知行)이 서로 어긋난다면, 인문소양을 높이는 것 역시 한마디로 빈말이 된다.

남송의 육유(陸游)는 자식을 교육하기 위해 다음과 같은 시(詩)를 썼다. "옛사람들은 학문을 할 때 노력을 아끼지 않았는데, 왕왕 노년에 이르러서야 비로소 성과를 거두었다. 책에서 얻은 지식은 결국 완벽하지 못하다. 그 이치를 깊이 이해하려면 직접 실천해야 한다."[115] 따라서 인문소양을 높이는 것은 반드시 지식(知)과 행동(行)이 통일되어야 한다.

(4) 신독과 신미의 정신을 가져야 한다

사람의 인격 수양의 핵심은 먼저 인식하여 깨닫고, 자신의 감정을 스스로 억제하고, 실천 속에서 실제로 행하는 데에 있다. 즉 수양은 자각에 달려 있고 신독(愼獨) 정신을 끝까지 유지하는 것이다. 신독이란 혼자 있는 상황에서 다른 사람의 시선이 없을 때에도 더욱 신중하게 행동하고, 자각적으로 각종 도덕 준칙을 준수하는 것을 가리킨다. 다시 말하면 신독정신은 혼자 있을 때 타인의 감시가 없어도 자신에게 엄격히 요구하고 도덕적 신념과 사람이 되는 원칙에 어긋나는 일은 하지 않겠다는 것이 핵심이다.

---

115) 육유(陸游), 「古人學問無遺力」 "古人學問無遺力, 少壯工夫老始成. 紙上得來終覺淺, 絶知此事要躬行."

신독정신은 첫째는 도덕이성이 자신에게 입법하는 것이고, 둘째는 자각적으로 자원해서 스스로를 감독하고 스스로 덕성을 기르는 것이다. 이는 마음속의 신념의 작용과 이성의 자율을 강조한 것이다.

『중용』은 "도덕적인 인격체인 군자는 아무도 보지 않는 곳에서도 조심하고 삼가며, 아무도 듣지 않는 곳에서도 두려워하고 경외한다. 가장 은폐되고 가장 섬세한 언행 상에서 사람의 됨됨이를 알아차릴 수 있다. 그러므로 도덕적인 인격체인 군자는 홀로 있을 때에도 도리에 어긋나는 일을 삼갈 줄 안다."[116]라고 했다.

도덕적인 인격체인 군자는 사람들이 보지 않을 때에 항상 매우 신중하고, 다른 사람이 듣지 않는 상황에서도 매우 조심한다. '신독'정신은 실수나 나쁜 일의 조짐이 막 드러날 때, 이를 저지하고 발전시키지 않는 것에서 부터, 자각적으로 스스로 개선하는 정신을 배양하는 것이 귀중한 것이고, 비교적 높은 도덕성과 수양경계의 표현이다.

신미(愼微)는 작은 일이나 작고 소소한 곳에서 삼가고 욕심이 싹트지 않도록 하며 그릇된 생각을 끊는 것을 말한다. 신미(愼微)가 강조한 것은 작고 사소한 일을 처리할 때의 삼가는 태도이고, 작은 일로 큰 문제를 일으키는 것을 방지하는 것이다. 신미(愼微)의 핵심은 나쁜 일이 아직 경미할 때 더 이상 커지지 못하게 방지하는 것이다. 즉 작고 사소한 일을 처리할 때에도 진지하게 다루어 작은 일로 말미암아 큰 일을 그르치는 것을 피하는 데에 있다.

---

116) 『중용』, "莫見乎隱, 莫顯乎微, 故君子愼獨其獨也."

제8강

예술수양과 심미경계

1. 예술과 인간의 삶
    (1) 예술은 속박에서 벗어나게 하는 것이고, 사람에게 자유를 주는 것이다
    (2) 아름다움(美)의 추구
2. 예술수양의 목적
    (1) 성품을 수양하고 기질을 변화시킴
    (2) 이성과 느낌의 조화
    (3) 절대적 미에 도달
    (4) 수양을 통한 선(善)과 미(美)가 하나가 되는 최고의 심미경계

　일상생활에서 사람들의 마음의 상태는 대부분 시간적으로 폐쇄적인 경향성을 띤다. 그 속에서 예술은 우리의 움츠린 마음을 녹여주고 완화시켜 준다. 예술은 사람에게 더 많은 아름다운 인생 체험을 가져다주고, 예술품을 감상할 때 자유와 더불어 꾸밈이나 거짓이 없이 자연 그대로 깨끗하고 순진한 맛을 얻도록 한다. 이때 우리는 즐겁고 편안하게 느낀다. 즉 속박에서 벗어난 자유로운 즐거움이다. 이로써 평소 생활의 고민도 다소 조절할 수 있다.

　예술을 감상할 때, 예술 속에서 만물의 자연 그대로의 참모습을 볼 수 있고, 우리의 마음 상태가 확 트이고 속박이 조금도 없이 자유롭고 천진난만하다. 자기 자신의 시간의 자유를 느끼고 자신의 '참 나'를 회복할 수 있다.

1

예술과 인간의 삶

　인간의 삶 속에서 예술을 감상할 때 얻은 즐거움은 예술의 직접적인 효과이고 또 예술품이 사람 마음에 미치는 효과이다. 사람은 세상을 사는 동안, 사람을 대하고, 세상 물정에 대처하고, 세상 사람들과 어울리면서 살아간다. 생활은 냉혹하고 지루하지만, 예술은 우리의 생활을 따뜻하면서 풍부하게 하고 우리의 생명을 고귀하게 하면서 밝게 해 준다.

　예술생활 속에서 우리의 마음(느낌)은 대상 속에 투사되어 대상을 나와 같은 사람으로 본다. 그래서 금수, 초목, 산천, 자연현상 모두가 생명이 있고 모두 느낌이 있고, 모두 생기가 있고, 모두 신비롭고 고상한 운치가 있는 것이다. 이는 예술적으로 가장 값진 마음의 상태이다.

　예술 중에서도 음악은 소리로 사람의 마음을 끄는데, 수많은 사람들은 자기도 모르는 사이에 똑같은 느낌 속으로 들어가는 것이다. 이를 음악의 '친화력'이라고 부른다. 대체로 예술은 친화력을 가지고 있고 예술의 친화력은 특히 크다.

(1) 예술은 속박에서 벗어나게 하는 것이고, 사람에게 자유를 주는 것이다

① 감정의 속박에서 벗어나게 한다

문학, 예술과 기타 미감 활동은 본능적 충동과 감정에 자유로운 발산의 기회를 준다. 즉, 복잡하게 얽힌 인간의 감정들을 문학, 예술을 통해 어느 정도 완화시킬 수 있다. 왜냐하면 문학, 예술이 제공하는 것은 상상 세계이며, 현실 세계의 제약과 충돌을 받지 않기 때문이다.

문학, 예술은 오히려 야만성을 띤 본능적인 충동과 감정을 비교적 높은 순결한 경지에 올려놓고 활동하기 때문에 승화작용을 한다. 우리가 근심스럽고 지루할 때마다 약간의 시간을 들여 예술 작품이나 자연 경관을 감상하면, 마음속에 가득 찬 불평은 순간 사라지게 된다.

옛사람의 통쾌한 글을 읽으면 우리는 종종 내 마음과 마치 친한 친구처럼 잘 어울려 마음에 위로를 느낀다. 연극을 보거나 소설을 읽은 후, 우리는 한때 긴장했던 것이 통쾌한 일이라고 느껴진다. 이러한 쾌감은 본능적인 충동과 상상의 세계에서 감정이 해방된 데서 비롯된다.

문학, 예술은 우리의 감정을 속박에서 벗어나게 하는 효과가 있으므로 정신 건강에 도움이 된다. 일반적으로 사람의 감정은 의지할 곳이 있어야 지루하고 번민하지 않는다고 말한다. 문학, 예술은 감정을 의탁하는 매우 좋은 곳이라고 할 수 있다.

② 자신의 '제한된 시야'에서 벗어나게 한다

우주 자연의 모든 생명은 시시각각 운동 변화 속에 있다. '흐르는 강물에서 나와 다시 그곳에 들어가면 이미 이전 물이 아니다.' 따라서 이러한 변화가 진행되는 과정에서 매 순간, 매 상황은 개별적이면서 새롭고 산뜻하고 흥미로운 것이 아닐 수 없다.

아름다움을 느끼는 경험은 심오한 뜻이 있는 것이 아니라, 그것은 단지 인생과 세태 속에서 어느 순간 어느 경치가 특히 새롭고 산뜻하고 재미있다는 것을 '보고' 음미하거나 묘사할 따름이다. 여기서 '보고' 라는 말이 중요하다. 우리 일반 사람들은 원래 그곳에 있는 새롭고 산뜻하고 재미있는 것에 대해 쉽게 '보고' 느낄 수 없다. 왜 그럴까?

스스로 가려지게 하여 보지 못한 것이다. 우리는 통상 습관이 그린 좁은 올가미 속에 자신을 가두어 시야를 가려지게 하여 우리가 그것 이외의 세계에 대해 보아도 보이지 않고 들어도 듣지 못하게 된다. 예를 들어, 우리가 식욕과 성욕에 얽매이면 음식이나 남녀 그 이외의 사물을 볼 수 없고, 이리저리 뛰어다니며 권세에 빌붙어 이익을 꾀하는 데에 얽매이면, 동분서주하며 권세에 빌붙는 일 이외의 일은 보지 못한다.

우리는 갇히고 가려진 곳이 있어서 많은 것을 볼 수 없다. 보이는 세상은 매우 좁고, 진부하며, 무미건조하다. 시인과 예술가는 그래서 우리 일반인보다 감정이 더 진지하고, 감각이 더 날카로우며, 관찰이 더 깊고, 상상이 더 풍부하다. 우리가 '볼 수 없는' 것을 그들은 '볼 수 있고', 그들이 '볼 수 있는' 것은 말할 수 있는 것이다. 우리는 원래 '보고'

느낄 수 없었는데, 그들이 '보고' 느낄 수 있게 하여 우리도 '보고' 느낄 수 있게 된 것이다.

이러한 시야의 해방은 우리에게 많은 생명의 힘을 주며, 우리는 인생이 의미 있고 살아갈 가치가 있다고 느낀다. 많은 사람들이 삶이 지루하고 답답하다고 생각하는데, 그 이유는 아름다움을 느끼는 것이 부족하고 인생의 새롭고 산뜻함과 재미를 '보지' 못하기 때문이다.

슬픔은 마음의 죽음보다 더 크지 않다고 하지 않았는가! '마음의 죽음'은 인생과 세상에 대한 깨달음과 미련을 상실한 것을 의미한다. 이는 미적 감각의 태도로 사물을 바라볼 수 없다는 것을 의미한다.

③ 자연세계의 '제한'에서 벗어나는 것이다

자연세계는 유한한 것이고 인과율의 지배를 받는다. 그 속에 사소한 일에도 그 필연성이 있으며, 인과적인 단서가 그렇게 정해져 있으니 조금도 그것을 움직일 수 없다. 사회역사의 형성은 사람의 유전과 환경에 의해 만들어진다.

인간의 활동은 한 발자국도 물질적 생존 조건의 지배와 떼려야 뗄 수 없으며 날개가 없으면 날 수 없고 단식을 하면 굶어 죽는다. 이로 미루어 볼 때, 사람은 자연에서 매우 자유롭지 못하다.

사람은 마음이 있고, 만족할 수 없는 욕망을 가지고 있으며, 날개가 없으면 날아가지 않고 단식하면 굶어 죽는다는 사실에 대해 항상 약간 마음에 걸리는 것을 느낀다. 사람은 이중의 노예라고 할 수 있다. 먼저 자연의 제한에 복종하고, 그 다음으로는 자신의 욕망에 쫓기는 것이다.

　물질적인 시각으로만 보면, 사람은 자연 앞에서 매우 보잘 것 없다. 사람의 힘은 자연의 힘을 당해 낼 수 없다. 당신이 아무리 큰 성취를 이루더라도 결국에는 죽음을 면치 못할 것이며, 과학은 우리에게 인류의 모든 성취가 결국 모든 별과 함께 파멸로 돌아가야 한다고 알려 준다.

　그러나 정신적인 측면으로 보면, 사람은 자연의 올가미를 벗어나 자연을 정복할 수 있다. 사람은 자연 세계 외에도 상상 속에서 더 합리적인 위로의 세계를 만들 수 있다. 이것이 바로 예술의 창조이다. 예술 창조에서 사람은 자연을 손에 쥐고 놀며, 재단하고 단련하여 다시 생명과 형식을 주기도 한다.

　아름다움을 느끼는 활동은 유한함 속에서 고군분투하여 얻은 무한함이며, 자연의 노예 속에서 고군분투하여 얻은 자유이다. 자연의 제한에 복종하여 식욕과 성욕의 욕구를 찾는 데에 급급할 때, 인간은 자연의 노예이다. 자연의 한계를 초월하여 예술경계를 감상하는 것을 창조할 때, 사람은 자연의 주재자이다.

　아름다움(美)을 사랑하는 것은 인간의 천성이며, 천성에 내재된 모든 것은 적절한 시기에 배양해야 한다. 그렇지 않으면 화초를 제때 심지 않고 제때 재배하지 않는 것처럼 시들게 될 것이다.

　미감교육[117]은 반드시 젊었을 때부터 시작해야 한다. 나이가 들수록

---

117) 미감교육은 통상 심미교육의 일종의 형식으로 간주되고, 예술수단을 통해 사람

외부일이 날로 복잡해지고, 습관의 굴레가 더욱 견고해지며, 감각이 둔해지고 마음이 더욱 복잡해지며, 예술 감상력도 더욱 약해진다.

(2) 아름다움(美)의 추구

마음속에서 아름다움(美)에 대한 추구는, 먼저 마음속의 경계를 형성하고 그리고 속된 형식들을 벗어 버리고, 자세히 감상하고, 아름다움을 기리며, 생명을 그 속에 용해시키는 것이다.

플라톤은 아름다움(美)은 이데아의 감성적인 나타남으로 보았고, 아름다움(美)과 구체적인 사람을 분리하여 이성적이고 추상적인 관점에서 아름다움(美)을 탐구하였다. 중세 때에는 '진(眞)', '선(善)', '미(美)'를 존재(Being)의 세 가지 특성으로 여겼다. 진(眞)이 지식의 대상이고, 선(善)은 행위의 대상이라고 하면, 이 지식과 행위는 모두 필수적이다. 지식은 진리를 인정하지 않을 수 없으며, 행위 역시 선(善)을 향하고 있지 않을 수 없다.

그러나 아름다움(美)은 속박이 없고 심령이 완전히 자유로운 것이 그 특징이다. 역시 이 때문에 '아름다움(美)'의 감상에 대해 만약 참,

---

들에게 교육하고 사람들의 미(美)에 대한 느껴 아는 것과 감상능력을 배양하는 것을 강조한다. 심미교육(美育)의 핵심임무는 사람들이 미를 인식하고 미를 감지하고 미를 체험하고, 미를 감상하고 그리고 미를 창조하는 능력을 배양하는 것이다. 그것은 교육을 통하여 사람들의 '미(美)'에 대한 인식과 이해를 제고시키고, 예술작품에 국한되지 않고 자연계와 사회생활 속의 미(美)를 포함한다.

거짓, 옳음, 잘못의 문제나 혹은 시, 비, 선, 악의 문제를 개입시킨다면, 그것은 아름다움(美)이 되지 못할 뿐 아니라 아름다움(美)을 죽이는 것이다.

한 폭의 그림의 가치는 결국 그 그림이 닮았는지 닮지 않았는지, 진짜와 같은지 진짜와 같지 않는지를 보는 것이 아니다. 그것은 의경(意境)[118]이 있는지 없는지 지식의 참, 거짓, 옳음, 잘못으로 아름다움(美)을 담론하는 것을 인정하려는 것은 아름다움(美)을 죽이는 것이다.

아름다움(美)의 경계 내에서 사람 마음은 오직 아름다움(美)의 느낌체험을 통해야 비로소 자신의 존재가 아름다움을 느끼는 중에 용해(Dissolve)되는 것이다. 미술작품의 참과 거짓에 대해 이성을 통하여 분별하는 것이 아니고, 또 아름다움을 느끼는 것(美感)에 대해 도덕과 선악 관념으로 아름다움(美)을 마주 보는 것이 아니다.

인류의 진(眞)에 대한 체험적 인식과 선(善)에 대한 파악은 물질의 도움에 의존할 필요 없이 순수한 정신경계로 사고할 수 있다. 수학의 연산이나 계산, 선한 생각의 깨우침은 모두 가장 좋은 실례이다. 그러나 아름다움(美)은 다르다. 아름다움(美)은 정신과 물질 두 세계를 관통하는 것이다. 그리하여 모든 예술가는 자신의 마음속의 아름다움(美)을 물질로 표현해 내려는 것이다.

회화이든 조각이든 건축이든 간에 모두 예술가의 심령생명을 예술

---

118) 문학, 예술 작품에서 묘사된 생활 풍경과 표현된 사상 감정이 하나로 융합되어 형성된 예술경계(예술경지)를 의미한다.

작품 속에 불어넣어 예술작품의 물질성이 영성생명, 덕성생명을 드러내는 것이다. 예술은 덕성(德性) 혹은 영성(靈性)의 세계와 물질의 세계를 조화롭게 하고, 정신과 물질을 연결하기 때문에 확실히 생명과 직접 관계가 있다.

따라서 예술의 '아름다움(美)'의 추구는 인생에서 심령의 경계를 제고시키고 실현시키는 하나의 과정이라고 할 수 있다. 예술의 '아름다움(美)'은 인문학의 내용에서 실제로 심령이 단계를 뛰어넘는 일환이다. 예술이 마음과 만물이 일체가 되는 경계(경지)로 가거나 혹은 예술이 천인합일의 경계로 이끌어 가는 것은 결국 인성이 경계를 넘어 성인경계가 되는 것이고, 또한 인생의 완전무결한 곳으로 발전해 가는 것이다.

2

예술수양의 목적

　예술 수양의 의의는 인생의 영역을 확장하고 인생의 경계를 제고시키는 데에 있다. 그렇다면 예술수양의 목적은 무엇인가? 첫째, 사람의 성품을 수양하고[119] 기질을 변화시킨다. 둘째, 사람의 느낌과 이성을 조화시킨다. 셋째, 절대적 아름다움(美)에 도달하는 데에 있다. 넷째, 최종적으로 선(善: 仁)과 아름다움(美: 樂)이 하나가 된 심미경계에 도달하는 것이다. 진정한 심미경계 즉 예술경계는 도덕경계와 종교경계가 하나인 것이다.
　서양과 동양의 예술 수양의 중심점이 상이하다. 상대적으로 말해 전자는 그 중심점이 객체에 있고 후자는 그 중심점이 주체에 있다고 할 수 있다. 동양의 최고의 도덕정신, 최고의 종교정신과 최고의 예술정신은 언제나 동일한 것이다. 도덕 주체에 의해 연 인문주의는 그 심미 주체가 곧 도덕주체이다. 이러한 도덕주체는 본래 아름다움(美)을 깨

---

119) 성품수양 혹은 성품도야설은 이상적인 인격을 실현하기 위해 문학, 예술 창작과 감상을 통해 마음을 정화시키고 감정을 조절하는 수양 방법이다.

달을 수 있는 성질 즉, 심미특질을 가지고 있는 것이다.

(1) 성품을 수양하고 기질을 변화시킴

날로 빨라지는 이 세계에서, 우리는 예술이 인류 내면에 미치는 심오한 영향을 늘 간과하고 있다. 문학, 회화, 음악, 조소, 건축, 무도, 희극, 영화, 연극 등의 예술은 단순한 오락이 아니다. 예술은 우리의 기질[120]을 조용히 변화시키고, 우리의 성품[121]을 도야하는 데에 도움을 준다. 예술은 마음 깊은 곳으로 통하는 창문이고, 세상을 더 잘 이해할 수 있게 해 줄 뿐만 아니라 자아도 더 깊이 인식되도록 한다.

사람의 성품을 수양하고 기질을 변화시키는 것은 교육의 최종목표라고 할 수 있다. 이는 그만큼 사람의 기질을 변화시키는 것이 간단하지 않다는 의미이다.

비록 성품과 기질이 서로 차이가 있지만, 양자는 모두 바꾸어질 수

---

120) 기질(氣質)은 강함, 부드러움, 느림, 급함, 맑음, 탁함, 두터움, 엷음 등의 차이로 사람마다 상이한 기질을 갖는다. 기질은 사람마다 개별적으로 타고난 생리적 심리적 느낌 상태라고 할 수 있다.
121) 성품은 일종의 개성이고, 사람을 대하고 일을 처리하는 태도이다. 예를 들면 성품이 거친 사람을 우리는 성질이 좋지 않다고 말한다. 성품은 어떤 때는 기질의 의미를 가지고 있고, 기질은 사실 성품과 다른 점들을 가지고 있다. 전자는 심리적인 측면이 더 강하고 후자는 생리적인 측면이 더 강하다고 할 수 있다. 그 차이들은 첫째는 성품은 늘 하나의 개성을 가리키나, 기질은 사람의 표정과 태도, 기색 그리고 기백과 도량을 가리킨다. 둘째는 성품과 기질은 모두가 바꿀 수 있는 것이지만, 반드시 먼저 성품을 바꾸어야 비로소 기질이 변화될 가능성이 있다.

있다. 비교적 자주 사용되는 방법은 사람에게 예술을 좋아하도록 하여 예술 속에 스며들어 '겉으로 드러나지 않는 것'을 음미하도록 한다. 이렇게 하여 오래 지나면 성품을 수양할 수 있고 또 기질을 변화시킬 수 있다.

① 예술은 감정의 해방과 표현을 인도한다

사람들은 생활 속에서 그림 한 점, 음악 한 곡 또는 영화를 감상할 때 마음 깊은 곳에서 감동을 받아 심지어 눈물을 흘리기도 한다. 이것이 바로 예술이 감정을 이끄는 힘이다. 예술을 통해 사람들은 마음속 깊은 곳에서 말할 수 없는 감정을 하나의 유형의 표현으로 전환할 수 있다.

화필(畫筆)이 뿜어내는 색채와 음표가 춤추는 선율은 모두 감정의 외부 형식이다. 예술은 우리에게 일종의 감정을 발산할 수 있는 통로를 주고, 예술의 세계에서 우리는 구속받지 않고 마음속의 진실한 감정을 표현할 수 있으며, 이러한 감정의 방출은 우리를 더욱 솔직하고 개방적으로 만든다.

② 예술은 심미능력과 정신수양을 배양한다

예술은 감각적인 향유일 뿐만 아니라, 마음의 도야이기도 하다. 예술 작품을 감상하는 과정에서 우리는 어떻게 아름다움(美)을 느끼고 이해하는지를 터득하게 된다. 고전적인 건축이든, 현대적인 조각이든, 우아한 발레든 우리는 이러한 심미체험을 통해 삶의 섬세한 아름다움(美)을 마음으로 관찰하고 경험하는 것을 배우게 된다.

사물이나 예술작품의 아름다움(美)을 터득하거나 깨닫는 것을 심미(審美)라고 하고 그러한 능력을 심미능력이라고 한다. 심미능력의 향상은 우리가 생활 속에서 더 많은 즐거움을 느낄 수 있게 할 뿐만 아니라 정신 수양도 향상시킬 수 있게 한다. 우리가 예술 속의 아름다움(美)을 감상하기 시작했을 때, 우리는 삶의 모든 아름다움을 감상하는 법을 배우기 시작한 것이며, 그리하여 이를 통해 스스로를 더 인내하고 포용하게 한다.

③ 예술은 창조력과 사유의 자유를 촉진한다

예술은 창조력의 원천이다. 예술가의 작품은 왕왕 그들의 세계에 대한 독특한 시각과 이해에서 비롯되고, 예술은 우리가 관례를 깨고, 사고하고, 혁신하도록 격려한다. 예술은 사람들의 사고를 더욱 개방하게 하고 자유롭게 한다.

예술의 세계에 빠져들 때, 우리는 모험과 표현에 더 용감해지고, 이러한 창의력은 예술 작품에만 국한되지 않으며, 우리 일상생활의 모든 측면으로 확장될 수 있다. 예술을 통해 우리는 삶의 새로운 가능성과 문제 해결의 새로운 방식을 발견하게 된다.

④ 예술은 심령의 편안함과 내재적인 균형을 가져온다

현대 사회의 빠른 생활 속에서 많은 사람들이 마음의 평화와 안정을 찾고 있는데, 예술은 바로 마음의 평온으로 가는 길 중 하나이다. 그림, 서예, 도예 등의 예술 창작을 통해 사람들은 현재에 집중하고, 완전히 손에 쥔 예술 작품에 집중할 수 있다.

이러한 집중과 몰입은 우리가 생활 속의 고민과 스트레스에서 잠시 벗어나 내적 균형점을 찾는 데 도움을 줄 수 있다. 예술은 외부 세계에 대한 관찰일 뿐만 아니라 내면세계에 대한 탐구이기도 하다. 이 과정에서 우리는 마음의 여유를 얻을 뿐만 아니라 마음의 평화와 안정을 얻게 된다.

⑤ 예술은 공감과 타인을 이해한다

예술의 또 다른 매력은 우리가 다른 사람의 감정과 처지를 더 잘 이해하도록 도울 수 있다는 점이다. 우리가 전쟁에 관한 그림을 감상할 때, 우리는 그림에서 드러나는 비통함과 무력감을 느낄 수 있고, 우리가 슬픈 곡을 들을 때, 우리는 음악 뒤에 숨겨진 감정 이야기를 이해할 수 있다.

예술을 통해 우리는 마치 타인의 세계에 들어가 그들의 기쁨, 화남, 슬픔, 즐거움을 느낄 수 있는 것 같다. 이러한 경험은 우리에게 더 많은 공감을 줄 뿐만 아니라, 다른 사람들과 더 잘 공감하고 어울리는 방법도 배우게 한다. 예술은 우리가 타인을 대할 때 눈으로만 보는 것이 아니라 마음으로 느껴야 한다고 가르친다.

종합하면 예술은 인류 문화의 핵심으로서 우리에게 아름다움(美)의 즐거움을 가져다줄 뿐만 아니라, 은연중에 우리의 성품을 도야하게 한다. 감정의 방출이든, 심미능력의 향상이든, 창의력의 자극이든, 예술은 모두 더욱 풍부하고 민감한 자아를 형성하고 있다. 물질만능의 시대인 요즘을 되돌아볼 때, 예술을 통해 자신의 내면을 더욱 풍부하게 하고 정신세계를 더욱 충실하게 한다는 것을 강조하지 않을 수 없다.

성품을 수양하고 기질을 변화시키려면 반드시 먼저 인내심을 가지고 일의 단련을 단호히 지켜 나가야 한다. 적극적이면서도 낙관적인 사람이 유쾌하지 않는 삶을 산다는 말을 거의 듣지 못했다. 그래서 성품을 수양하고 기질을 변화시키는 것은 적극적이고도 낙관적인 사람이 되도록 한다. 성품을 수양하고 기질을 변화시키는 것은 사실 몸을 닦는 공부다.

몸을 닦는 목적은 궁극적으로 자신의 수양에 있고 자신의 수양을 통해 정신경계를 높이는 것이다. 성품을 수양하고 기질을 변화시키는 목적은 인생의 의미의 개척에 있다. 이러한 개척이 곧 적극적이면서 또 낙관적인 태도이다.

(2) 이성과 느낌의 조화

예술수양에서 느낌과 이성의 통일은 예술창작과 감상 과정에서 양자는 상호의존하고 상호 스며드는 관계이다. 예술작품은 사람을 감동시키는 깊은 느낌(감정)표현을 포함할 뿐 아니라 깊은 이성사고를 포함한다. 이러한 느낌과 이성의 통일은 예술작품의 핵심 특징의 하나이다.

예술작품은 구체적인 느낌 형식을 통하여 깊은 이성내용을 표현하고, 느낄 수 있는 현상 형태로 심층의 심미적인 느낌과 심미적인 이상을 나타낸다. 예컨대 왕면(王冕)의 묵매도(墨梅圖)[122]는 문인화(文人畫)[123]로서 매화의 형상을 통하여 세상에 영합(迎合)하는 것을 멀리하고, 명예와 이익에 욕심이 없는 고결한 심경을 표현한 것이다.

예술작품은 감상자와 감상요소에 작용할 뿐 아니라 깊은 이성작용을 우리에게 알려 주는 것이다. 예컨대 피카소의 '게르니카'는 화면 속의 잔인, 공포, 고통 등 느낌체험을 통하여 화가의 인류고난에 대한 가엾음과 파쇼의 폭행에 대한 것을 느껴 알도록 한 것이다.

사람의 느낌과 이성이 조화를 이루는 것은 예술수양의 목적 중의 하나이다. 이성의 작용, 기능, 용도는 '사실'을 말해 주고, 또 우리에게 '진(眞)'을 말해 주는 데에 있다. 하지만 '진'(眞)과 '사실'의 영역에서 또 느낌을 포함할 수 있다. 따라서 느낌이 어떻게 이성과 조화되는 목적에 도달하고, 어떻게 예술수양의 목적이 되는지가 핵심이다.

---

122) "우리 집의 벼루를 씻는 연못 옆에는 매화나무가 한 그루 있는데, 활짝 핀 매화들은 모두 희미한 먹 자국을 드러내고 있다. 다른 사람이 그것의 색이 아름답다고 칭찬할 필요는 없고, 단지 매화의 맑은 향기가 하늘과 땅 사이에 가득하기만 하면 된다." 我洗硯池頭樹, 朶朶花開淡墨痕, 不要人誇好顏色, 只留清氣滿乾坤.

123) 중국에서는 위진남북조에서 시작되었고, 사대부의 사의화(寫意畫), 사부화(士夫畫)라고도 한다. 문인화는 문인과 선비의 작품이고 그 창작자는 대부분 학자, 사대부였다. 그들은 학식이 해박하고 재능이 출중하여 문학과 서예의 요소를 회화 속에 녹여내어 독특한 것을 형성하였다. 소박하고 담백한 화풍으로 학문과 교양을 갖추고자 문인들이 비직업적으로 수묵(水墨)과 담채(淡彩)를 써서 내면세계의 표현에 치중한 그림의 경향으로 조선 중기 이후의 한국화에 강한 영향을 남겼다.

예술수양 중에 상호 보완은 매우 중요한 것이고, 상호 보완에 의하여 비로소 더욱 그 아름다움(美)을 나타낸다. 그러므로 미술 중의 보색이론은 상당히 중요한 것이다. 이성과 느낌의 조화 즉, 상호보완 역할에 의존하는 역을 맡아야 하는데, 그러면 이성과 느낌은 반드시 장점과 단점을 갖게 된다. 또한 피차 서로 보완할 수 있고 이렇게 해야 비로소 작품의 우아하고 아름다움을 나타낼 수 있다.

일반적으로 말해 이성의 장점은 진실(眞)이고 그 결점은 너무 진실(眞)하기 때문에 어떤 때는 너무 진실(眞)함으로 인해 오히려 사람과 사람 간의 관계를 상실할 수 있다. 우리는 늘 어떤 청소년 단계에 있는 사람이 너무 진(眞)을 추구하는 데에 지나치게 고집을 부리기 때문에 어떤 때는 오히려 참뜻을 잃어버리는 것을 본다.

그래서 진(眞)이 비록 이성의 본질이지만, 이성의 표현은 지나치게 고집을 부려서는 안 된다. 그렇지 않으면 진(眞)이 그 의의를 상실할 때 역시 단지 어쩔 수 없음을 외칠 수 있을 뿐이다. 사람한테서는 느낌과 이성이 조화를 이루어야 진정으로 따뜻한 인간미를 느낄 수 있다.

느낌에 대해 말하면 그 장점은 따뜻함, 온화하고 선함과 아름다움으로 충만한 것이고, 그 결점은 늘 이러한 것들로 인해 거짓으로 꾸미는 것이다. 그래서 사람이 진실한 느낌을 드러내는 그 목적이 이성과 느낌을 종합하는 것이다. 예술수양은 당연히 '진실한 느낌'이 드러나는 이성과 느낌을 종합해야 하고, 이와 같은 수양이야 말로 참(眞)된 예술수양이다.

(3) 절대적 미에 도달

　예술이 아름다움(美)을 이상(理想)으로 삼는 것이고, 수양은 선(善)을 목적으로 삼는다는 것을 알고 있다. 그렇다면 잠시적이고, 일시적인 아름다움(美)과 선(善)은 필연적으로 예술 수양의 목적일 수 없다. 예컨대 어떤 사람의 얼굴 모양을 매우 좋아하고 정말로 예쁘다고 생각한다. 하지만 얼굴 모양은 세월이 지나면 아마 바꾸어질 수 있고 일단 바꾸어질 때 거의 표준은 상실하게 된다.

　이는 마치 요즘 젊은이들이 돈을 버는 것을 그 이상으로 삼는 것과 같이, 일단 돈을 벌지 못하거나 혹은 돈을 벌면 인생은 더 이상 이상이 없어지는 것과 같다. 그래서 예술수양은 잠시적인 아름다움(美)을 목적으로 삼을 수 없고, 필연적으로 영원한 아름다움(美)을 목적으로 삼아야 한다.

　우리가 미켈란젤로의 작품을 감상할 때, 우리는 감정을 스스로 억제할 수 없이 그의 그렇게 의미심장한 예술경계 때문에 아름다운 화면(畵面)에 매료된다. 미켈란젤로는 죽은 지 오래되었는데 왜 그는 이처럼 많은 사람들이 감상을 하도록 할까? 그는 순간 중에 영원을 붙잡는 것을 알았기 때문이다. 그래서 예술의 목적은 반드시 영원한 아름다움(美)을 목적으로 삼아야 한다.

　어떤 사람은 순 기술로 좋아하거나 혹은 순수한 기교로 그 예술수양의 태도를 나타내지만, 우리가 질문하는 것은 예술이 정말로 오직 약간의 기교, 기술일 뿐인가이다. 어떤 기교나 기술 자체가 일종의 예술임을 부인한 것은 아니지만, 예술은 도리어 모두 기술일 수 없고, 어떤 것들은 절대로 기술이 다 드러낼 수 있는 것이 아니다.

예술의 경계와 그 목적은 기교, 기술을 첫째로 삼는 것이 아니다. 우리는 기교의 단련이 매우 중요하지만, 더욱 중요한 것은 아름다움(美)에 대한 갈망이다. 아름다움(美)에 대한 간절한 기대는 사람의 타고난 일종의 본능인 것 같다. 사람은 아름다움(美)을 사랑하고 아름다움(美)을 추구한다.

왕면(王冕)이 연꽃을 잘 그리는 화가인데, 그의 연꽃이 비록 단지 연하게 붓질을 했지만 도리어 연꽃의 진수와 그 정신을 뚜렷하게 드러냈다는 것을 알게 된다. 그래서 사람들은 그 그림을 보는 것을 좋아한다. 왕면의 이러한 기량은 아마 타고 난 것일 수 있고 또 아마 후천적으로 갈고 닦아서 나온 것일 수 있으며 더욱이 아마 양자가 동시에 있을 수 있다.

그러나 어쨌든 간에 이는 단지 기교의 활용이다. 더욱 중요한 것은 만약 왕면이 연꽃을 좋아하지 않고 연꽃이 예쁘다고 느끼지 않으면 그 역시 의미가 없고 흥미를 상실하게 된다. 그래서 기교를 배양하기 전에 아름다움(美)에 대한 애착과 추구가 매우 중요한 것이다. 비록 매 사람마다 아름다움(美)을 추구하는 데에서 사실상 결코 반드시 아름다움(美)을 이해하는 것은 아니다.

비록 아름다움(美)을 사랑하지만, 결코 반드시 아름다움(美)을 인식한 것은 아니다. 아름다움(美)이 비록 그 주관성을 가지고 있지만, 또 그 절대 객관적 일면을 가지고 있다. 그래서 어떤 때는 아름다움(美)

의 의의와 그 본질이 어떠한가를 말하기가 쉽지 않다. 우리는 늘 사람들이 풍경을 감상하는 것을 볼 때, 야! 정말 아름답구나!라고 외친다.

그러나 당신이 그에게 어디가 아름다운가를 물을 때 그는 아마 또 그 까닭을 말할 수 없을 것이다. 그래서 예술수양의 목적이 기왕 우리가 절대적 아름다움(美)을 추구한 이상, 그 목적은 우리에게 전체적으로 결여될 수 없는 것을 알려 주는 것이다. 우리는 늘 전체적 아름다움(美)을 볼 때 그것이 전체적 아름다움(美)이라는 것을 알지 못하기 때문이다.

왜냐하면 전체적인 아름다움(美)이야 말로 사람에게 일종의 전체, 절대의 심미체험[124]을 주기 때문이다. 그렇지 않으면 예술수양의 의의 역시 사라진다. 이상에서 말한 것으로부터 예술수양의 의의가 아름다움(美)을 인식하는 데에 있고, 예술수양의 목적은 아름다움(美)을 추구하는 데에 있으며 아울러 절대적 아름다움(美)으로 그 최종목적을 삼는다는 것을 알았다.

(4) 수양을 통한 선(善)과 미(美)가 하나가 되는 최고의 심미경계

서양미학과 동양미학은 여러 면에서 분명한 차이가 있다. 철학토대, 심미관념, 예술의 표현형식, 심미범주 등에서 그 차이를 알 수 있다.

---

124) 심미체험은 아름다운(美) 사물 혹은 예술품을 감상할 때 생기는 주관적인 느낌과 심리적인 반응을 말한다.

철학적인 토대로 보면, 서양미학은 주, 객 이분의 철학토대 위에 건립되어 주체의 객체에 대한 인식, 분석과 파악을 강조한다. 고대 그리스 철학자 플라톤은 아름다움(美)은 이데아의 감성적 현현(顯現)으로 보고, 아름다움(美)과 구체적인 사람을 분리하여 이성적이고 추상적인 관점에서 아름다움(美)을 탐구하였다.

동양미학 특히 중국미학은 '천인합일'의 철학사상에서 비롯되고, 사람과 자연의 조화로운 통일을 주장한다. 중국고대철학은 우주만물은 하나의 유기적인 전체이고, 심미활동은 개인의 자연에 대한 깨달음과 융합을 중시하며, 사람과 자연의 조화로운 공생을 추구한 것이다.

서양예술은 '형식'과 '색채'를 중시하고 그것들은 시각, 청각과 관계되기 때문에 외재적인 세계에 대한 진실한 재현과 자세한 부분의 정밀 묘사를 강조한다. 중국예술은 의경과 표현을 더욱 중시하고 주관적인 느낌과 내재적인 정신의 표현을 강조하며, 사람과 자연의 융합 즉, '천인합일(天人合一)'을 중시한다.

최고의 도덕정신, 최고의 종교정신과 최고의 예술정신은 언제나 동일한 것이다. 이는 아름다움(美)을 깨닫는 최고의 경계 즉, 최고의 심미경계[125]에서 완전히 하나로 융합된 것이다. 심미주체가 곧 도덕주체이다. 왜냐하면 그것은 사람의 현실생명 속에 내재한 도덕주체이고,

---

125) 이러한 정경(情境)은 구체적으로 정(情)과 경(景), 심(心)과 경(境), 주체와 객체, 감성과 이성의 '융합'으로 구현된다. 즉 중국미학에서 말한 '물아양망(物我兩忘)', '천인합일(天人合一)'이다. 인생에는 네 가지 경계가 있다: 욕구경계, 지식추구경계, 도덕경계, 심미경계이다. 심미가 최고경계이다.

그 자신은 즉 텅 비어 신령한 모습[126]을 드러낼 수 있기 때문이다.

다시 말하면 도덕주체가 심미주체로 되는 것은 인류의 사회적인 실천이 인류의 의지로 하여금 자유의 경계로 나아가도록 하기 때문에 도덕과 심미의 자유는 일체가 되어 심미경계를 이루는 것이다. 따라서 아름다움(美)은 인식의 문제가 아니라 깨달음의 문제이다. 유가철학 특히 송명 유가의 철학자는 도덕주체 자신의 아름다움(美)을 깨달은 것이다.

일반적으로 미학은 사람의 생명, 생존과 생활의 모든 영역에 밀접하게 관계되고, 세계 속의 의상(意象)[127], 인류의 깊은 느낌, 자유의지 이 삼자의 내재적인 연결에 불과하다. 그 중 자유의지는 선(善)으로 아름다움(美)을 일깨워 주는 것이고 도덕과 심미적 인지와 실천의 완벽한 관계를 구축하는 데에 있다.

"만물의 도리가 모두 나에게 구비되었다. 자기 자신을 반성적으로 돌이켜 거짓이라고는 조금도 없이 진실하다면 즐거움이 이보다 크겠는가!"[128]

본심에 천리(天理)가 있고 만물의 모든 도리가 있으니 자신을 반성

---

126) 도덕주체는 텅 비어 신령하여 사람의 진(眞), 선(善), 미(美)를 구체적으로 드러낸다.
127) 의상(意象)이란 객관적 이미지와 주관적인 마음이 융합되어 형성된 어떤 의미와 정서를 띤 것을 말한다. 의상(意象)은 간단하게 말하면 주관의 '意'와 객관의 '象'의 유기적 결합이다.
128) 『맹자』, 진심상편, "萬物皆備於我矣. 反身而誠, 樂莫大焉."

적으로 돌이켜 지극히 진실하다면 그 즐거움은 이루 말할 수 없을 것이다. '자신을 반성적으로 돌이켜 지극히 진실하다는 말은 진실함(誠: 진)과 선함(仁: 선)이 하나가 되어 즐거움(樂: 美)을 형성하니 이것이 바로 최고의 심미경계 즉, 아름다움(美)을 깨닫는 최고의 경계이다.

"즐거움(樂)이 마음의 본체이다. 인(仁)을 실현한 사람의 마음은 천지만물을 일체로 여긴다. 화합하고 조화로움은 원래 간격이 없다."[129]

인(仁)을 실현한다는 의미는 본심을 완전히 드러내고 즉, 전체 덕을 실현했다는 의미이다. 달리 말하면 이는 인도(人道)를 완전히 실현하여 천도(천도, 천덕, 천리)와 하나가 되었다는 말이다. 즉, 천의 덕과 사람의 덕이 하나가 되는 천인합일이 된 것이다. 인(仁)을 실현한 사람의 마음은 선(善: 仁)과 진(眞: 誠)이 하나이면서 마음의 본체를 드러내므로 즐거움(美: 樂)이 자연스럽게 오는 것이다. 마음의 본체를 드러내는 즐거움(樂)이 최고의 아름다움(美)이고, 역시 최고의 심미경계에 도달한 것이다.

정명도는 "인(仁)을 실현한 자는 천지만물을 일체로 여겨 내가 아닌 것이 없다."라고 했고, 또 "성인(聖人)이 즉 천지이다. 천지 중에 어떤 것이 없겠는가?"[130]라고 했다. 왕양명 역시 "대인은 천지만물을 일체로 여기는 것은 생각으로 추측하는 것이 아니고, 그 마음의 인(仁)이 본

---

129) 『왕양명전집』, 卷五, 與黃勉之, "樂是心之本體. 仁人之心, 以天地萬物爲一體. 欣合和暢, 原無間隔."
130) 『이정집』, 하남정씨 유서, 卷第二上, "仁者, 以天地萬物爲一體, 莫非己也." 又, "聖人卽天地也. 天地中何物不有?"

래 천지만물과 일체가 된 것이다."[131]라고 했다.

이러한 주체는 자신이 '사물이나 예술작품의 아름다움(美)을 깨닫는' 특성 즉, 심미(審美)적 특성을 가진 도덕주체이다. 즉 도덕주체가 심미주체이다. 따라서 아름다움(美)을 깨닫는 경계(심미경계)는 심미주체(도덕주체)가 외부로 연 미학경계인 것이다. 이는 칸트와 같이 심미주체와 외부사물의 관계 속에서 심미(審美)를 말한 것이 아니라, 외부사물 자체가 즉 심미주체에 속한 것이고, 인(仁)을 실천하고 성(性)을 실현하여 최고의 경계에 도달할 때, 동시에 최고의 심미경계(아름다움(美)을 깨닫는 경계)에 이르게 된다.

왜냐하면 '아름다움(美)'은 '설명하는' 문제가 아니라 확실한 '느낌'과 '깨달음'의 문제이기 때문이다. 이와 같이 거짓이라고는 조금도 없는 진실함(誠: 眞)과 본심을 완전히 실현한 지극히 선함(仁: 善)이 하나로 합하여 지극히 자유롭고 편안한 내적 즐거움(樂: 美)이 완전히 융합되어 최고의 심미경계를 나타낸다. 이러한 일련의 과정의 철저한 수양과 깨달음을 통해서 최고의 아름다움(美)을 드러내는 것이다.

---

131) 『왕양명전집』, 권26, 대학문, "大人之能以天地萬物爲一體也, 非意之也, 其心之仁本若是與天地萬物而爲一體也."

제9강

사사로운 느낌과 이성화된 느낌

---

1. 현대인과 감각적인 느낌
2. 느낌은 인간의 존재방식이다!
3. 느낌과 마음
4. 느낌과 도덕이성
   (1) 느낌의 '자연'을 위배하지 말라! 느낌의 '당연'을 거스르지 말라!
   (2) 사사로운 느낌과 이성화된 느낌

1
현대인과 감각적인 느낌

현대인은 폭발적으로 쏟아져 나온 영상, 소리, 형상, 언어 등의 온갖 이미지가 낳은 감각적인 느낌들로부터 헤어나지 못하고 있다. 도구이성으로 중무장한 현대인을 둘러싼 온갖 이미지들은 주체적 삶을 사는 사람들의 방해꾼이 되고 있다. 핸드폰, TV, 컴퓨터, 유튜브 등에서 비롯된 감성적이고 감각적이고 충동적인 느낌이 고착화되고 마음의 덮개가 형성되어 닫힌 자아를 형성하게 된다.

따라서 교양이라는 말, 도덕이란 두 글자, 사람이 되라는 말은 목적을 달성하기 위해 온갖 수단과 방법에 몰두한 인간, 아니 돈 버는 기계로 변해 버린 감성적, 감각적인 인간 앞에 소리 없이 그 자취를 감추었다.

인문학이 인류 심령에 가장 질박하고 가장 아름답고 가장 평범하게 피도록 한 꽃이 바로 교양이다. 교양이라는 꽃은 내면의 자기 수양으로 '사람이 되는 것'을 실현하도록 하고, 더 나아가 행복에 이르도록 토대를 마련해 준다.

돈 앞에 인간의 참 성분은 날이 갈수록 그 고귀한 지위를 잃어 가고 있는데, 거기에는 감각적이고 사사로운 느낌이 그 앞잡이 노릇을 하고 있다. 감각적이고 사사로운 느낌의 포로가 된 현대인은 메말라 가는 자신의 인간성 앞에 자신의 껍데기 존재를 붙들고 허탈감을 느끼고 있다. 그 허탈감을 달래기 위해 뭔가를 끌고 또 안고 있는 것이다.

이미지를 좇으면 결국 마음이 상처받게 되고, 상처받은 마음을 위로하기 위해 다시 이미지를 좇아야 하는 미개한 현대인은 이상과 행복을 향해 방황하는 존재, 아니 이상과 행복을 이미 포기한 존재이다. 결국 폭발적으로 늘어나는 이미지와 그에 따른 헝클어진 느낌들을 정리하지 않으면 종물(從物: 물질적 향락이나 부귀공명을 추구하는 것)이 될 수밖에 없다.

따라서 감성적이고 감각적인 느낌을 높이고 넓혀 사사로운 느낌에서 벗어나 마음의 본래 모습을 회복하여 사람으로서 잃어버린 교양을 회복하고 교양경계를 높여 진정한 사람이 되어야 한다. 그렇지 않고 여전히 감성적이고 감각적인 느낌의 포로 상태에서 인공지능시대를 맞이하게 되면 인간성의 자리에 비인간적인 요소들이 가득 채워져 기계에 종속되는 유사인간이 될 것이다.

유사인간 다시 말해 내면이 동물화된 인간의 세계는 강한 인공지능시대와 우주자연계의 공격 속에서 여전히 과연 지속가능할까? 이 질문을 던질 수밖에 없다. 이러한 시대 상황 속에서 사람은 느낌으로 자신을 한정시키거나 차단시킴으로 더 큰 지식(지혜)을 촉진시키기 어렵게 된다. 더 큰 지식(지혜)을 촉진시킬 수 없으니 느낌은 제고되고 증가되지 않고 다만 감성적 감각적인 느낌, 사사로운 느낌의 범위를 벗어나지 못하고 제한된 자아 속에서 맴돌 따름이다.

즉 닫힌 자아 속에서 맴돌게 되어 열린 자아로 진입할 수 없게 된다. 느낌을 제고시켜 사사로운 느낌에서 벗어나 진실한 느낌, 도덕적인 느낌, 심미적인 느낌으로 확충함으로써 자신의 교양경계는 물론이고 사람의 정신경계 혹은 인생경계를 높이는 것이다.

느낌을 제고하는 방법은 다양하고 매우 많다. 인문지식, 과학정신 즉, 자유정신을 깊이 이해하고 깨닫는 것, 다양한 관점 훈련, 도덕적인 자기 수양, 예술 수양 등이 있다. 그러나 무엇보다도 첫째, 늘 유념해야 하는 것은 사사로운 느낌에서 벗어나 내면을 향한 민감도를 높이라는 것이다.

둘째는 성급한 판단을 하지 말라는 것이다. 판단을 내리기 전에 내가 이에 대해 지식이 부족한 것은 아닌지, 또한 자신의 판단력이 부족한 것은 아닌지를 생각해야 한다. 편견은 아닌지, 격정의 상태에서 하는 것은 아닌지, 주관적인 기분으로 하는 것은 아닌지, 혹시 착각을 하는 것은 아닌지를 점검하는 습관을 길러야 한다. 그러므로 판단하고 행동하기 전에 여러 번 거듭 생각한 다음에 실행하는 습관을 가져야 한다.

2

느낌은 인간의 존재방식이다!

생명이 있는 한 인간은 느낌 체험을 하지 않을 수 없고, 느낌이 없으면 죽어 있는 물체나 몽둥이와 같다. 필자는 "나는 느낀다. 고로 나는 존재한다."라는 말을 즐겨 사용한다. 전자의 '나'는 감성적인 나를 의미하고, 후자의 '나'는 이성화된 느낌의 나를 의미한다. 즉 불완전한 나에서 완전한 나를 향해 가는 자기 수양의 과정이자 귀착점이다.

감성적이고 신체적인 사사로운 느낌에서 벗어나는 평상시의 수련을 통하여 진실한 느낌, 도덕적인 느낌, 심미적인 느낌을 구현하여 이성화된 느낌의 존재가 되는 것이다. 따라서 "나는 느낀다. 고로 존재한다."라는 명제를 깊이 이해하고 깨달아 실천함으로써 진정으로 인문정신을 구현할 수 있을 뿐만 아니라 인문세계를 펼쳐나갈 수 있다.

느낌은 인간의 존재방식이다. 사람이면서 느낌이 없으면 어떻게 사람이라고 하겠는가? 또 어떻게 '덕성(仁)' 혹은 '사랑'을 인류와 자연에 실현하겠는가? 문제는 어떻게 자신의 느낌을 사용하고 어떻게 처리하느냐에 달려 있다. 특히 현대인은 정보화시대이후 폭발적으로 늘어난 온갖 유무형의 이미지에 과부하에 걸린 상태이다. 이러한 상황에서 느낌에서 이성화된 느낌을 실현하는 것은 매우 의미를 가지고 있고 실질적이라고 할 수 있다.

이러한 유무형의 이미지에 둘러싸인 많은 사람들이 갈팡질팡하고 있다. 말하자면 미혹하고 있는 것이다. 마음속에 옳고 그름을 분명히 가려낼 수 없고 갈피를 잡을 수 없는 것이다. 미혹(迷惑)의 특징의 하나가 다른 어떤 것 혹은 다른 사람을 '탓'하는 것이다. 다른 사람에게 '탓'을 돌리는 습성을 가진 사람은 자기발전을 기대하기 어렵다. 자신에게 '탓'을 돌리는 습관을 가진 사람이야 말로 자기발전을 할 수 있는 사람이다.

왜 그럴까? 첫째 감성적이고 사사로운 느낌에 의해 자아를 한정시켜 협소한 자아에서 갇혀 있기 때문이다. 즉 감성적이고 사사로운 느낌이 고착된 것이다. 둘째 도구이성과 자신의 사사로운 느낌의 합작품이다.

기왕 느낌이 인간의 존재방식인 이상 인간은 느낌 공부를 통해 존재체험을 할 수 있고 자아실현을 할 수 있는 것이다. 또한 느낌을 통하여 본심(도덕주체)를 느껴 깨닫고 느낌과 이성이 통일되는 이성화되는 느낌 상태에 도달할 수 있다. 따라서 인문학의 소중한 가치들을 실현하는 데에 느낌은 부면시각으로 보면 걸림돌이 될 수 있고 적극적인 시각으로 보면 인문세계를 전개하는 구체적인 추진자가 아닐 수 없다.

3

느낌과 마음

 일반적으로 마음을 동태적, 정태적 시각으로 나누어 볼 수 있다. 즉, 마음의 흐름과 변화를 '느낌'이라 하고, 정태적인 시각으로 마음이라고도 한다. 또한 마음의 동태적, 정태적 양면을 합하여 우리는 심령(心靈) 혹은 마음이라고 부른다. 따라서 마음을 경험적인 마음과 본심으로 나누어 생각할 수 있다. 전자는 개인이 일상생활에서 구체적인 체험과 느낌을 통해 형성된 마음이고 후자는 마음의 본래 모습을 가리킨다.

 감성적이고 감각적인 느낌, 사사로운 느낌에 머물러 있으면 경험세계의 인과사슬에서 벗어나지 못하여 부자유하지만, 사사로운 느낌에서 벗어나 도덕적인 느낌에 의해 본심 즉 덕성주체(도덕주체)가 드러남으로 인해 진정한 자유를 누릴 수 있다.

 사사로운 느낌에서 벗어나 진실한 느낌, 도덕적인 느낌으로 제고되어 마음의 본래 모습인 본심(本心)을 드러내는데, 그 속에 '사람이 사람이 되는 까닭'인 성(性)이 있다. 즉 본심 속의 성(性)은 사람이 사람이 되는 까닭이고 그 성(性)이 구체적인 현실에서 행위법칙을 입법하는 것이다. 이것이 곧 도덕이성이다. 여기서 사람의 행위의 방향, 법칙을 세워 줌으로써 이른바 자신의 행위에 입법을 하는 것이다. 자신이 자신에게 입법을 함으로 자율이고 자유인 것이다.

느낌은 내면과 외부로 끊임없이 움직이는 활동성을 가지고 있다. 이전의 느낌이 새로운 느낌을 포용하고 넓혀 나가며 또한 느낌은 지식을 촉진시키고 지식은 느낌을 증가시키며 양자는 상호 촉진하면서 발전하는 확장성을 가진다.

느낌이 없으면 인지(認知)의 발생이 없고 느낌과 인지의 발생이 없으면 자연히 행위의 발생도 없다. 심리학 시각으로 지, 정, 의가 마음의 세 가지 기능이라고 말하는데, "지(知), 느낌(情), 의(意)" 삼자는 상호의존하고 상호 연결되고 또 상호 변증법적 관계이다.

필자가 말한 '느낌'은 지(知)와 의(意)가 통일되어 있으면서 지(知)의 기능과 작용을 통하여 도덕적인 자아를 체험적으로 깨달아 인식하는 것이다. 즉 옳고 그름, 선과 악, 미와 추를 분별하는 데 대상적인 인식이 아니라 존재적인 도덕인식을 하는 것이다. 또한 느낌은 지(知)와 의(意)가 통일되어 있으면서 의(意)의 기능과 작용을 통해서 도덕의지를 높이는 것이다.

따라서 인간은 느낌을 높이고 확장하여 사사로운 느낌에서 벗어나 본심을 통해 도덕적인 자아를 실현하고 심령(마음)경계를 제고시키는 것이다. 그리하여 교양을 갖춘 사람, 인간미가 있는 사람, 인격과 품격 있는 인류사회를 실현할 수 있는 것이다. 느낌을 제고하고 넓혀 사사로운 느낌에서 벗어나 자신의 존재를 실현하고 행복을 구현할 수 있으며 진정으로 인문사회, 인문세계를 실현할 수 있다.

4

느낌과 도덕이성

    이론이성은 세계를 인식할 때 사용한 이성능력으로서 그 대상은 자연계의 현상과 규율이라고 할 수 있다. 이론이성의 목적은 보편적이고 필연적인 지식체계를 건립하는 것이다. 도덕이성 혹은 실천이성은 사람들이 행동할 때 사용하는 이성능력을 말하는데, 그 대상은 인류 행위의 도덕규범이다. 주체에서 인성을 실현하는 이성을 도덕이성이라고 할 수 있다. 이러한 이성의 목적은 사람들이 행동 중에 자유와 도덕이 통일되도록 이끌어 주는 것이다.

    도덕이성(본심)은 자연스런 도덕적인 느낌의 파동(양심)을 통하여 구체적인 생활 속에서 어떤 것에 대해 '해야 하는 것'과 '해서는 안 되는 것'의 법칙성과 제약성을 행위법칙으로 입법하여 준다. 그래서 사람은 자신이 입법해 준 법칙에 따라 행위를 하는 것이다. 이것이 바로 도덕행위이다. 이 일련의 과정이 자율이고 자유인 것이다. 즉 자유와 도덕이 하나로 통일 된 것이다.

    본심(도덕이성)이 자신에게 행위의 방향을 정해 주거나 법칙을 세워 줌으로 이른바 자신의 행위에 입법을 하는 것이다. 자신이 자신에게 입법을 함으로 자율이고 자유인 것이다. 본심에 내재된 도덕이성의 법칙에 따르는 행위가 진정한 도덕이라고 할 수 있다. 이러한 법칙은 한 개인만이 아니라 모든 인류에게 보편적으로 적용됨으로 보편법칙이라고 말한다.

(1) 느낌의 '자연'을 위배하지 말라! 느낌의 '당연'을 거스르지 말라!

사람은 일상생활에서 여러 목적으로 진정한 '나'를 속이며 말과 행동을 하는 경우가 있다. 꾀를 사용하거나 잔머리를 굴리는 것은 역시 사람의 느낌의 '가려지고 속이는 것'이라고 할 수 있다.

여기서 이른바 '꾀를 사용하거나 잔머리를 굴리는 것'은 마치 견강부회(牽强附會)하여 사실을 왜곡하는 것과 같다. 즉 느낌의 '자연'(본심에서 자연스럽게 흐르는 느낌)을 위배하는 것이다. 느낌은 본래 본심의 흐름이지만, 사람의 후천적인 여러 요인 때문에 자연스런 흐름을 거슬리는 경우가 많다. 즉 그 '자연'을 위배하거나 왜곡하는 것이다.

예컨대, 길을 가는데 어떤 사람이 뭔가를 떨어뜨리고 지나가는 것을 보자, 순간 내면의 본심에서 자연스럽게 흐르는 파동(양심) 혹은 느낌이 그 사람에게 '돌려주라'는 행위법칙을 준 것이다. 느낌의 자연을 위배하지 않고 느낌의 당연을 거스르지 않으며 즉각 이를 돌려주었다고 하자. 그는 이때 편안하고 자유로움을 느끼게 된다. 이것이 바로 도덕 행위에 의해 얻어진 자유인 것이다.

우리가 마음을 정신물리학적으로 표현한다면, 편안하고 자유로움이 많아질수록 마음은 깨끗해지고 진정한 행복으로 가는 토대가 된다.

당연(當然)의 법칙(理) 즉 도덕이성과 하나로 합하는 느낌과 사사로운 느낌은 근본적으로 구별된다. 이(理;도리, 법칙)와 하나로 합한 느낌은 이성화된 도덕느낌이며, 즉 성(性)이다. '당연의 법칙'에 합하며 보편적으로 적용되는 것이다. 인간은 느낌의 '당연'을 거스르면 안 된다. 본심에서 자연스럽게 흐르는 당연의 느낌(마땅히 그렇게 해야 하는 느낌)을 거스르면 자신은 물론이고 상대방 혹은 사회에 나쁜 영향을 주게 된다.

예컨대 어떤 사람이 주위 친구가 마약을 하는 것을 보고 자신도 하고 싶다는 사사롭고 충동적인 느낌이 들 때, 내면의 본심에서 자연스럽게 흐르는 파동 혹은 느낌이 그래서는 '안 된다'는 느낌의 당연으로 행위법칙을 알려 준다. 즉 마음이 찔린 것이다. 그러나 이를 무시하고 마약을 하게 된 것이다. 이는 본심에서 자연스럽게 흐르는 느낌을 위배하고 거스른 것이다.

그래서 그는 불안하고 부자유함을 느끼게 된다. 마음을 정신물리학적으로 표현한다면, 이렇게 불안하고 부자유함이 많아질수록 마음은 쓰레기로 가득할 것이다. 사람의 많은 문제는 자신이 초래한 이 마음의 쓰레기 때문에 몸살을 앓고 있는 것이다. 마음이 깨끗해야 행복할 수 있다. 마음이 깨끗하지 않으면 행복할 수 없는 것이다.

이를 조금 더 구체적으로 현실생활 차원에서 말하겠다. 본심이 본성(本性)이고 이(理)라고 앞에서 몇 차례 언급하였다. 따라서 본심에서 이(理: 행위법칙, 당연 법칙, 이치, 도리) 혹은 성(性)이 나오는 것이다. 이(理)는 행위법칙, 당연법칙, 이치, 도리라고 말할 수 있다. 자기 부모를 사랑하는 느낌이 이치이고 도리이며, 불쌍한 사람을 동정하는 느낌이 이치, 도리(理)이다. 자신의 나쁜 짓에 대해 부끄러워하는 느낌이 이치, 도리(理)이고, 남의 나쁜 짓에 대해 싫어하는 느낌이 이치, 도리(理)이다.

옳은 것은 그것이 옳다고 알고 그른 것은 그것이 그르다는 것을 아는 느낌이 이치, 도리(理)이다. 마땅히 물러나야 할 때 물러나는 느낌이 이치, 도리(理)이다. 마땅히 양보하는 느낌이 이치, 도리(理)이다. 자기 부모를 사랑하는 느낌이 당연법칙, 행위법칙, 도리(理)이다. 양보해야 할 때 양보하는 느낌이 행위법칙, 당연법칙, 이치, 도리(理)이다. 즉 느낌과 도덕이성이 통일된 것이고, 이를 실현함으로써 도덕이성이 구현되는 것이다.

감성차원으로 말하면 느낌은 개인적, 주관적, 상대적, 내재적이다. 이러한 느낌은 외부사물과 상대적이고 매우 쉽게 '이기적이면서 꾀를 사용하거나 잔머리를 굴린다.' 또한 진정한 나로 사는 것은 말할 것도 없고 자유를 누리기 어려우며 외부와 갈등과 충돌을 피할 수 없을 것이다. 그리하여 자신의 마음에 불필요한 쓰레기를 양산하여 행복은 갈수록 멀어지는 결과를 초래할 것이다.

자신이 모르는 것에 대해 해 보지도 않고 부정하는 사람들이 있기 때문에 이를 압도하기 위해 더 강한 주장은 물론이고 지나친 과장을 함으로써 사회는 더욱 복잡하게 얽히면서 거품사회에 일조를 하는 것이다.

느낌을 통해 차근차근 느낌공부를 실천해 보면 자신의 내면이 즐거운 시간이 많아져 사람을 대하고 돈을 포함한 일을 처리하는 일련의 과정이 선순환을 초래한다. 느낌을 늘 이치, 도리, 원리와 하나가 되도록 하는 생활습관을 형성하고 자신의 주변의 자연경관, 문학작품, 예술작품 등의 심미체험을 통하여 느낌과 이성이 융합하도록 함으로써 자신도 모르게 자연미, 인생미, 인격미 등을 구현하게 된다.

(2) 사사로운 느낌과 이성화된 느낌

느낌은 여전히 느낌이지만, 도덕이성과 하나로 합하는 느낌, 혹은 당연한 도리(理)와 하나로 합한 느낌과 '사사로운 느낌'은 근본적으로 구별된다. 도리 혹은 행위법칙(理)과 하나로 합한 느낌은 이성화된 도덕적인 느낌이다. '당연의 법칙'에 합하며 보편적으로 적용되는 것이다. 사람이기 때문에 기뻐할 때도 있고 화낼 때도 있다. 그러나 반드시 기뻐해야 할 때 기뻐하고 화내야 할 때 화내는 것은 느낌의 '자연'과 '당연'에 따라 하는 것이다.

여러 가지 이유 때문에 상대에게 자신의 나이를 한 살 올려 말하고 싶은데, 내면의 본심에서 자연스럽게 흐르는 느낌 혹은 파동은 그래서는 안 된다고 '느낌의 당연'으로 알려 준다. 즉 해서는 안 되는 제약성을 법칙으로 알려 준 것이다. 그럼에도 불구하고 사사로운 느낌에 고착이 된 사람은 이를(느낌의 당연) 잠재우고 나이를 속여 말한다. 이는 일회성으로 끝나지 않고 결국 반복적이고 지속적으로 본심에서 자연스럽게 흐르는 느낌이나 파동을 무시함으로써 자신도 모르게 마음에 쓰레기를 남기는 결과가 된다.

기뻐해야 할 때 기뻐하는 것이 행위법칙(理), 당연법칙(理)이고, 화내야 할 때 화내는 것도 행위법칙(理) 당연법칙(理)이다. 이 역시 느낌의 자연과 당연에 따르는 것이고 동시에 느낌과 이(理)가 합한 것이다.

당연한 도리(理)가 도덕이성이다. 당연한 도리가 곧 "지극히 공평하고 올바르며 사사로운 것이 없는" 마음이다. 이는 즉 느낌의 '자연'과 '당연(當然)'이지 마음 밖이나 혹은 느낌 밖에 또 다른 이(理)가 있는 것이 아니다. 이는 '느낌과 도덕이성(理)이 하나인 것'이지 순수이성 의미상의 이(理)가 아니다. "느낌과 이성(理)이 하나인 것"이 덕성(仁)이고, "마음 전체가 측은한 마음이다."[132] 즉, 마음 전체가 덕성(仁)이고 '느낌'과 이성이 하나로 합한 것이다.

측은해야 할 때 자연히 측은하고 거짓이나 꾸밀 필요가 없으며, 의도를 가지고 그렇게 할 필요가 없다. 이것이 곧 "모든 분열과 대립을 초월한 순수한 각성의 자연"[133]의 마음이다. 이는 일종의 심령경계이다. 이러한 경계가 있으면 자연히 측은할 때 측은하고 기뻐하고 화내야 할 때 기뻐하고 화낸다.

---

132) 『이정집』, 遺書, 권3. "滿腔子惻隱之心"
133) 『이정집』, 遺書, 권11, "用智則不能以明覺爲自然." 명각자연: 수행이나 깨달음을 통하여 얻은 명백하고 뚜렷함과 깨달음을 의미한다. 사물의 본질과 진실성에 대한 인식을 강조하여 표면적인 현상과 허상을 초월하여 사물 뒤에 숨겨진 진실과 본질을 드러내는 것을 말한다.

사람은 느낌을 집착이나 제한에서 벗어나 '개방'하고 느낌을 도야하여 '올바른 길이나 도덕원칙을 따르고', 도리(理)와 합하도록 해야 한다. 또한 느낌과 도덕이성(性)이 하나로 합하는 것을 실현하고, 느낌과 이성(理)이 하나로 합하는 경계를 실현하는 것이다. 이것이 곧 "느낌으로 여러 가지 온갖 일을 따르나 느낌이 없다."[134]는 의미이다.

종합하면, 사람의 느낌은 매우 중요하지만 공기처럼 너무 가깝고 흔해서인지 이에 대한 적극적인 문제의식이 부족한 것 같다. 느낌은 이성(도리, 법칙)과 멀어지면 감정, 본능, 충동 등으로 표출되는 폭발성이 강하여 대립, 충돌, 갈등, 폭력 등으로 이어질 수 있다.

느낌이 이성(도리, 법칙)과 합하면 조화성으로 변하여 안정, 편안함, 자유, 즐거움 등을 초래하여 도덕적인 생활, 심미적인 생활, 진정한 사랑 등등의 생활 속에서 '자유롭고 편안한 내적 즐거움'을 느끼게 된다. '자유롭고 편안한 내적 즐거움'이 바로 행복의 내용이다. 이성, 자유, 도덕이 내재적으로 통일된 바탕위에 자유에 의해 도덕적인 느낌을 실현하고 도덕에 의해 자유를 얻음으로써 '자유롭고 편안한 내적 즐거움' 즉, 행복을 느끼는 것이다.

느낌과 이성(도리, 법칙)이 통일되는 바탕이 마련되어야 비로소 행복이 따라 올 수 있는 것이다. 돈을 많이 벌어서 행복할 수 없고 권력을 쥐어서 행복할 수 있는 것이 아니다. 물론 가능성이 전혀 없는 것은

---

134) 『이정집』, 定性書, "以其情順萬物而無情."

아니지만, 동, 서의 많은 철학자들은 양자를 추구해서 행복한 사람은 거의 없다고 생각하였다. 왜 그럴까? 행복이 올 바탕이 마련되지 않았기 때문이다.

앞에서도 지적한 바와 같이 우리는 본심에서 자연스럽게 흐르는 느낌의 자연과 당연을 위배하거나 거스르지 않아야 도덕적인 행위를 하게 되고 또한 자유를 느끼게 된다. 동시에 느낌과 이성(도리, 법칙)이 통일되어 마음속에 쓰레기를 남기지 않는 것이 누적됨으로 마음이 깨끗하게 된다. 따라서 다음과 같이 말할 수 있다. '마음이 더러우면 행복할 수 없고, 마음이 깨끗해야 행복할 수 있다.'

제10강

인생은 배움과 자각 그리고 가르침의 대순환과정이다

1. 배움의 대순환과 대학
    (1) 새로운 문화와 도덕주체
    (2) 배움과 대학
2. '가르침을 받음' → '자각함' → '다른 사람을 가르침'의 대순환과정
    (1) '가르침을 받는' 단계
    (2) '자각하는' 단계
    (3) '다른 사람을 가르치는' 단계
    (4) 순환(循環)
3. 진정한 독서란 무엇인가?
    (1) 독서의 참뜻: 진정한 책을 읽고, 진정으로 독서한다
    (2) 참 독서의 두 가지 원칙

1

배움의 대순환과 대학

(1) 새로운 문화와 도덕주체

현재를 통해서 미래를 예측할 수 있고, 과거를 통해서 현재를 이해할 수 있다. 이는 역사의 교훈이다. 과거 현재 미래가 시간적으로 순환하고 반복되는 것처럼 인생이 '배움'(가르침을 받는 단계), '자각'(자각하는 단계), '가르침'(가르쳐 자각하도록 하는 단계)이 순환되고 있다. 이러한 대순환과정의 성찰을 통하여 사회전체의 건강한 문화, 병든 문화를 형성하는 곳을 파악할 수 있고 아울러 우리 자신을 되돌아보게 한다.

지난날 한국의 격변기에 성장한 세대는 지금 노인세대가 되었다. 그들의 자식들은 중년이 되었고 또 이들의 자식은 대부분 청소년이 되었다. 말하자면 삼대가 동시대에 살고 있는 것이다. 먼저 중년이 된 자식들과 그들의 부모를 잠시 생각해 보자.

그들의 부모 세대들은 전쟁, 군사쿠데타, 고난 등을 거치면서 힘든 삶 속에서도 나는 이렇게 살더라도 자식만큼은 잘살아야 한다는 생각으로 자식교육에 힘썼던 것이다. 그 결과 외형적으로는 경제발전과 더불어 자식들의 성장하는 모습에 흐뭇하기도 했지만, 시간이 흐를수록 뭔가 잘못되어 가고 있음을 감지하게 되었는데 그것이 바로 자신들이 바라던 자식들의 참모습이 아니라는 것이다.

그렇게 교육을 받았으면 적어도 사람은 될 줄 알았는데, 그렇지 않다고 느낀 것이다. 내가 지난 세월 나의 부모님께 대했던 모든 것과는 전혀 다른 그들의 태도와 모습을 보니 서글픈 생각이 든다. 이제 그들의 자식들이 부모가 되어 또 자식을 낳아 학교교육을 받고 있다. 즉 손자손녀가 학교교육을 받고 있다는 말이다.

이렇게 부모가 '자식을 위한다'는 이름으로 교육에 열중하지만, 또다시 더 강한 서글픈 마음, 원망하는 마음은 부모들을 괴롭힐 뿐 아니라 부모와 자식 간의 갈등은 증폭될 것이다. 왜 그럴까? 후진국이 선진국의 과학기술, 문화 등을 베끼기 하는 과정에서 자기 것을 서서히 상실하면서 새로운 문화를 받아들인다. 그리하여 자기 것은 다 열등하고 선진국의 모든 것은 우수한 것으로 자연스럽게 인식의 전환이 이루어진다.

그리하여 자신들의 전통문화를 비롯한 많은 것들이 보잘 것 없는 것들로 비춰진다. 심지어 기성세대들의 생각뿐 아니라 사람까지도 칙칙해 보이고 고리따분하게 보인다. 그러다 보니 부모들의 생각뿐 아니라 사람까지도 낡은 사고 쓸모없는 사고의 주체로 여겨 부모와 대화 중에도 마치 자신이 대단한 것을 아는 것처럼 가차 없이 비판하고 공격한다.

이는 옛날 장돌뱅이가 이곳저곳에서 주어들은 견문적인 지식을 가지고 잘난 체하며 떠들고 으스대는 격이다. 그렇다면 이러한 근본적인 원인이 무엇일까? 이는 크게 보면 사회 전체의 집단적 도덕주체 혹은 정신주체의 상실에서 비롯되었다고 할 수 있다. 다시 말하면 '교육'에서 진정한 인문정신이 매우 결여되었고, 가정 역시 진정한 인문소양 혹은 인문정신이 결핍되었다고 할 수 있다.

상이한 문화, 새로운 문화를 받아들여 녹아들게 하는 것은 건강한 현상이다. 그러나 상이한 문화를 받아들이려면 반드시 먼저 적극적이고 건강한 도덕주체를 근거로 삼아야 비로소 반대 방향으로 가지 않고 옳지 않는 방향으로 가지 않게 된다. 우리는 군사 쿠데타, 군부통치, 민주화운동 등 일련의 사회 격동기에 서양문화, 외래문화를 받아들이는 과정에서 우리의 소중한 도덕주체를 상실하였다.[135]

다시 말하면 도덕주체가 상실된 상황에서 객관적인 실천면에서 먼저 자신의 진실한 생명을 세울 수 없었고, 단지 고립적이고 허리를 자르듯이 과학과 민주를 베끼기를 거듭하여 이제는 도구이성과 결합한 것이다. 도덕주체의 상실 속에서 도구이성은 개인뿐 아니라 집단에 만연되었다. 도구이성은 개인이나 집단의 온전한 이성의 화신으로 둔갑한 것이다.

도덕주체에 의해 연 내재적(열린) 인문주의의 바탕이 없기 때문에

---

[135] 인격의 수양공부를 통해 드러나는 도덕주체(심체 혹은 성체)가 비로소 진정한 사람의 '근본(本)'이고, 인문세계가 즉 이 '근본(本)'에 의해 열리는 것이다.

외래문화를 온전하게 받아들이기 어렵고, 그 과정에서 먼저 자신의 생명이 타락하고 무너져 가는 것이다. '실천적'이고 객관적인 면의 인문사상은 실제로 건강한 생명을 의미하는 것이고 자각적이면서 뚜렷한 생명을 의미하는 것이지, 오색찬란하게 떠들썩하고 뒤숭숭하게 달리는 그러한 생명에 현혹하는 것이 아님을 반드시 알아야 한다.

이러한 상황 속에서 교육은 외래 교육문화의 모방을 선도적인 역할로 삼음으로써 도덕주체는 흔적을 찾기가 어렵게 되었다. 과학교육이 중요하지만 과연 과학정신(과학기술이 아님)이 무엇인가에 대해 진지한 교육을 한 적이 있는가? 진정으로 과학교육을 했다면 인문정신과 연결될 수 있음을 발견하게 된다. 그러나 모방에 집중하고 있는 상황에서 우리 교육은 심각하게 병들어 가고 있다. 이러한 과정에서 진정한 선생님마저도 소리 없이 사라져 가고 있고 심지어 선생님의 참의미를 찾기 어렵게 되었다.

그것은 분명 '가르침을 받는' 단계, '자각하는' 단계, '다른 사람을 가르치는' 단계라는 사회의 커다란 대순환 관계가 병들어있다는 의미이다. 사람은 '가르침을 받는' 단계, '자각하는' 단계, '가르쳐 자각하도록 하는' 단계라는 사회의 커다란 대순환 속에서 살고 있다. 바로 그 대순환이라는 배움의 순환과정이 부패하고 있다는 말이다. 배움의 대순환 과정이 부패하면 사회는 병든 문화가 만연되는 것이다.

배움의 대순환 속에서 여기저기에 신망을 얻기 위해 선량을 가장한 사람, 세상의 인기를 얻기 위해 애쓰는 위선자들이 갈수록 늘어나 외양은 화려한 문화이지만 내용은 병든 문화가 만연하고 있다. 그래서 공자는 "정말로 향원(鄕願)은 도덕을 파괴시키는 사람이다."[136]라고 하여 이런 사람을 매우 싫어했다.

향원이 바로 마을에서 신망을 얻기 위해 선량을 가장한 사람, 세상의 인기를 얻기 위해 애쓰는 위선자이다. 그러한 사람들은 '도리'를 모르고 '맞고 틀림과 옳고 그름'이 없음을 가리키는 것이지만, 남과의 관계는 도리어 매우 좋은 사람이다. 오늘날 우리사회가 바로 이런 사람을 높이 평가하는 것은 아닌지, 깊이 성찰해야 할 때인 것 같다.

우리사회에 현대판 향원이 너무 많은 것 같다. 옳고 그름이 없는 향원은 도덕파괴자이다. 향원과 같은 사람이기 때문에 사람들은 충직하고 온후하고 서글서글한 사람이라고 생각한다. 이런 사람은 외양은 좋은 사람처럼 보이나 실제로는 세상에 환심을 사 풍속을 더럽히는 위선자이다. 다시 말해 조직을 병들게 하고 조직문화를 병들게 하는 병원체이다.

배움의 대순환과정의 교육내용에서 처음과 끝을 일관하는 가장 핵심내용은 학생 혹은 피교육자로 하여금 '도덕주체'를 형성하도록 일깨워 주는 것이다.

(2) 배움과 대학

대학은 그 나라의 배움의 중추적 역할을 한다. 특히 대학을 통해 교

---

136) 『논어』, 양화편, 子曰: "鄕願, 德之賊也."

육자가 배출되고 교육자는 다시 학생을 가르치기 때문에 국가의 인재 양성의 핵심이라고 할 수 있다. 인문정신의 중요한 담지체로서 대학이 그 정신을 소홀히 하고 자본시스템에 열중하는 한 순수한 진리탐구의 상징인 '이성'은 결국 도구이성으로 전락하여 지성인이라고 하는 사람들의 마음을 지배하고 있을 것이다. 그 인재들이 교육자, 사회 각계각층의 지도자, 정치인 등이 되어 과연 어떤 영향을 줄 수 있을까? 결국 도구이성을 흩뿌리고 있지는 않는가?

인류가 세계를 인식하고 세계를 파악하는 두 개의 서로 다른 척도로서 과학기술은 도구이성[137]이며, 인문이 강조한 것은 '궁극적인 관심'[138]이다. 문화전수와 과학연구의 처음과 끝이 대학의 중요한 임무이다. 문화는 대학의 정신의 의탁하는 곳이고, 과학은 한 대학의 존엄과 지위를 대변하고 있다. 대학의 목표가 인문교육을 전개하고 인문정신을 유지하는 것에 힘써야 하고 대학의 모든 활동은 인문정신을 근본적 가치 방향으로 삼아야 한다.

인문정신은 인류 자신의 운명에 대한 적극적인 관심과 반성적 사고

---

[137] 진정한 과학은 과학이성에 의한다. 즉 이는 자유정신이라고 할 수 있다. 그러나 우리대학은 과학기술이 주도하는 분위기이다. 인문정신은 사람의 가치에 대한 추구이다. 인문정신과 과학은 대립적이 아니라 상호 융합성을 가지고 있다. 인류가 세계를 인식하고 세계를 파악하는 두 개의 서로 다른 척도로서 과학기술의 주된 것은 도구이성이고 인문이 강조한 것은 '궁극적인 관심'이다.

[138] 궁극적인 관심에는 세 가지 유형이 있다. 첫째, 조물주에 귀의하는 궁극적인 관심, 둘째, 본원(本原)으로 돌아가는 궁극적인 관심, 셋째, 인생의 도를 발휘하는 궁극적인 관심이다.

를 반영하고 대변할 뿐만 아니라 적극적이고 긍정적인 힘이기 때문이다. 그런데 한국의 대학은 어떠한가? 비록 자본시스템의 과학기술에서의 작동이 날이 갈수록 강력한 힘을 발휘하고 있다고 하더라도, 인문정신의 중요한 담지체로서 대학이 인문정신이 없거나 인문정신의 주제를 잃어버리면 대학이라고 부르기 어렵다.

이러한 상황아래서 한술 더 떠 취업이라는 이름하에 과거의 대학(도서관), 현재의 대학(교수), 미래의 대학(학생)의 기반이 근본적으로 흔들릴 뿐 아니라 대학고유의 존엄성이 훼손되고 있다. 그 이면에 여전히 도구이성이 작동되고 있다. 한국의 대학은 일제 강점기에 4년제 대학에서 출발하지 않고 취업을 목적으로 한 전문학교에서 시작하였다. 따라서 인문정신의 담지체로서의 대학이 아니라 취업을 위한 대학이라는 그 의식이 우리 대학에 잔존하고 있는 것은 아닐까?

각 대학은 서열을 다투고 경쟁이 격렬하며 마치 자본시장과 같고 대학의 경영 역시 기업과 다르지 않다. 이러한 '영리만을 목적으로 하는 학교'의 관료시스템, 조직시스템 속에서 '인문학'은 또 어떤 의미가 있다고 말할 수 있을까? 기껏해야 생산한 논문 수량과 인용된 횟수에 불과할 따름이다. 이러한 환경에서 또 어떻게 인문연구의 재출발을 하겠는가?

일을 하려면 사람이 먼저 돼라! 매우 의미심장한 주장이다. 이는 예로부터 변치 않는 도리이다. 사람이 어떻게 사람이 되느냐의 의미는 자신의 지혜와 수양을 드러내는 것이다. 사람이 얼마나 총명하고 얼마나 능력이 있고 얼마나 배경이 좋든 간에 만약 사람이 되는 것을 알지 못하고 인품이 좋지 않다면, 그의 사업은 물론이고 가정, 직장, 사회관계에서 삶의 부면적인 영향을 크게 받을 것이다.

그러나 먼저 사람이 되고 일을 하게 되면, 개인적으로나 직장, 사회적으로 볼 때 매우 바람직하다고 생각할 것이다. 사람이 사람이 되는 까닭을 알고 사람이 되는 것 역시 인문학을 통해 가능한 것이다. 도구이성으로 무장한 성급한 사람은 '취업하기도 어려운데 무슨 쓸데없는 소리냐'고 말할 것이다.

거슬러 올라가면 가정교육, 초, 중, 고, 대학교육, 사교육기관까지 인문교육이 실천적으로 진행되었는가? 다 함께 반성적인 사고가 필요할 때이다. 우리는 가정교육을 간과한 것은 아닌지 더 깊이 성찰해야 한다. 도구이성으로 무장된 부모는 결국 더 강력한 도구이성으로 무장된 자식을 길러 낼 수밖에 없다.

어쩌면 자기도 모르는 사이에 그런 자식이 되기를 요구하는지도 모른다. 자신의 어떤 목적을 달성하기 위해 최적의 수단을 찾는 능력이 바로 도구이성이 아닌가?

이 문제는 지금의 70, 80대 노인세대들이 자식과 손자, 손녀에서 여러 상황을 목도하고 때로는 회한의 눈물을 흘릴 것이고, 때로는 분통이 터질 것이다. 자신들은 지난 날 어려운 시기를 거쳤기 때문에 자식만큼은 고생시키지 않고 잘 교육시키려고 모든 것을 받쳤지만, 세월이 흐른 지금 자식은 그들에게 어떻게 대하고 있는가? 이것이 단순히 변하고 있는 세상 탓으로만 돌릴 일이겠는가?

그 부모들은 '고난'을 싫어했고 그것을 자식에게 물려주지 않으려고

만 했지, 보다 더 큰 의미를 깨닫지 못한 것이다. '고난'을 겪지 않은 사람은 진정한 사람이 되기도 어렵고 행복하기도 어렵다는 말이 있다. 학창시절에는 주로 공부를 통해 고난을 겪어야 한다. 그 과정에서 인내력, 판단력, 이해력, 자기관리 등등이 향상되고, 특히 자제력이라는 매우 중요한 능력을 배양하는 것이다.

인생에 있어서 고난의 형태는 매우 다양하다. 사람들은 이러한 고난을 겪으면서 하나하나 감내하고 깨달아 삶의 지혜를 얻기도 한다. 이는 어느 누구도 혹은 어떤 것도 나를 대신할 수 없고 또 대신 해서도 안 된다. 그 과정 속에서 가정은 매우 중요한 역할을 한다. 고난을 극복할 수 있도록 사랑으로 위로하고 지지하는 역할만 하면 되는 것이다. 이것이 진정한 가정교육의 하나이다.

가정교육을 통해서 어렸을 때부터 도덕성을 배양해야 한다. 그래서 자신의 내면을 생각하게 되고 자신의 마음에 대해 조금씩 이해하게 된다. 즉 도덕주체의 원시선이 형성되는 것이다.

한 국가의 위대함이 그 땅이 크기에 있는 것이 아니라 국민의 도덕성에 있고 도덕성은 반드시 어릴 때부터 배양해야 한다. 도덕성은 옳고 그름과 정의관념, 예의와 태도 외에 또 규율(紀律)을 포함한다. 규율이 없는 아이는 역시 굳센 의지 즉 끈기가 있을 수 없고, 처음과 끝을 관철하여 일을 끝낼 수 없다. 규율을 잘 지키는 것은 반드시 어렸을 때부터 배양해야 한다. 왜냐하면 사람은 모두 편한 것만 좋아하고 일하기 싫어하며, 규범이 없으면 해이해지고 산만하기 쉽기 때문이다.

현재 한국의 인문교육의 최대의 폐단은 형식화에 있다. 형식에 흐르는 인문교육은 인문정신(인문소양))의 육성을 촉진할 수 없을 뿐 아니라, 도리어 인문정신을 해치는 것이다. 이 때문에 대학은 반드시 적절한 조치를 취하여 인문교육의 현재 상황을 바꾸어야 한다. 대학이 갈팡질팡하는 사이에 우리의 주변에 수많은 문화센터는 물론이거니와 방송매체에서조차 진정한 인문학은 없고 단지 '인문학'이라는 말의 언어유희의 대상으로 전락한 것처럼 보인다

우리는 정치, 경제, 사회, 문화 등 모든 영역에서 걸핏하면 미국을 거론하며 마치 미국의 대부분의 것들이 정답인 것처럼 말하는 경우가 있다. 우리는 앞선 나라의 것들을 참고하는 것이지 그대로 베껴서는 안 된다. 우리는 우리식으로 답을 찾는 노력을 해야 할 뿐 아니라 국가도 집단적 도덕주체를 가져야 한다. 도덕주체가 없거나 희박한 나라를 우리는 어떻게 말하는가?

비단 국가뿐만 아니라 각 기관, 각 부서, 회사, 가정, 심지어 작은 가게에 이르기까지 도덕주체에 의해 운행되었을 때, 우리는 뭔가 다르다는 느낌을 갖는다. 개인은 어떠한가? 도덕주체에 의해 인간관계나 대외관계를 하는 사람의 언행과 풍기는 품격은 말로 표현할 수 없고 단지 느낄 수 있을 따름이다. 그 느낌은 바로 내 본심을 자극한다.

국가, 대학, 회사, 각 기관, 가정, 개인 등 모두가 도덕주체에 의해 인문세계를 전개해 나가야 한다. 그래야 진정한 인문사회가 이루어지지 않겠는가? 특히 대학은 인문의 눈빛으로 사회발전에 대한 관심을 가져야 하고, 사회악에 대한 비판을 해야 하며, 인류 자신의 운명에 대한 반성적인 사고를 해야 한다. 이것이 대학의 인문정신의 핵심이다.

대학은 현재 자신이 무엇을 하고 있고 어느 방향을 향하고 있는지, 자신의 존재이유가 무엇인지를 냉정하게 성찰하고 대학의 본질적인 특징을 회복해야 한다. 비록 대중화시대, 과학기술시대, 정보화시대, 더 나아가 인공지능시대에 사회와 격리된 상아탑과 같은 의미의 대학의 생존은 매우 어려울지라도, 대학은 반드시 자신에 대해 분명한 인식을 해야 하고, 반드시 중심부와 적절한 거리를 유지해야 한다.

유혹으로 충만한 중심부에 관심을 가질 것이 아니라, 대학은 강렬한 사회책임감과 영원한 자율의식을 가져야 한다. 이렇게 해야만이 대학은 정치, 경제에 의해 부림을 당하지 않게 되고 그 특유의 인문정신을 유지하게 된다. 즉, '기초학문 교육'[139]의 중심으로서의 대학이 되었을 때야 비로소 스스로 경쟁력을 갖추게 되고 여러 어려운 여건에서도 자신의 존립을 확고히 할 수 있을 것이다.

그리고 잊어서는 안 될 것이 사람의 '배움의 순환과정'에서 가정교육이든 학교교육이든 혹은 사회교육이든 간에 그곳의 교육자가 대학의 교육을 받은 자일 가능성이 매우 크다는 사실을 깊이 깨달아야 한다. 대학이 흔들리면 전체 '배움의 대순환과정'에 큰 영향을 주어 악순환의 고리가 형성된다는 사실이 우리를 더욱 놀라게 한다.

---

139) 기초학문 교육은 다양한 학문 분야에 대한 이해를 넓히고 문제 해결 능력과 비판적 사고력을 키우는 것을 목표로 한다. 또한 주어진 문제 해결에 머무는 것이 아니라, 그 문제를 구성하는 전제들을 해체시켜 이를 재설정하는 능력을 갖게 된다. 따라서 기초학문 교육은 전문지식 습득보다는 사고력 훈련에 중점을 둔다.

2

'가르침을 받음' → '자각함'
→ '다른 사람을 가르침'의 대순환과정

　개인의 인생 과정의 시각으로 보면, 인생은 '가르침을 받는' 단계를 거쳐 '자각하는' 단계와 '다른 사람을 가르치는' 단계이다. 사회 전체로 보면 이러한 과정이 계속 전체적으로 순환하고 반복하는 커다란 순환과정이다.

　이 순환과정이 올바르게 형성된 사회가 건강한 사회일 가능성이 매우 높다. 건강하지 못한 사회는 이 순환과정이 바르지 않고 형식적이며 깊이가 없고 얕은 의식이 지배적이다. 전자는 올바르게 형성되어 있기 때문에 불순하고 부정하고 부패한 세력이 지배하기 그렇게 쉽지 않다. 후자는 부패에 노출되어 있기 때문에 악화가 양화를 구축하는 상황이 벌어진다.

　한 사람의 인생 과정의 시각으로 보면, 맨 처음 부모, 선생님을 통해 '가르침을 받는' 단계를 거쳐서 직장생활, 사회생활, 가정생활 등을 통해 '자각하는' 단계가 본격적으로 진행되는데 '자각하는' 것은 사실 죽을 때까지 계속된다고 할 수 있다. '자각하는' 단계가 어느 정도 된 사람은 '다른 사람을 가르치는' 단계에서 자신의 모든 것들을 전수하는 것이다. 물론 이러한 일련의 과정 속에서 중요한 역할을 한 것 중의 하나가 독서라고 할 수 있다.

(1) '가르침을 받는' 단계

'가르침을 받는' 단계는 주로 선생님에 의존하는 것이다. 세 사람이 길을 가면 그 중에는 반드시 나의 스승이 있다고 했다. 타인의 가르침과 지도를 통하여 우리가 각종 지식과 기능을 배우는데 도움을 받는다.

사람은 태어나서 공부하는 것에서부터 사회에서 일할 때까지 인생의 앞부분의 시간은 '가르침을 받는' 것을 위주로 한다. 먼저 부모, 가족이 우리가 어렸을 때 길을 가고 말을 하는 것을 가르치고 우리의 일상생활을 돌보아 주며, 우리의 생활 속에서 각종 능력을 발휘하도록 가르친다. 그런 후 선생님, 학우, 직장동료는 우리의 지식과 기능을 가르쳐 주어 유용한 사람이 된다.

가르침에서 제일 중요한 것은 해당 지식을 어떻게 하면 잘 전달하고 이해시킬 것인가이다. 그러나 이보다 더 중요한 것은 어떻게 하면 학습자가 주체의식을 가지고 주체적이고 자율적으로 판단하고 주체적으로 행동하고 자신의 행위에 대해 책임을 지는 습관을 갖도록 할 것인가를 시종 관심을 가지고 교육에 임해야 한다. 이를 통해서 자연스럽게 도덕주체가 형성되도록 토대를 마련하는 것이다.

정보화시대를 거쳐 인공지능시대를 맞이하여 이미지의 과부하 상황아래서 교육에서 매우 중요한 것이 바로 느낌교육[140]이다. 사람은 이성적 존재이자 느끼는 존재이다. 느낌은 사람의 존재 양식이다. 사람의 느낌이야말로 사람이 풀어야 할 시작이자 끝이다. 왜냐하면 배움이라는 대순환과정을 통하여 최고의 도덕적인 인격체가 되는 것 역시 이성화된 느낌에 도달한 것이기 때문이다.

흔히 교육이란 인간의 성장가능성에 대한 신뢰를 바탕으로 하여 개개인의 인간이 성장할 수 있도록 도와주는 활동이라고 한다.[141] 따라서 교육은 느낌과 이성이 통일되고 제고될 뿐 아니라 덕성과 지성이 하나가 되어 지성교육이 덕성교육의 성장점이 되어야 한다. 그렇게 하기 위해서는 느낌교육이 전제되어야 한다. 느낌(情)은 지식(知)을 촉진시키고 지식(知)은 느낌(情)을 증가시키며, 지식(知)과 느낌(情)이 상호 촉진하는 중에 발전을 이끌어 가기 때문이다.[142]

사람은 다른 사람과 동, 식물을 포함한 모든 자연계와 '자유' 관계이다. 따라서 교육자와 학습자의 관계는 기본적으로 자유라는 사실을 깨달아야 한다. 교육자의 평범한 언행에서 이와 같은 것들이 묻어나

---

[140] 느낌교육은 교육자와 학습자 간에 매우 쉽게 발생되는 전제적 심리를 어느 정도 완화시킬 수 있으므로 진정으로 교육자와 학습자가 일체가 될 수 있으리라 생각한다. 양자의 관계는 어느 일방이 다른 한 쪽을 쉽게 폄하하거나 억압하는 전제심리가 작용할 수 있으므로 균형적 심리가 일관되게 견지되어야 한다. 교육이 느낌이 없는 것은 마치 연못에 물이 없어 그것이 연못이 될 수 없는 것과 같다. 느낌이 없으면 사랑이 없고 즉 교육이 없다.

[141] 이찬교 외 2인, 『교육의 이해』, 한국방송대학출판부, 3쪽, 1997년

[142] 이상선, 『정감과 교육에 대한 철학적 이해』

올 때, 학습자는 해당 내용을 이해할 뿐 아니라 '가르침을 받는' 것에 신뢰감이 형성되고 올바른 자아를 형성하는 바탕을 마련할 수 있다.

이렇게 되면 교육에서 핵심이라고 할 수 있는 자신의 느낌이 지식을 촉진시켜 주고 지식이 느낌을 끌어 주는 바람직한 상호작용이 전개되어 비단 학습능률 제고뿐 아니라 자신의 내면을 향한 자율적 인격형성에도 매우 긍정적인 효과를 초래한다. 즉, 학습자로 하여금 스스로 하도록 하는 결정적인 역할을 하는 것이다. 이것이 바로 진정한 자율교육이고 자율학습이다.

그러나 우리사회는 자율이란 말을 너무 남용하여 그 의미가 퇴색되어 버렸다. 예컨대 자율학습이라는 말을 사용하고 있는데 과연 진정한 자율학습인가? 다시 한번 생각해야 한다. 자율이 아닌데 왜 자율학습이라고 말할까? '자습'이라는 우리말이 더 적합하지 않는가? 또한 자율주행자동차라는 말을 사용하고 있는데 과연 이 말이 타당한가? 왜 '자율'이란 명칭을 사용했을까? 무인자동차 혹은 인공지능자동차라는 말이 오히려 더 적합하지 않을까?

명실상부한 언어사용은 인문세계를 전개하는데 가장 기초적이면서도 매우 중요하다. 자율이라는 말을 남용함으로써 우리 사회구성원들이 진정한 자율을 실현하는데 걸림돌 혹은 장애물은 아닌지 깊이 성찰해야 할 것 같다.

교육자는 사회의 여러 형태의 거품현상들에 대해 편승하는 것이 아니라 바로 잡아 주어야 한다. 올바른 언어사용을 통하여 교육의 장, 방송매체, 인터넷매체, 유튜브, 심지어 정치지도자까지 뚜렷한 의식 없이 불필요한 외래어를 사용하는 것을 지양하도록 해야 한다. 바른 언어생활은 올바른 의식의 형성과 심층화에 도움을 주고 이로써 건전한 문화의 형성에 도움을 주게 된다.

교육자는 학습자가 주체적으로 선택하고 판단하고 행동하고 그리고 책임을 지는 일련의 과정에 깊은 관심을 가지고 지도해야 한다. 또한 교육자와 학습가의 관계가 기본적으로 자유라는 사실을 일깨워 줌으로써 학습자의 내면의 인격형성에 토대를 마련해 주는 것이다. 그렇지 않고 외부를 향한 욕구추구에 길들여진다면 자칫 불량한 학습자를 양성할 수도 있을 것이다.

우리 교육환경 역시 학습자가 사물의 규율이나 원리, 법칙을 찾아내는 것에만 몰두하도록 구조적인 문제를 안고 있는지 반성하고 살펴보아야 한다. 만약 이와 같다면 결과적으로 온전한 교육이 아니라 한쪽 교육만 시키는 것이다.

객관(객체)사물의 규율, 원리, 법칙을 얻는 교육뿐 아니라 주체로 돌아와 '도덕주체'(덕성주체)를 형성하도록 일깨워 주는 실천교육이 매우 중요한다. 그래야만이 개인의 심신의 안정과 행복한 삶을 누릴 수 있고 동시에 비록 인공지능사회일지라도 여전히 인간미가 풍기는 사회가 될 수 있다.

그러기 위해서는 가정, 회사, 국가, 정당, 각종 학교, 대학, 정부의 각 기관 및 부서, 각급 종교단체 등은 물론이고 사회의 각 단체, 모임, 소규모 점포, 소규모 공장에 이르기까지 각각 그것들의 집단적 '도덕주체'를 형성하여야 한다. 그리하여 그것에 의해 자신들의 활동, 근무활동, 영업활동, 생산활동 등 다양한 활동을 전개해 나간다면, 소멸되어 가는 인간미와 인간성을 다시 회복하는 분위기 속에서 인문주의 혹은 인문정신이 드러나게 될 것이다.

가르침을 받는 단계가 오늘날 많은 변화가 생겨 구분하기 어렵게 얽혀있다. 학교교육, 가정교육, 사회교육 중에 각종 교육 형태를 띤 것을 제외하고 TV 방송매체, 인터넷, 유튜브 등 대중매체들은 교육의 시각으로 성찰과 검토가 필요한때가 아닌가 생각된다. 어쩌면 교육의 장보다도 더 강한 영향력을 주고 있는지도 모른다. 그럼에도 불구하고 여전히 당국은 설득력 있는 대안을 제시하지 못하고 있다. 다른 나라의 것을 지나치게 답습하는 것보다는 이제는 우리도 정신주체를 확립하여 우리의 시각으로 문제를 풀어 나가야 한다.

(2) '자각하는' 단계

자각이란 자신의 행위, 상태, 책임을 능동적으로 깨닫는 것을 의미한다. 또한 자각은 개인의 자기인식과 자제능력을 강조하고 적극적으로 향상하는 특성을 가지고 있다. 따라서 자각은 자신의 행위에 대해 책임을 지고, 자주적으로 자신의 잘못을 의식하고 아울러 자발적이고 능동적으로 고치거나 바로 잡는 것을 통하여 나타난다.

자각은 일종의 반성적 사고의 과정이다. 반성적인 사고를 통해 최종적으로 깨닫게 되고 그 깨달음은 더욱 높은 수준에 달하게 된다. 따라서 자각은 깨달음의 출발점이라고 할 수 있다. 사람에 따라 자각하는 연령대가 다 상이하여 일률적으로 말하기는 어렵지만, 그 사람의 자질과 발전 가능성 그리고 처한 상황이 자각을 이끌어 낸다.

나이가 들어감에 따라 자각의 능력은 점점 향상된다. 우리는 자신이 읽고, 경청하고, 느끼고, 실천하는 것을 통하여 지식을 배우고 능력을 제고하고 기능을 파악한다. 초, 중, 고등학교 때와 달리 대학에 들어가면 자율성을 요구하기 때문에 교수는 학생을 단속하는 데 집중하지 않는다.

학문세계를 접하면서 자각하고, 자율을 터득하고 자유를 느끼도록 하는 것이 바로 대학이다. 내면세계의 이 깊고 귀중한 의미 즉, 자각, 자율, 자유를 음미하고 깊이 이해해야 진정한 대학생활을 하는 것이다. 이것들을 음미라도 했다면 보통 수준의 대학생활을 했다고 할 수 있다.

자각을 통하여 자율을 터득하여 자유를 느끼게 되는 성숙한 단계로 진입하는 것이 매우 중요하다. 왜냐하면 이러한 토대가 마련되어야 비로소 자신의 행복뿐 아니라 안정적이고 조화로운 사회를 담보할 수 있기 때문이다. 자율적인 마음은 강인한 갑옷을 만들고, 세상의 어려움과 고통을 두려워하지 않는다. 자율적인 영혼은 생명의 가장 아름다운 해석이자 자기 성장의 증거이다.

어떤 사람은 어렸을 때부터 대학교육을 마친 후에도 핑계나 구실을 찾는데 매우 익숙한 사람이 있다. 습관이 된 것이다. 구실을 찾지 말고, 자각적으로 분투노력해야 한다. 자각은 하나의 선택이며, 그것은 당신을 성공으로 이끌 것이다. 자각은 마치 성장의 사다리와 같아 나를 성공으로 이끌어 줌으로 놀라움과 기쁨의 연속이 된다. 자각하며 초심을 잃지 않고 시간 속에 더 나은 나를 조각해 나아가야 한다. 자각은 여정이자 자기 대화이며, 결국은 생명의 아름다움을 드러내 보일 것이다. 그것은 마음속의 등불로 우리의 앞길을 비추어 준다.

인생에서 독서는 매우 중요하다. 독서를 통하여 자기 자신을 살펴볼 수 있다. 즉 자신을 독서하는 것이다. 책을 읽으면서 자각적으로 깨달아야 하는데, 여기서 가장 중요한 것이 바로 독서의 최종적이고 궁극적인 목적이 무엇인가를 깨달아야 한다. 독서의 1차적인 목적은 자신이 원하는 해당 지식이기 때문에 누구나 다 알고 배우고 독서한다.

그러나 사람이 배우고 독서를 하는 최종 목적은 무엇인가? '진정한 나'를 알기 위해 배우고 독서하는 것이다. 진정한 나를 아는 과정에서 자신의 기질을 파악하고 변화시킬 수 있다. 만약 '자각하는' 단계에서 이러한 부분이 어느 정도 파악이 되지 않고 다른 사람을 가르치는 단계로 진행한다면 자율, 자유, 겸손, 관용, 사랑, 진실, 이상 등이 드러나기 보다는 권위, 부자유, 타율, 현실, 고집, 자기주장, 편파 등등이 나타날 수 있다.

'가르침을 받는 것'과 '자각하는 것' 이 두 역량이나 능력은 상호보완적으로 하나라도 결여될 수 없다. '가르침을 받는 것'은 외재적으로 돕는 것이자 동시에 내면을 향한 인격형성의 바탕을 마련하는 것이고, '자각하는 것'은 내면적인 정신능력이며 그중 가장 중요하고 가장 위대한 것은 내면적인 자각이고 깨달음의 능력이다. 원인은 다음과 같다.

선생님은 어디에서 나올까? 그는 반드시 어떤 분야의 자각적인 깨달음이 있는 자이다. 만약 자각적인 깨달음의 능력이 없는 상태에서 타인을 지도해도 아무 작용도 일어나지 않는다면, 이는 가르치고 지도할 수 없는 것이다. 자각의 능력을 더 강하게 하고 또 타인의 도움이 필요한 상황에서, 좋은 선생님[143]을 만나면 더 좋고 더 빠르게 성장하도록 할 수 있고, 시행착오를 줄일 수 있으며 시간을 절약할 수 있다.

좋은 선생님은 학습자를 고르지 않고 서로 다른 다양한 학습자들을 그 사람에 맞게 교육하며 그의 잠재능력을 최대한도로 계발한다. 따라서 학습자로 하여금 스스로 공부하도록 하고 동시에 '자유'를 깨닫게 하고 주체성을 확립하도록 이끈다.

(3) '다른 사람을 가르치는' 단계

요즈음 우리 사회에 학원, 문화센터 혹은 평생교육원 등등의 형식으로 다양한 분야를 교육하고 또 교육받고 있다. 이러한 사회교육기관이 과연 어떤 의미의 교육을 하고 있을까? 선생님으로서 다른 사람에게 지식, 기능을 가르쳐 다른 사람이 분명하게 알도록 도와준다. 선생님은 다른 사람이 깨닫게 하는 것을 직업으로 삼고, 전문기술로 사회의 발전을 위해 지식을 전승한다.

---

143) 선생님으로서 해당 지식을 잘 전달하는 것은 물론이고 학생들의 사표(師表: 본보기, 모범, 귀감: 모범, 도덕 혹은 학문상에서의 배움의 본보기)가 되어야 '좋은 선생님', '진정한 선생님'이라고 할 수 있다. 인기 위주로 학생들의 마음에 영합하거나 무골호인과 같은 선생님을 의미하지 않는다.

어떤 사람은 나는 선생이 아니고 다른 사람이 깨닫는 것은 당연히 나와 관계가 없다고 말한다. 사실 그렇지 않다. 다른 사람을 깨닫게 하는 것은 어떤 때는 무의식적인 상황아래서 이루어질 뿐 아니라 세상을 사는데 부모가 되어야 하고 친구가 되어야 하고 학우나 직장 동료가 되어야 하므로, 자기도 모르는 사이에 '스승'의 역할을 하고 있는 것이다.

부모가 되어 다음 세대를 교육해야 하는 것, 이는 피할 수 없는 책임이다. 힘써 아이를 가르치는 것은 아니나, 부모의 언행과 사고들은 모두 그들의 미래에 영향을 주고 형상화[144]하고 있다. 선생님이 다른 사람의 아이를 가르치지만, 자신의 아이를 가르치는 것은 완전히 또 다른 일이다.

다른 사람을 깨닫게 하는 것이 어쩌다가 저항을 만났을 때, 만약 이것이 당신의 책임이 있는 곳이 아니라면, 집착할 필요가 없고 당신의 의견을 표현하면 되며, 논쟁할 필요 없다. 왜냐하면 당신 역시 반드시 맞은 것이 아니고 맞아도 반드시 모든 사람에게 적합한 것은 아닐 수 있기 때문이다. 다시 논쟁을 한다고 해서 더 좋은 작용이나 결과를 기대하기 어렵다. 사람은 성장과 발전의 정도가 각각 다르기 때문이다. 어느 때는 단지 시간을 두고 기다려야 하고, 방식을 바꾸어야 한다. 사람의 기질을 변화시키는 것이 그렇게 쉽겠는가?

---

144) 형체로는 분명히 나타나 있지 않은 것을 어떤 방법이나 매체를 통하여 구체적이고 명확한 형상으로 나타내는 것이다.

예컨대 부모가 되어 또 조급해서는 안 되고, 격렬하게 대항해서는 안 되며, 무익한 일에 대항하는 것은 단지 일을 더욱 엉망이 되게 한다. 자기 자신이 사고하고 반성하는 것이 오히려 더 낫다. 원인을 분석하면 아마 자신이 관용이 부족할 수 있고 아마 자신이 잘하지 않았을 수도 있으며, 아마 방법이 잘못되었을 수도 있다. 학습을 통하여 먼저 자신을 깨닫고 그런 후 다시 타인을 깨닫게 한다.

(4) 순환(循環)

인생의 성장 과정에서 '가르침을 받는' 단계는 시작이고 '자각하는' 단계는 핵심이며 '다른 사람을 가르치는' 단계는 보답이고 환원이며 전수하고 계승하는 것이다. 이러한 대순환은 이 순간에도 진행되고 있고 또 매 사람의 일생을 관통한다.

건강한 사회는 이 순환관계가 왜곡이나 조작됨이 없이 깊이 있게 진실하고 자연스럽게 이루어지지만, 병든 사회는 왜곡과 조작으로 얄팍하고 즐겁게 유도한다. 전자는 자각할 뿐 아니라 꿈과 이상을 심어 주어 우주적인 마음으로 향하도록 하는 사람의 도덕주체를 형성하도록 한다.

후자는 언어의 이해와 순간적인 즐거움으로 현실의 틀 속에서 형성된 협소한 마음으로 진정한 주체가 형성되지 않는 것이다. 설사 형성된다고 해도 편협한 주체 옹고집쟁이 주체가 될 수 있다. 그리하여 사람, 일, 돈을 포함한 물건을 대하는 태도, 입장, 방법 역시 편협한 마음으로 일관하여 불만과 다툼, 분노가 더욱 증가하게 된다. 이러한 류의 사람이 증가하면 사회는 어떻게 되겠는가?

우리 사회는 건강한 배움의 순환관계가 형성되었는가? '가르침을 받는 것'은 인생에서 시작이라고 했는데 시작부터 잘못된 경우가 매우 많다. 필자가 언젠가 초등학교를 방문한 적이 있었는데, 교문을 들어서자 현수막에 "애들아! 어서 오렴! 오늘도 모두 꽃길만 걷자!"라고 적혀 있었다.

한편으로는 아이들에게 편한 마음으로 즐겁게 공부하자라는 의미로 받아들였지만, 다른 한편으로는 큰 꿈을 가져야 하는 초등학생 아이들에게 꿈과 이상을 심어 주는 단어가 없어 아쉬움을 남겼고, 또 '꽃길만 걷자'라는 말에 큰 실망을 느끼게 되었다. 우리 사회가 어느새 아름답고 풍성한 결과만을 외치는 언어습관 때문에 그것을 실현하는 노력과 과정은 수면 밑으로 침몰하여 전체적으로 들뜬 풍조가 만연하고 있다.

이러한 현상은 어쩌면 그 초등학교의 문제만은 아닌 것 같다. 이는 우리 사회의 단면을 보여 준 것이다. 이와 같이 언어 표현에서 힘든 과정은 빼 버리고 아름다운 결과만을 부각시켜 유행처럼 사용하고 있는 것 같다.

또한 행복이란 말을 불필요하게 너무 많이 사용하는 것 같다. 행복하려면 행복할 수 있는 자신의 내면의 공부를 통해 행복을 누릴 토대 즉 도덕주체를 마련해야 한다. 사람이 일생 동안 꽃길만 쭉 걸었으면 얼마나 좋으련만 현실은 그렇지 않다. 행복의 토대는 꽃길을 걸어서 이룰 수 있는 것이 아니고, 쓰디쓴 과정, 고난을 겪어야 가능한 것이다. 치열하게 공부하는 것, 열심히 연구하는 것, 열심히 일하는 것도 쓰디쓴 과정이다.

사람, 일, 돈을 포함한 물건을 대하는 태도나 입장 혹은 방법 등으로 인해 고난을 겪음으로써 내면의 깨달음을 하나하나 얻게 되는 것이다. '다른 사람을 가르쳐 깨닫게 하는 것'을 직업으로 삼았을 때는 스스로 더 많은 반성적인 사고를 통해 깨달은 자가 되어야 한다. 그래야 자신에게도 다른 사람에게도 더 나아가 인류에 부끄럽지 않은 사람이 되는 것이다.

인생의 어떤 단계에 있든 배움을 멈춰서는 안 되고, 오직 자기 자신이 더욱 완전무결하게 되어야 당신의 세계는 비로소 더욱 좋게 변하고, 친척, 친구, 동료, 당신과 가까운 사람 더 나아가 인류 모두 유익하게 된다.

'다른 사람을 가르치는' 단계는 다른 사람에게 영향을 주는 능력을 가리키는 것이다. 이 능력은 지식 혹은 기능을 전수하고, 행동으로 영향을 주고, 사상으로 타인에 영향을 주는 능력 등을 포함한다. '다른 사람을 가르쳐 자각하도록 하는 것'은 '깨달음'의 외재화이다. 즉 '깨달음'을 외부로 전환시키는 것이다.

우리가 인정하든 인정하지 않든 원하든 원하지 않든 간에 우리는 결국 의식적으로 혹은 무의식적으로 타인에 의해 영향을 받고 있고 동시에 타인에게 영향을 주고 있다. 단지 어떤 사람은 영향력이 크고 어떤 사람은 영향력이 작을 따름이고 이것이 바로 '다른 사람을 가르쳐 깨닫게 하는 것'이다.

그런데 오늘날 이 기능은 자본 시스템이 작동되어 얄팍한 지식, 부족한 지식으로 온갖 조작과 과장을 수단으로 자신의 이익과 목적 달성에 사용되어 일련의 '순환'과정에 커다란 장애물이 되고 있다. 그 장애물은 결국 병든 문화를 형성하도록 한다.

과거, 현재, 미래가 시간적으로 순환 반복하는 것처럼 인생에서 '배움'(가르침을 받는 단계), '자각'(자각하는 단계), '가르침'(가르쳐 자각하도록 하는 단계)이 대순환하고 있다.

3

진정한 독서란 무엇인가?

앞에서 인생은 배움의 대 순환과정 속에 있음을 살펴보았다. 여기서는 배움에서 빼놓을 수 없는 독서에 대해 살펴보겠다. 가르침을 받고 자각하고 가르치는 대 순환과정의 최종 목적지는 자신의 기질을 변화시키는 것이다. 사람이 가지고 있는 기질적인 병폐를 극복해야 진정한 자아완성과 최고의 인격수양경계에 도달할 수 있는 것이다. 배움은 의(意), 필(必), 고(固), 아(我)[145] 네 가지 기질적인 병폐를 극복해야 한다.

즉, 감성적인 느낌에 의한 주관적으로 추측하는 것(意)을 버리고, 꼭 이루어지기를 기약하는 것(必)을 버리고, 집착[固]을 버리고, 나만이 옳다고 하는 나(我)[146]를 버리라는 의미이다.[147] '나'의 의식상에서 더

---

145) 『논어』, 자한편, "毋意. 毋必, 毋固, 毋我."
146) 여기서 무아란 더 이상 '아집(我執)'에 의하여 이끌려 나오는 모든 것과 자신의 정서의 방해와 영향에서 속박 받지 않도록 하는 것이다. 따라서 '무아(無我)'를 깨닫는 목적은 '내가 집착하는 모든 것'의 영향을 없애기 위한 것이고, 즉 일종의 어떠한 속박이 없는 자재(自在: 속박이나 장애 없이 마음대로임)에 이른 것이다. '나(我)'의 의식상에서 더 이상 외부환경의 속박을 받지 않는 것이다.
147) 이상선, 『느낌, 존재, 경계, 행복』, 53쪽, 좋은땅출판사, 2021년.

이상 외부환경의 속박을 받지 않는 것이다. 이렇게 되어야 비로소 배움의 최종 목표점에 도달한 것이다.

자신의 기질적인 것을 완전히 변화시키는 것은 교육의 최종 목적임과 동시에 배움의 최종 목적이며 독서의 최종목적이라고 할 수 있다. 왜냐하면 자신의 기질을 완전히 변화시키는 것은 인격완성 혹은 도덕적인 인격체가 되었다는 의미이기 때문이다. 따라서 독서의 최종목표는 인격완성에 있다고 할 수 있다. 그렇다면 진정한 독서란 무엇인가?

(1) 독서의 참뜻: 진정한 책을 읽고, 진정으로 독서한다

동서고금의 많은 전문가들이 독서의 중요성에 대해 많은 말을 남겼다. 또한 독서를 어떻게 해야 하는지에 대해 언급을 많이 하고 있지만, '진실하게 독서하고, 진정한 책을 독서하는 것'에 대해서는 그렇게 많은 말을 하지 않는 것 같다. 따라서 독서를 해야 한다는 점에 대해서는 더 이상 말이 필요 없을 것 같다.

그럼에도 불구하고 사람들이 독서를 해야 한다고 반복적으로 강조한 것은 알면서도 열심히 독서를 하지 않기 때문일 것이다. 독서의 문으로 들어오도록 인도할 수 있지만 그 다음은 독자가 어떻게 하느냐에 달려 있다. 현실에서 매우 많은 사람들이 '맹목적인 독서'[148]를 하는

---

148) 맹목적인(무턱대고) 독서는 명확한 목적과 방법이 없는 독서방식을 말한다. 일반적으로 맹목적이고 무목적적인 독서로 나타나 독서의 효과가 좋지 않다.

경우가 있는데, 이것이야말로 별로 의미가 없는 것이다. 사실 독서하는 주된 것은 사람들의 깨달음과 관계가 있는 것이다.

이른바 '진정한 책'에 대해서는 아마 이해하고 생각해 볼수록 여러 가지 의미를 가질 것이다. 여기서 주로 역대로 매우 많은 사람이 읽은 우수한 작품[149]을 가리키는 것이다. 독서는 글을 읽는 것이 아니라, 사람이 자아발전을 촉진하는 데에 반드시 거쳐야 하는 길이다. 진정한 책은 사람에게 성숙한 생각을 일깨워주기 때문이다. 한 권의 책을 읽는 것은 한 단락의 문장이 아니어야만 비로소 저자와 심층적인 심령소통, 깊은 사상 교류를 할 수 있고, 비로소 진정으로 사람의 마음의 지혜를 열 수 있다.

왜냐하면 한 권의 책을 읽는 체험과정은 바로 지혜 있는 자의 내재 심령, 사상 역정의 과정을 체험하는 것이고 진정으로 독서하는 것이다. 이는 '자투리 문화' 혹은 '스낵 컬처'[150]가 가져올 수 없는 것이다. '진정으로 독서하는 것'은 두 가지 면을 경계하고 항상 염두에 두어야 한다. 하나는 '죽은 책을 독서하는 것'이고, 다른 하나는 '맹목적으로 책을 읽는 것'이다.

---

149) 진정한 책은 역대로 많은 사람이 읽은 우수한 작품을 의미한다. 예컨대 고전문학작품, 예술서적, 철학서적, 과학 작품에서 극히 높은 평가와 독특한 위치를 차지한 작품이라고 생각된다. (자아발전을 촉진하고 성숙한 사상을 일깨워 주는 작품이다.
150) 시간과 장소에 구애받지 않고 짧은 시간 동안 간편하게 즐길 수 있는 문화 콘텐츠. 인터넷 만화, 인터넷 소설 따위가 대표적이다. 패스트푸드문화, 자투리 문화.

죽은 책이란 무엇인가? 교조주의적이고 극단적인 내용의 책을 예로 들 수 있다. 이러한 경직되고 극단적인 책은 자아발전은 물론이고 독서의 최종목적에도 부합하지 않는다. '죽은 독서를 하는' 사람은 왕왕 단지 책속의 표면적이고 표상적인 것이 눈에 들었을 뿐이고, 정확하게 책의 내용을 이해하지 못하며, 책의 내용을 깊이 깨닫지 못한다. 또한 독서를 통하여 자신의 시야를 넓일 수 없고 자신의 품격을 높일 수 없으며 자신의 경지를 높일 수 없다.

'맹목적으로 독서한' 사람은 비록 본 책이 매우 많지만 단지 "청춘을 남의 글귀를 뽑아 시문을 짓는 하찮은 일에 다 바쳤네."[151]라는 말이 잘 대변해 주고 있다. 독립사고와 창의적인 의식이 결여되어 왕왕 제자리걸음하고, 기계적으로 구습에 얽매이며, 종래의 규칙 관례 따위를 묵수하고, 미련스럽고 사리에 어두워 변화하지 못하고, 교조적으로 드러나고, 고리타분하다.

'죽은 책을 읽는 것'은 역시 '맹목적으로 독서하는 것'이고 모두가 독서의 허상이고 자신에게 진정한 이로움을 주지 못한다. 그래서 반드시 '진정으로 책을 읽는 것'을 권장하는 것이다.

사실, '진정한 책을 독서하는 것' '진정으로 독서하는 것'은 모두 독서의 핵심이다. 만약 우리가 신문 잡지의 짧은 글을 대강 훑어보는 것이 습관이 되고, 또 오락 소일거리인 가십에 심취한다면, 독서의 참뜻과 재미를 찾을 수 없을 것이다. 진정한 책을 독서하고 진정으로 독서한

---

151) 李賀, 『南園十三首』. "尋章摘句老雕蟲, 曉月當簾掛玉弓."

다면 우리의 정신 빌딩 즉, 정신경계를 높이고 고금의 지혜를 모을 수 있을 것이다.

'진정한 책'을 단지 일반적이고 평범하게 읽으면 그것은 마치 잠자리가 수면을 건드리고 날아오르는 것과 같이 겉핥기가 되어 마음속에 새겨지는 느낌이 희미할 것이다. 단편적인 말로 독서하면 틀림없이 뿌리를 내리지 못하고 토양의 심층까지 깊이 파고들지 못하며 지하의 샘물을 빨아들이지 못할 것이다.

'진정한 책을 읽고' '진정으로 독서하는 것'은 일차적인 발견이라 할 수 있고, 또 일종의 발굴의 길이다. 그러므로 책 한 쪽을 넘길 때마다 이면에는 필연적으로 찬란한 색깔이 있다. '진정한 책을 읽고' '진정으로 독서를 할' 때마다 일종의 비밀을 캐고 탐험하는 여행과 같다. 책의 매 쪽을 넘길 때마다 매 장(章)을 읽을 때마다 필연적으로 신기하고 신비한 장관이 있을 것이다.

'진정한 책을 읽고' '진정으로 책을 읽을' 때마다 반드시 한바탕 불꽃이 눈부시게 피어나고, 한 쪽씩 건드릴 때마다 구름을 헤치고 해를 보는 기적이 있을 것이다. '진정한 책을 읽고' '진정으로 독서하는 것'은 생명의 역정을 통찰하는 것이고, 생활을 경험한 일종의 검열이다. 이와 같이 독서는 우주인생과 생활의 맛을 두루 맛보고, 생명 역정을 통람(通覽)하도록 한다.

(2) 참 독서의 두 가지 원칙

① 한 권의 책을 완벽하게 읽지 않은 상태에서 다른 책으로 넘어가지 않는다

책을 선택하는 것은 매우 중요하다. 사람들은 베스트셀러에 관심이 많은데 그 책이 반드시 훌륭한 책이라고 볼 수 없다. 왜냐하면 그런 책일수록 독자의 마음에 영합하는 경우가 대부분이다. 진정으로 자신의 내면의 세계를 충실히 하려면 넓은 문을 택하지 말고 좁은 문을 택하라.

다시 말하면 독자의 마음에 영합만 하려는 책을 피하고 독자의 마음을 바꾸고 괴롭히는 무거운 책을 잘 골라 자신과 전쟁을 치르듯이 자기 자신을 향해 정독을 해야 한다. 내가 기왕 이 책을 읽으려면 반드시 그 책 내용을 분명하게 알아야 하며, 그 저자의 지식, 사상, 지혜를 자세하게 체득해야 한다.

② 한 구절 혹은 한 문장씩 자신을 관조하는데 독서란 바로 사람을 읽는 것이다

먼저 그 저자를 읽고 다음은 자신을 읽는다. 자신을 읽는 것이야 말로 목적이다. 자신을 읽지 않고 '다른 사람을 읽어서는 안 된다.' 자신을 읽지 않고 책을 읽을 때, 멋진 구절만 깊은 이해 없이 베끼거나 학문을 자랑스럽게 뽐낸다면 자신에게 요구하는 것은 하나도 없다. 이것은 모두 독서의 병이라고 할 수 있다. 그 병의 뿌리는 자신의 마음이 진실하지 않다는 것이다.

이렇게 되면 독서의 1차 목적이 지식 습득에 있지만, 결국 멋진 구절을 인용해 다른 사람에게 과시하고 자신을 포장하는 것으로 전락해 버린다. 그래서 독서의 최종목적이 무엇인가를 늘 생각해야 한다. 도덕적인 인격체는 많은 노력을 해야 함을 알아야 한다. 다른 사람이 하나를 쏟으면 나는 열을 쏟고, 다른 사람이 열을 쏟으면 나는 천을 쏟는다는 마음가짐이 필요하다.

"도덕적인 인격체가 배우는 것은 자신의 기질을 변화하기 위해서일 따름이다."[152] 오직 독서와 수양을 통해서만이 사람의 기질성[153]을 바꿀 수 있다. 기질을 바꾼다는 것은 각고의 노력을 통해 가능하다.

---

152) 『呂氏春秋』, 本生, "君子所以學者, 爲能變化氣質而已"
153) 사람에게 부여한 품성을 가리키는데, 사람의 굳셈(剛), 부드러움(柔), 느림(緩), 급함(急)의 성격을 가리키거나 혹은 현명함과 우매함 등이다.

제11강

사랑의 경계

1. 상대는 나와 보색관계
2. 사랑은 경계다!
3. 사랑을 받으려는 단계
    (1) 좋아하는 느낌의 단계
    (2) 그리워하는 단계
    (3) 점유하고 지배하는 단계
    (4) 거래하는 단계
    (5) 보답을 바라는 단계
4. 사랑하는 단계
    (1) 사랑하는 마음으로 관심을 가지고 중시하는 단계
    (2) 사랑하는 마음으로 상대방 입장에서 생각하는 단계
    (3) 사랑하는 마음을 지탱하는 단계
    (4) 사랑하는 마음을 바치는 경계
    (5) 사랑하는 느낌과 이성의 조화의 경계

1

상대는 나와 보색관계

먼저 요즘 젊은이들의 이성교제에 대해 잠시 생각해 보겠다. 이성 간의 만남은 상대와 인간적인 느낌의 조화의 가능성을 타진하는 면도 있지만, 더욱 중요한 것은 상대의 성품 혹은 기질을 파악하려는 것이다. 성품 혹은 기질을 말하면 매우 어렵게 느껴지고 그것을 파악하기 쉽지 않다고 생각한다.

그래서 그런지 대부분 서로 간의 '상대에 대한 의미'를 감성적이고 사사로운 느낌에서 찾는 경우가 많다. 필자는 조심스럽게 제안하고 싶다. 즉, 인문학적 소양을 가지고 인문학적 지혜의 눈으로 살펴보면 멈춰야 할지, 지속할지를 더 잘 판단할 수 있을 것이다. 다시 말하면 냉정하면서도 차분하게 감성적인 느낌에서 벗어나 진실한 느낌, 도덕적인 느낌, 심미적인 느낌으로 하나하나 살펴보고 음미해 보면 쉽게 선택의 답을 찾을 것이다.

사람, 일, 돈을 포함한 물건을 대하는 입장, 태도, 방법에서 상대로부터 진실한 느낌을 느낄 수 있는가? 사람, 일, 돈을 포함한 물건을 대하는 입장, 태도, 방법에서 상대로부터 도덕적인 느낌을 느낄 수 있는가? 이 두 질문에 상당히 긍정적인 답을 얻었다면 기본적으로 자격이 있는 것이다.

마지막으로 사람, 일, 돈을 포함한 물건을 대하는 입장, 태도, 방법에서 상대로부터 심미적인 느낌 즉, 상대가 느낌과 이성이 어느 정도 조화를 이루고 있음을 느낄 수 있는가? 이 질문까지 매우 긍정적인 답을 얻는다면 상당한 수준이라고 할 수 있다. 문제는 평가가 자기 수준에서 내려진다는 것이다.

사물의 성질과 사물의 의미는 다르다. 사물의 성질은 내 주관과 상관없이 객관적으로 그러한 모습이다. 그러나 사물의 의미는 주관적이다. 따라서 '의미'는 주관의 태도에 따라서 달라질 수 있다. 한 사람의 기질을 완벽하게 파악하기는 어렵겠지만, 적어도 상대가 충동적인 느낌, 신체적인 느낌이 주를 이루고 있음을 여러 상황을 통해 간파했다면 당신은 어떻게 해야 하겠는가? 그 답은 스스로 알 수 있을 것이다.

문화생명체인 사람은 근본적인 시각으로 볼 때, 문화를 창조하면서 동시에 문화의 틀을 벗어날 수 없는 운명적 존재이다. 왜 운명적 존재인가? 생명체이기 때문이다. 생명을 가진 모든 존재들은 운명의 개인사를 자신의 심령을 통해 전개하고 또 그 흔적을 남기고 있다. 운명은 생명을 제한하지만, 정신생명을 가진 존재들은 덕성생명 혹은 영성생명을 통하여 이를 달관하거나 초탈하면서 부자유한 운명의 세계를 벗어나 자유의 세계를 지향하고 있다.

시간적, 공간적, 생물학적, 인적 조건들이 문화생명체를 구성하는 1차적 토대이다. 이러한 토대를 근거로 문화생명체는 치열한 문화학습을 하고 1차적인 토대인 그 조건들을 의식하면서 수많은 선택을 한다. 그러한 선택은 경중에 따라 또 다른 조건을 형성하게 되어 자신도 모르게 조건의 다발이 형성하여 삶의 무게감을 느끼게 된다.

인생은 수많은 선택을 해야 한다. 그 속에는 가벼운 것도 있고 무거운 것 등등 다양하다. 예컨대 가장 가벼운 편에 속한 것은 편의점에서 이것을 살까? 저것을 살까? 해외여행을 어느 나라로 갈까? 더 무거운 편에 속한 것은 무엇을 전공할 것인가? 어떤 직업을 택할 것인가? 마지막으로 어떤 배우자를 택할 것인가? 이 일련의 선택들은 경중에 따라 가볍게 기회비용을 치르면 되겠지만, 어떤 것들은 자신에게 무거운 조건의 다발로 형성되어 가파른 삶의 길을 걸어야 한다.

따라서 먼저는 자신을 얼마나 알고 있느냐가 핵심이고 그 다음 상대와 조화를 이룰 수 있는가를 파악하는 것이다. 미술에서 보색관계가 조화의 핵심이듯이 부부 역시 보색관계라는 사실을 참고해야 할 필요가 있는 것 같다. 그러나 성급한 사람들의 생각은 자신과 취미나 기타 등등 모든 것이 같거나 비슷한 것을 선호한다. 이런 경우 처음은 좋을지 모르나 의외로 곡절을 수반하는 경우가 많다.

예컨대 외향적인 사람이 내향적인 사람에게 시집 혹은 장가를 간다는 말을 자주 듣는데, 이것이 곧 서로 보완적 작용을 하기 때문이다. 즉 보색관계라고 할 수 있다. 반대이기 때문에 서로 상대의 여러 상황에 대해 왜 그럴까, 왜 나와 다를까를 생각하면서 자연스럽게 변증법적인 사고를 할 수 밖에 없고 그 결과 자신도 자아가 넓어지고 상대도 넓어지게 됨으로 온갖 세파를 더 유연하게 겪으며 삶의 지혜를 쌓아가는 것이다.

2
사랑은 경계다!

　사랑은 많은 사람들의 입에 오르내리면서 그들 나름대로 그럴듯한 의미를 쏟아내고 있다. 그럼에도 불구하고 사랑에 대한 그 많은 의미들에 대해 전적으로 동의하는 사람은 별로 없는 것 같다. 왜 그럴까? 사랑은 경계이기 때문이다. 사랑의 경계는 '사랑의 의미'에 대한 깊은 이해와 실천적 깨달음을 통해 도달한 정도나 상태라고 할 수 있다.

　'좋아하는 느낌'에서 시작하여 사랑의 최고의 경계에 도달하는 것이 곧 진정한 사랑을 실현하는 것이다. 다시 말해 사랑의 잠재가능성에서 실천적 깨달음과 자기변화를 통하여 사랑을 실현하는 것이다. 매 사람마다 사랑의 경계에 도달하는 정도나 상태가 상이하기 때문에 사람마다 그것에 대해 상이한 생각을 갖는다고 할 수 있다.

　'좋아하는 느낌'은 사랑의 토대이다. 더 엄격하게 말해 사랑의 가능적 토대이다. 그러나 그것이 사랑은 아니다. 즉 사랑을 향한 도상에 있을 따름이다. 사랑은 경계이고 사랑의 최고경계가 진정한 사랑의 의미이다. 그 경계에 도달해야 비로소 사랑의 참 의미를 드러낼 수 있는 것이다. 사랑에 대한 실천적 깨달음과 자기변화를 통하여 이상적인 사랑을 실현하는 사람도 있지만, 많은 사람들이 그 과정을 소홀히 하거나 간과하여 낭패를 보는 경우가 허다하다.

사랑은 특히 '좋아하는 느낌'이 자신을 압도했을 때 '바라는 소원'과 현실에서 일치시키려는 강력한 욕망이 자신의 많은 것들(지성적인 요소들)을 잠재워 버린다. 그래서 이른바 '사랑에 눈 먼 사람'이 되는 것이다. 상대를 '좋아하는 느낌'에서 출발하여 그 느낌이 높여지고 넓어져야 진정한 사랑으로 전개될 수 있다. 그렇지 않으면 오직 '좋아하는 느낌'만이 응고되는 상황을 초래한다.

그래서 그 사람을 그리워하기 시작하고 더 발전하여 지배나 점유하려 한다. 그 과정에서 상대가 나를 더욱 좋아하도록 하기 위해 자신을 멋있고 예쁘게 꾸미거나 비위를 맞추는 등 일종의 거래를 하고 고마운 느낌을 갖도록 하여 보답을 하도록 한다. 이는 사실 '사랑을 받기 위한' 일련의 행동들이다.

사랑이 결핍된 사람은 다른 사람을 어떻게 사랑할지를 이해하지 못하고 그들은 단지 얻어 낼 줄만 알고 줄 줄을 모르며 안중에 오직 자신만이 있을 뿐이다. 이와 같이 상황이 전개되면 진정한 사랑을 실현하기 어려울 뿐 아니라 그 결말이 비참하게 될 수 있다. 그렇다면 무엇이 진정한 사랑인가? '좋아하는 느낌'이 '의지(자유)와 지성' 즉 이성이 완전히 하나가 되는 것이다. '좋아하는 느낌'과 의지(자유) 및 지성 즉, 이성의 일체화 과정이 진정한 사랑의 전개과정이라고 할 수 있다.

한 사람을 '사랑하는 것'은 반드시 상대방을 중심으로 여기고 절실하게 상대방에게 관심을 가지고 중시해야 한다. 또한 상대방을 마음속에 담아 내 눈에는 다른 사람이 아닌 오직 상대방만이 있어야 한다. 즉 사랑은 배타적 상호 암묵적 인정이다.

그러나 상대방의 존재를 무시하고 그에 대해 무관심한다면 그것은 사랑하는 것이 아니다. 사랑은 경계이기 때문에 그 의미에 대한 깊은 이해와 실천적 깨달음의 연속일 뿐 아니라 동시에 자신의 기질적인 변화가 요구되는 것이다.

깊은 이해와 깨달음의 정도가 사람마다 상이하고 또한 자신의 기질의 변화의 정도가 상이하기 때문에 경계가 다르다고 할 수 있다. 만약 사랑에 대한 깊은 이해와 깨달음의 정도가 최고에 도달하고 자신의 기질의 변화의 정도가 최고에 도달하여 사랑을 실현하였다면 이는 사랑의 최고의 경계에 도달한 것이다.

3

사랑을 받으려는 단계

(1) 좋아하는 느낌의 단계

내가 좋아하는 어떤 성질을 상대방이 가지고 있는 경우 좋은 느낌을 갖는다. 그 사람의 용모나 인상, 태도, 말투, 학식 등으로 인해 상대를 좋아하는 느낌을 갖기도 하고 또한 그 사람의 일 처리 과정으로 인해 내가 좋아할 수도 있다. 또한 좋아하는 사람과 함께 있으면 나는 기분이 좋고 유쾌함을 느끼고 그 사람과 함께 즐거움을 느끼므로 나는 그 사람을 좋아한다.

좋아하는 느낌은 사랑의 토대이다. 좋아하는 느낌이 없으면 사랑도 없다. 그러나 좋아하는 느낌이 곧 사랑은 아니다. 좋아하는 느낌과 사랑은 역시 일정한 거리가 있다. 좋아하는 느낌은 사랑을 실현할 '가능성'을 가지고 있을 뿐이지 사랑은 아니다. 즉 사랑을 향한 도상에 있는 것이다. 좋아하는 느낌과 사랑을 구분하지 못하고 좋아하는 느낌을 사랑하는 것으로 잘못 생각하여 낭패를 본 사람들이 상당히 많다.

한 사람을 좋아하고 그에게 좋은 느낌을 갖는 것을 자신이 이미 그를 사랑하는 것으로 잘못 생각하는 것이다. '좋아하는 느낌'에서 진정한 사랑을 실현하는 사랑경계까지는 많은 것들이 남아있다. '좋아하는 느낌'에서 그 느낌을 넓히고 제고시키는 실천적인 공부가 필요할 뿐 아니라 동시에 사랑의 의미를 깊이 이해하고 깨닫는 자기 자신의 기질을 변화시키는 노력이 장기간 동안 수반되어야 한다.

(2) 그리워하는 단계

한 사람을 좋아하는 것은 그 사람과 함께 있는 것을 즐겁게 여기고 함께 있지 않을 때 일종의 분리 불안이 발생되며, 마음이 편치 않음을 느끼고 계속 그와 함께 있기를 갈망한다. 이것이 바로 '그리워하는' 단계이다. 좋아하는 느낌이 누적되고 응집되면 '그리워하는 느낌'이 생긴다.

'그리워함'에는 두 가지고 있다. ① 하나는 그 사람과 함께 있지 않을 때 그 사람을 생각하고 그 사람과 함께 있을 때의 즐거움을 반복적으로 회상한다. 이는 '그리워함'이 약하게 나타나는 것이다. ② 다른 하나는 그 사람과 계속 함께 있고 싶은 충동이 생기고 그 사람을 늘 찾고 싶어진다. 후자가 전자보다 더욱 강렬하다. 자신의 충동이 어느 정도까지 도달하면 직접 그를 찾게 되고 마치 그가 없으면 살 수 없을 것 같아 적극적으로 매달리고 의존하게 된다.

(3) 점유하고 지배하는 단계

'그리워하는' 단계에서 어느 정도에 이르면 점유욕이 생긴다. 이는 그 사람과 다른 사람이 함께 있는 시간이 많으면 나와 함께 있는 시간이 상대적으로 감소하기 때문이다. 그 사람에 대한 그리움과 의지함을 해소하기 위해 나는 그가 다른 사람한테 시간을 허비하는 것을 용납하지 못한다. 다른 사람이 그 사람과 나의 시간을 차지하게 되면 나는 질투한다. 그 사람이 나와 함께 있을 때에 정신을 딴 데 팔아도 나는 강샘을 부린다.

상대방을 완전히 독점이라도 하듯이 차지하기 위해 어떤 사람은 극단적인 조치를 취하여 상대방을 통제하고 상대방을 확실히 움켜잡고 지배하려 한다. 미행을 하거나 어떤 것을 조사하고, 자신의 기준에 의해 징벌하거나 말다툼을 하기도 한다. 어떤 요구를 하고, 몸의 자유를 제한하는 것들은 모두 비교적 주도적이고 강경한 조치이다. 상대에게 비위를 맞추거나 이익을 미끼로 한 유혹, 고육책을 쓰거나 협박하는 것은 비교적 피동적이고 부드러운 조치에 속한다.

이 단계는 상대방을 개조하려는 입장과 인식이 바탕에 깔려있다. 비록 상대방이 나를 전체적으로 좋아하도록 하지만, 나를 그다지 만족스럽게 하지 못한 면이 있다. 그래서 나는 상대방이 나를 대하는 방식을 좀 바꾸도록 요구하거나 상대방이 나를 대하는 방식을 바꾸는 것을 내가 도와주는 것이다. 더 나아가 내가 직접 상대방을 개조하여 나의 이상 속의 모습으로 변화하도록 한다. 이러한 개조는 사실 통제와 점유이고 지배이다. 상대를 점유하고 통제하여 개조하려는 것은 '얻어 내기 위한 요구'에 속한다. 얻어 내기 위한 요구가 바로 내가 주동적으로 사랑을 받고자 하는 행위이다. 몸의 자유와 의지의 자유가 손상을 받는 단계이다.

(4) 거래하는 단계

'부드러운 통제'는 거래의 색채를 띠지만, 진정한 거래와 서로 다르다. 거래는 상대방이 나를 좋아하도록 하기 위해 상대방을 독점하고 지배하는 목적에 도달하는 것을 가리키는 것이다. 즉, 내가 뭔가를 하여 그 사람이 기분이 상쾌해지기를 바라며, 그 사람이 강요가 아니라 스스로 원하여 나와 함께 있도록 하는 것이다.

예를 들면 자신을 더욱 멋지고 사랑스럽게 하여 그 사람에게 장단을 맞춰주고 환심을 산다. 또한 그 사람에게 순종하며 관심을 가지고 그 사람을 도와주고 비위를 맞춰 주며, 그 사람이 나와 함께 있는 것을 더욱 좋아하도록 하는 것이다. 거래는 공평을 강조하듯이 공들인 만큼 보답을 얻어야 한다. 만약 많은 공을 들여 상응하는 보답을 받지 못한다면 통제로 전향된다. 자유가 유린당하는 단계이다.

(5) 보답을 바라는 단계

거래에는 그렇게 노골적이고 적나라하게 드러나지 않는 두 가지가 있다. 하나는 상대방이 고마운 느낌을 갖게 하는 것이고, 다른 하나는 느낌투하 즉, 감정투자이다. 상대방이 고마운 느낌을 갖게 하는 것은 보답의 일종이다. 즉 내가 이미 상대방으로부터 도움이나 어떤 이로움을 얻었으니 이제 상대방에게 보답한다. 상대방은 보답을 바라지 않지만, 나의 보답은 반드시 그 사람에게 즐거움을 주어 그 사람이 나와 함께 있기를 더욱 원하게 한다. 나 자신이 보답을 하지 않는다면 마음이 불안하고 늘 그에게 신세를 졌다고 느낀다. 거래와 비교하면 고마운 느낌을 갖게 하는 것은 그렇게 공리적인 것은 아니다.

감정투자는 겉으로 보기에는 보답을 요구하지 않는 것이지만 사실은 눈앞의 작은 것보다는 앞날의 큰 것을 염두에 두는 행위이다.

많은 부모들이 자식을 대하는 것이 바로 이와 같다. 이기적이지 않고 사심 없이 자식을 사랑하고 몸과 마음을 다해서 한마음으로 자식이 잘 살기를 바란다. 자식이 자라 성인이 된 뒤에 차츰 자식에게 따진다. 아마 그들이 자식을 위해 일할 때 정말로 보답을 생각하지 않았을 것이고 이는 이미 이기적이지 않고 사심이 없는 것이었다.

부모가 자식을 사랑하는 근본 원인은 그는 그들의 자식이고, 그들의 생명의 연장이며, 그들의 신체의 일부분이다. 또한 자식을 사랑하는 것이 자신을 사랑하는 것이니 당연히 보답이 필요 없다. 그밖에 부모의 아이에 대한 사랑 역시 아이의 사랑스러움에 대한 일종의 보답이라고 할 수 있다.

통제는 상대방이 나를 사랑하도록 압박하는 것이고, 거래는 상대방이 스스로 나를 사랑하도록 하는 것이다. 거래하는 중에 내가 공들였던 것은 상대의 보답일 것이다. 자유가 왜곡되는 상황이다.

①'좋아하는 느낌' 단계 ②'그리워하는' 단계 ③ 점유하고 지배하는 단계 ④ 거래하는 단계 ⑤ 보답하는 단계 ①에서 ⑤까지는 중심점이 모두 자신이다. 이는 사랑을 받으려는 단계이다.

4
사랑하는 단계

　사람의 정신활동 중 많은 요소 예컨대 의지, 도덕, 심미 등은 모두 느낌과 이성의 상호작용의 산물이다. 인류의 사랑은 인류정신활동 중에 가장 많이 활약하고 가장 강렬한 요소이며, 인류의 고도의 심령활동이고 그것 역시 느낌과 이성의 종합적인 산물이다. 도덕과 사랑은 밀접하게 연계된 것이지만 또한 구별된다.
　도덕은 일반적으로 사람의 생각과 행위가 '선'의 원칙에 부합하는 것을 가리키는 것이고, 그것은 생각과 행위의 판정표준이다. 사랑은 사람이 선한 일을 하는 일종의 생명력이고, 이러한 생명력은 느낌을 촉진하고 지성을 이끌어 가는 것이다. 진정한 사랑은 공리적인 것을 초탈(초월)하는 것이지 보답을 추구하는 것이 아니다.
　진정한 사랑이 최고의 행복이라고 할 수 있고 또한 인류 행복의 근원이라고 할 수 있다. 왜냐하면 진정한 사랑은 이성, 자유, 도덕이 내재적으로 통일된 상태이고, 그것이 구체적으로 인간의 내심에서 '자유롭고 편안한 내적 즐거움'을 느끼는 것을 말하며, 이것이 바로 행복의 내용이기 때문이다. 자유를 바탕으로 도덕, 심미, 느낌, 사랑 등을 통해 '자유롭고 편안한 내적 즐거움'을 느끼는 것이다. 자유가 바탕이 되지 않으면 그것은 거짓이다.

설사 보통 사람일지라도 부부가 깊이 사랑하고 자녀가 효성스러우며 이웃과 화목하고 친구와 우애로우면 역시 행복을 느끼게 된다. 물론 기본적인 물질생활은 행복에 필수적이지만, 물질을 향유할수록 행복이 증대되는 것은 결코 아니다. 행복은 내심의 느낌체험이다. 사랑은 사람들에게 행복을 가져온다. 사랑하는 마음으로 관심을 가지고 중시하는 단계에서 사랑하는 느낌과 이성의 조화 단계, 즉 사랑의 최고경계까지가 '사랑하는' 단계이다.

사랑하는 마음으로 관심을 가지고 중시하는 단계에서부터 시작하여 중심점이 상대방으로 이동되는데, 이것이 사랑하는 단계이다. 그렇다면 진정한 사랑이 무엇인가? '좋아하는 느낌'이 '사랑하는 마음'으로 제고되어 느낌과 의지(자유) 그리고 지성이 완전히 일체가 되는 것을 말한다. 즉 느낌이 이성화된 것이다.

(1) 사랑하는 마음으로 관심을 가지고 중시하는 단계

사랑하는 마음으로 관심을 가지고 중시하는 단계는 사랑을 받으려는 단계에서 제고되고 발전하여 사랑하는 단계로 진입하여 진정한 의미로 사랑을 시작한 것이다. 사랑의 시작은 자신의 자유의 의미가 소중한 만큼 상대의 자유도 매우 소중하다는 것을 깨닫는 것이다.

먼저 한 사람을 사랑하는 것은 반드시 그를 중심으로 여기고 절실하게 그에게 관심을 가지고 중시해야 한다. 또한 그를 마음속에 담아 그의 행동을 밀접하게 주의해야 하고, 마치 어머니가 젖을 먹는 어린 아이를 대하는 것과 같이 '나의 안중에는 오직 당신만이 있어야 한다.' 반대로 만약 상대의 존재를 무시하고 그에 대해 무관심하며 하나도 아는 것이 없다면 그것은 사랑하는 것이 아니다. 사랑은 배타적 상호 묵계적 인정이다.

(2) 사랑하는 마음으로 상대방 입장에서 생각하는 단계

나는 상대방의 행동에 관심을 가져야 할 뿐 아니라 그의 내심의 느낌과 자유에 관심과 이해를 해야 한다. 상대방이 기분이 좋은지? 왜 기분이 좋지 않은지? 그의 걱정이 무엇인지? 그는 어떠한 도움이 필요한가? 이러한 것들에 대해 관심과 이해를 해야 한다. 이것이 바로 상대방 입장에서 생각하는 단계이다.

관심을 가지고 상대방 입장에서 생각하는 것은 상대방의 내심세계로 진입하는 것이다. 또한 그 사람의 체험을 체험하며 그 사람의 느낌을 느끼거나 혹은 그 사람의 내심활동을 분명하게 파악하기 위해 그 사람을 대신해서 체험하고 느끼는 것이다.

어떤 의미상으로 말하면 상대방 입장에서 생각하는 것은 곧 세심하게 헤아리는 것이지만, 그 목적은 더욱 좋게 그 사람을 돕기 위해 그를 이해하는 것이지, 그 사람에게 비위를 맞추고 그로 하여금 더욱 나를 사랑하도록 하는 것이 아니다. 바꾸어 말하면 세심하게 헤아리고 상대방 입장에서 생각하는 것은 그 사람을 위해 하는 것이고 비위를 맞추는 것은 자신을 위해 하는 것이다. 걱정 역시 일종의 상대방 입장에서 생각하는 것과 세심하게 헤아리는 것이고, 그가 어떻게 됐는지, 즐겁게 지내는지, 도움이 필요한지 매우 알고 싶은 것이다.

(3) 사랑하는 마음을 지탱하는 단계

상대방 입장에서 생각하는 단계에서 상대방이 무엇이 필요한지, 어떻게 도와야 하는지를 알 수 있다. 오직 이렇게 해야 비로소 그 사람이 원하는 것을 도와주어 피차 기분이 좋다. 이 속에는 내면의 '자유'에 대한 깨달음이 지속된다.

상대방을 도울 때 상대방의 필요에서 나온 것이 아니라 자신이 좋아하는 것을 상대에게 강요하는 것은 상대방 입장에서 생각하는 공감이 부족한 데에 원인이 있는 것이다. 그러한 공감이 없는 도움은 마치 과녁 없이 활을 쏘듯이 목표가 없는 것이다. 또한 억지로 강요하는 것이며, 사람을 고통스럽게 하고 마음의 고충을 말로 표현하지 못하게 하는 것이다.

이러한 사람은 사람에게 매우 열정적이고 돕기를 좋아하지만, 다른 사람은 호의를 거절하고 그를 피하고 멀리한다. 그러나 냉정하게 비교하면 열정이 더욱 사랑에 접근해 있다. 효과가 어떻든 간에 사랑하는 마음은 갸륵하다.

사람마다 진심으로 사랑하는 사람을 위해 즐겁게 일하는데, 만약 이렇게 하는 것이 상대방이 더욱 자신을 사랑하도록 하기 위한 것이라면, 그것은 바로 거래다. 만약 이렇게 하는 것이 단지 상대방이 기분이 좋게 하기 위한 것이고 어떠한 보답도 바라지 않는다면, 그것이 바로 진정한 사랑이다. 바꾸어 말하면 사랑은 대가가 없는 행위이고, 의무의식을 가진 행위이다. 왜냐하면 사랑은 모든 것을 바치거나 헌신하면서도 스스로 만족하는 것이고, 또한 어떠한 대가, 조건, 결과를 염두에 두지 않는 것이기 때문이다.

도움은 물질적일 수 있고 또 정신적일 수 있다. 정신적인 도움이 바로 '사랑의 느낌'의 지지와 지탱이다.

(4) 사랑하는 마음을 바치는 경계

일반적인 상황에서 상대방의 기분을 좋게 하는 것은 역시 비교적 쉽게 할 수 있다. 하지만 만약 상대방의 행복이 나의 고통 위에 건립된 것이라면 그것은 하기 어려운 것이다. 만약 상대방이 기분이 좋게 되면 자기 자신은 매우 고통스러운데, 만약 상대방이 기분이 좋지 않게 된다면 그것은 사랑이 아니다. 따라서 9번째 단계는 이러지도 저러지도 못하는 상황이다. 즉, 딜레마로서 오직 과감하게 자기희생, 헌신적인 정신을 가지고 비극적인 색채를 띤 그러한 사람이 비로소 도달할 수 있다. 이는 구체적으로 상대방을 존중하는 것으로 표현되고 상대방에게 일정한 개인공간을 주어 그로 하여금 자유롭게 하는 것이다.

'사랑하는 마음으로 관심을 가지고 중시하는 단계', '사랑하는 마음으로 상대방의 입장에서 생각하는 단계'(즉 공감), '사랑하는 마음을 지지하고 지탱하는 단계'와 비교하면 '보답을 바라지 않고 (사랑을) 바치는 것'이야말로 진정한 사랑이다. '사랑하는 마음으로 관심을 가지고 중시하는 단계', '사랑하는 마음으로 상대방의 입장에서 생각하는 단계'와 '사랑하는 마음을 지지하고 지탱하는 단계'는 자신의 이익을 손상시키는 것이다. 보답을 바라지 않고 (사랑을)바치는 것은 자아희생이며 수시로 자기의 이익을 희생할 것을 준비한다.

이 단계의 또 다른 표현이 존중, 신임, 포용과 받아들임이다. 상대방이 능력을 가지고 자신의 일을 잘 처리하고 그의 결정은 틀림없이 정확하다는 것을 믿는다. 설령 실수를 하더라도 그것은 역시 그의 결정이고 나는 반드시 그를 존중해야 한다. 그의 어떤 관점은 나와 다를 수 있지만, 나는 그를 포용하고 그를 받아들인다.

(5) 사랑하는 느낌과 이성의 조화의 경계

만약 상대방이 떠나지 않고 자신의 행복을 나의 고통위에 건립하지 않았다면, 서로 간의 일치성이 비교적 높고, 양립성이 비교적 좋다는 것을 입증한 것이다. 따라서 상대방이 무엇을 하는지 고심할 필요가 없고, 어떤 동작이나 말 한마디 그리고 자기가 하고 싶은 대로 하고 손가는 대로 해도 모두 상대방이 기분이 좋게 된다.

바치는 것이 불필요하고 자아희생이 불필요하고 공을 들일 필요가 없고 보답이 필요 없다. 두 사람은 이미 합하여 일체가 되었고 당신 속에 내가 있고 내 속에 당신이 있으며, 당신이 나이고 내가 당신이니 네 것 내 것을 가리지 않는다. 당신의 즐거움이 나의 즐거움이니 그 즐거움은 내적인 즐거움이다. 다시 말하면 그 사랑은 느낌과 '의지(자유) 그리고 지성' 즉, 이성이 완전히 일체가 되는 것을 말한다. 즉 사랑하는 느낌이 이성화된 것이고, 사랑의 최고의 경계에 도달한 것이다.

이상 10가지 경계는 순서대로 점차 발전하고, 사랑은 좋아하는 느낌에서부터 시작하여 그리워하는 느낌을 거쳐 점유로 들어가는데, 많은 사랑(?) 이야기의 일정한 법칙이 이 경계에 있고, 맨 마지막에 통제와 반통제로 변하여 권리투쟁으로 말려든다. 이러한 사랑은 사실 사랑하는 것이 아니라 '사랑을 받으려는 것'이고, 결말은 왕왕 매우 비참할 수 있다.

어떤 사람은 운이 비교적 좋아 연애과정 중에 만족한 사랑을 얻고, 사랑을 받는 욕구가 충분한 만족을 얻으며, 순조롭게 거래와 보답으로 진입하고 그런 후 '사랑을 받으려는 단계'에서 '사랑하는 단계'로 향하여 가고, 얻어 내는 것에서 주는 것을 향하여 가며 성숙하지 않는 것에서 성숙한 것으로 향한다. 이로써 사랑은 성장의 하나의 과정이고, 사랑은 사람이 성장하도록 한다는 것을 알 수 있다. 결국 사랑의 최고 경계에 도달하는 것 역시 최고의 정신경계와 깊은 관계를 갖는다.

제12강

나는 누구인가?
-'너 자신을 알라!'-

1. 인문학은 '나는 누구인가?'에 대한 답을 얻도록 한다
2. 나는 누구인가?: 오이디푸스의 운명적 수수께끼
3. 소크라테스의 "너 자신을 알라!"의 의미
4. 너 자신을 알라: 현상의 나와 본질상의 나
5. 너 자신을 알라: 자유를 향한 경계

   (1) 가장 낮은 경계

   (2) 두 번째 경계

   (3) 세 번째 경계

   (4) 네 번째 경계

   (5) 다섯 번째 경계

   (6) 여섯 번째 경계

1

인문학은 '나는 누구인가?'에 대한 답을 얻도록 한다

　우리는 이제까지 인문학이 인류에게 어떠한 기능을 하고 어떠한 영양분을 줄 수 있는가에 대해 살펴보았다. 그 과정에서 인문, 인성, 이성, 자유의 의미를 이해하였고, 또한 도덕주체에 의해 인문세계를 열 뿐만 아니라 자신의 정신빌딩 즉 정신경계를 높일 수 있으며, 이를 바탕으로 생활 속에서 본능, 욕망 심지어 한계상황을 초월할 수 있음을 설명하였다.

　인문정신의 근본내용은 인성, 이성, 초월성이라고 할 수 있다. 인성은 사람의 행복과 존엄에 대한 추구를 하고, 이성은 진리에 대한 추구이며, 초월성은 사람의 생활(삶)의 의의에 대한 추구라고 할 수 있다. 이러한 일련의 과정 속에 자유가 관통되어 있다. 자유의 바탕위에 도덕, 심미, 사랑, 행복 등이 구현되는 것이다.

　인문학은 인류에게 인문학적 지혜를 얻도록 하고, 올바른 행위를 하도록 진정한 자아를 마련해 준다. 또한 상상을 불러일으키는 미적 형상을 제공하고, 깊은 느낌을 불러일으키는 미적체험을 하도록 하여 이성화된 느낌의 '나'가 되도록 한다.

인문학은 병든 의식, 병든 문화를 치유할 수 있는 해독제가 될 뿐 아니라 '사람이 사람이 되는 것'을 깨닫도록 한다. 이를 바탕으로 개인의 진정한 행복을 누리게 되는 것이다. 또한 인문학은 '너 자신을 알라!' 혹은 '나는 누구인가?'라는 숙명적인 질문에 답을 얻도록 도와준다.

『노자』는 "다른 사람을 이해하고 아는 것(知人)을 지혜라고 하고, 자신을 알고 이해하는 것(自知)을 분명하게 깨달아 통달한 것이다."[154] 라고 했다. 즉, 진정으로 총명한 사람은 자신의 마음을 반성적으로 돌이켜 보고, 자신의 부족함을 확실히 이해하고 끊임없이 성장한다는 의미이다. '자신을 이해하고 아는 것(自知)'이 바로 '나는 누구인가?'와 근본적으로 같은 성격의 문제이다.

나는 누구인가? 이 말은 자신에 대해 깊은 사고와 반성을 통해 진실한 자아를 인식하도록 하는 것이다. 또한 이 질문을 통해 사람들이 내심의 진실한 모습을 알아내도록 이끌어 주고 동시에 사람들이 외재적인 형상을 초월하여 자신의 본질을 이해하도록 한다.

진정으로 지혜가 있는 사람은 자신의 무지(無知)를 인정한다. 그러나 대부분의 사람들은 자신의 무지(無知)를 알지 못한다. '아는 것을 안다고 하고 모르는 것을 모른다고 하는 것이 아는 것이다.' '나는 누구인가?'라는 질문을 통해 스스로를 향해 캐물어 자기 자신을 반성하도록 하고 아울러 변증법적인 자아인지의 과정으로 삼아 더 높은 차원의 자아인지를 실현할 수 있도록 한다. 실천과 반성적인 사고를 통하

---

154) 『노자』, 제33장, "知人者智, 自知者明."

여 우리는 끊임없이 자신의 성장을 추구하여 더 높은 경계에 도달하게 된다.

우리 시대의 가장 근본적인 문제 중의 하나가 훼손된 자연환경만큼이나 인간환경이 훼손되어 자신과 다른 사람이 화합을 상실하는 데 있다면, 인문학의 가장 근본적인 용도는 사람의 자아에 대한 이해이다. 즉 '자신을 아는 것'을 증진시킬 수 있고 더 나아가 사람 자신의 느낌이 조화롭고 '도덕주체'에 따라 내면이 침착하고 평온하게 될 수 있는 것이다.

'너 자신을 알라!'는 뒤집어 보면 '나는 누구인가?'의 질문일 수 있다. 이는 정신 면, 물질 면, 내면, 외면, 사실적인 면, 가치적인 면, 운명적인 면 등 다양한 측면으로 알아갈 수 있지만, 결국은 인류 심령의 능동적이고 순수하고 텅 비어 있는 본래 모습을 통하여 그 질문에 답을 얻게 된다. 먼저 '오이디푸스의 운명적 수수께끼', '소크라테스의 너 자신을 알라!의 의미', '현상의 나와 본질의 나', '너 자신을 알라: 자유를 향한 경계'의 순서로 설명하여 '나는 누구인가?'에 대한 답을 드러내 보이겠다.

2

나는 누구인가?:
오이디푸스의 운명적 수수께끼

　델포이의 아폴론 신전의 프로나오스 앞마당에 새겨진 "너 자신을 알라!"라는 말은 고대 그리스의 철학자 소크라테스를 통해서 더 유명해졌다. 이는 또한 유럽문화의 발원지인 고대 그리스문화의 유산 중에서 늘 빛나는 위치를 차지하고 있는 것 같다. '너 자신을 알라!'는 말이 지칭하는 것은 '나는 누구인가?'라는 말과 깊이 연계된 것이다. 이를 우리는 사실차원과 가치차원으로 나누어 생각할 수 있는데, 결국 사실차원에서 가치차원으로 외재적인 것에서 내면적인 것으로 인식의 과정이 진행될 수밖에 없다.

　아리스토텔레스가 『시학』(詩學)[155]에서 비극의 본보기로 평가한 소

---

[155] Edited by Jonathan Barnes, The complete works of Aristotle(The Revised Oxford Translation), volume two, 982b1, princeton university press, 1985 아리스토텔레스는 시학에서 비극은 왜 서사시보다 우월한지를 설명한다. 그는 아리스토파네스류의 희극보다는 비극에 더 큰 중심을 두고 시를 설명하였다. 아리스토텔레스는 이 책의 첫머리에서 포이에시스(詩作)는 그 종류를 통틀어 모두 미메시스(모방)라고 하였다. 비극은 상당한 길이로써 완결된 중대 행위의 모방이다. 그 가운데에는 리듬과 음악적인 언어가 있으며, 등장인물은 연민과

포클레스의 『오이디푸스왕』이 바로 '자신을 아는 것'에 대한 운명적 수수께끼를 풀어가는 탐험의 여행이다. 이 같은 자신의 신세를 알기 위한 운명적 수수께끼 역시 사실차원에 중점을 둔 것이라고 할 수 있다. 운명이란 자신으로서는 '어찌할 수 없는 조건의 다발'이다. 이야기의 줄거리는 다음과 같다.

테베(thebes)의 나라 왕 라이오스(Laius)와 그 왕비 이오카스테(Jocasta)의 아들인 오이디푸스가 바로 비극적인 운명의 주인공이다. 예언자로부터 자신의 아들로 인해 멸망한다는 예언을 들은 왕 라이오스는 아기(오이디푸스)를 죽이라고 왕비 이오카스테에게 시킨다.

하인은 왕비의 지시에 따르지 않고 아기를 들판에 버린다. 이를 본 한 목동이 아기를 '오이디푸스'라고 이름을 짓고 자신이 길러 보려고 했지만, 결국 또 다른 목동에게 오이디푸스를 맡긴다. 두 번째 목동은 오이디푸스를 코린트로 데리고 갔는데, 자식이 없던 코린트의 왕 폴리버스는 오이디푸스를 받아들여 친자식처럼 길렀다.

청년이 된 오이디푸스는 왕 폴리버스의 친자식이 아니라는 소문을 듣고 이를 부정하지만 마음속에 여전히 의심을 품게 된다. 그래서 그는 누가 생부인지 아폴론 신전의 예언자에게 묻자, 직답 대신 '당신은 자신의 어머니를 취하게 되고 아버지의 피를 손에 묻힐 운명'이라고

공포를 불러일으키는 일련의 사건을 통하여 행위의 카타르시스(淨化)를 성취하는 것이다.

말한다. 오이디푸스는 예언한 그 비극적 운명을 피하기 위해 이제까지 부모라고 생각한 왕 폴리버스와 왕비 메로페의 나라 코린트를 떠난다.

테베로 가는 길에 오이디푸스는 테베의 왕 라이오스를 만나지만 서로 알아보지 못하고 이륜 전차의 우선 통행을 위해 서로 싸움을 하는 중에 왕 라이오스는 오이디푸스에 의해 살해된다. (예언자의 말의 일부가 적중되고 실현됨.)

그런 후 많은 점쟁이를 괴롭히던 스핑크스의 수수께끼를 풀어야 했다. "아침에 다리 네 족, 오후에 두 족, 저녁에 세 족인 생물은 무엇인가?"[156] 오이디푸스가 '사람'이라고 정답을 말하자, 수치심을 견디지 못하고 절망한 스핑크스는 스스로 절벽으로 몸을 던져 죽는다. 결과적으로 테베 왕국을 스핑크스의 저주에서 자유롭게 한 오이디푸스는 보상으로 왕족의 신분과 왕비이자 그의 친모(오이디푸스는 전혀 모름)인 왕비 이오카스테를 차지한다. (예언이 모두 실현됨)

오이디푸스가 테베의 왕이 된 후, 테베나라의 시민을 악성 유행병에서 구제해 달라고 왕 오이디푸스에게 촉구한다. 이 유행병은 테베나라 왕 라이오스를 살해하여 신들이 내린 벌이었다. 자신이 한 일이라는 사실을 모르고 오이디푸스는 살인자를 찾기 위해 맹인 예언자인

---

[156] "목소리는 같지만 발이 4개가 되기도 하고 2개가 되기도 하고 3개가 되기도 하는 것은 무엇인가?" 정답은 '사람'. 유아기에는 4발로 기고 자라서는 2발로 걷고 노년기에는 지팡이에 의지하는 걸 비유한 건데, 오이디푸스 자신이 장님이 되어서 지팡이를 짚고 다니는 노인이 될 것을 예견했다는 걸 암시하기도 한다.

티레시아스(Tiresias)에게 묻자, 티레시아스는 오이디푸스 자신이 라이오스를 죽인 살인자라는 사실을 말한다. 오이디푸스는 이에 격노하며 예언자를 이오카스테의 남동생 크레온(Creon)과 공모한 것이라고 했다.

왕 라이오스를 살인할 때 유일한 목격자가 소환되는데, 그는 오이디푸스가 왕이 될 때 진실을 두려워하여 도망갔었다. 또한 코린트에서 폴리버스의 사망을 알리려고 전령이 왔는데, 오이디푸스는 그가 생부라고 믿고 있었다. 전령은 오이디푸스가 왕 폴리버스의 입양된 아들이고 친부는 확인되지 않았다고 말한다.

두 번째 전령이 목동과 함께 도착했고, 오이디푸스가 왕 라이오스에 의해 버려진 아들이라고 밝힌다. 이오카스테가 목매 자살한 소식을 전달 받고, 오이디푸스는 스스로 이오카스테의 옷에 붙어 있던 황금 브로치로 자신의 두 눈알을 파낸다. 오이디푸스는 홀로 추방된다. '자신을 아는 것'이 그의 숙명이 되었다.

"너 자신을 알라."라는 말은 오이디푸스를 통해서 더욱 구체적으로 "나는 누구인가?"라는 말로 표현될 수 있다. 오이디푸스 자신의 신세를 알기 위해 조사하고, 방문하고, 대질하는 일련의 과정을 거친 후 그는 자신이 결국 생명의 출발점으로 돌아왔음을 발견하게 된다. 즉 그는 라이오스(Laius)와 이오카스테(Jocasta)의 아들이고, 신에 의해 죽음을 선고 받은 아버지를 죽이고 어머니를 범하였다. 그리고 운명의 올가미를 필사적으로 벗어나려고 시도하는 그는 마침내 역시 신이 던져 놓은 그물망으로 떨어진 것이다.

현대인의 운명은 오이디푸스와 비교하면 어느 면에서 보면 아마도 더 불행할지도 모른다. 이는 한편으로 우리가 직면한 환경과 더불어 안고 있는 문제가 더 복잡하기 때문이고, 또 한편으로 우리 역시 오이디푸스처럼 자기 신세의 수수께끼를 짊어지고 있기 때문이다.

오이디푸스로 말하면 자신의 신세의 수수께끼를 푸는 것이 곧 "나는 누구인가?"에 답하는 것과 같다. 즉 사실차원에서 자신의 운명적인 신세를 확인한 것이다. 보다 심층적으로 보면 물론 '나는 누구인가?'의 답의 일부에 불과하다. '나는 누구인가?'에 대한 사실차원의 확인인 것이다.

그러나 현대인으로 말하면 설사 나는 나 자신이 누구누구의 자식임을 확실히 알더라도 다시 확대해 가면 나는 누구누구의 남편, 부인, 아버지, 어머니, 연인, 친구이고, 설사 내가 자신과 상관된 모든 관계를 하나하나 자세히 구별하여 분명하게 말할 수 있더라도, 나 역시 운명이 나에게 설정한 늘 풀리지 않고 남아 있는 수수께끼 혹은 의심 덩어리(Mystery)를 풀 수가 없다.

동시에 사람으로서 살고 또 살아가야 하는 근원적인 '나'에 대한 의문을 풀어야 한다. 다시 말하면 사실적인 측면뿐 아니라 가치 차원의 '나'를 밝히는 것이다. 나는 나를 아는가? 나는 누구인가?

3

소크라테스의
"너 자신을 알라!"의 의미

　소크라테스[157]는 철학적인 시각으로 보면 독자적인 기풍을 이루고 있는 철학자이다. 그는 "너 자신을 알라!"라는 명제를 통하여 사람들의 주의력을 변화무쌍한 자연현상에서 내심의 깊은 곳 즉, 덕성으로 방향을 바꾼 것이다.
　소크라테스의 '너 자신을 아는 것'은 심령의 내재원칙을 아는 것이다. 즉 덕성을 아는 것이라고 생각하였다. 자아를 탐색하고 심령(마음)의 내재원칙을 아는 것은 실제로 덕성을 추구하는 것이다. 소크라테스의 이론에서 덕성은 정의, 용감 등과 같이 사람이 갖추어야 할 본질이다. 그는 '선'[158]은 만물의 내재된 원인과 목적이고, 사람에서 이 '선(善)'이 바

---

157) 아무런 저서도 남긴 바 없는 소크라테스의 확실한 사상을 알기는 어려우나 플라톤, 아리스토텔레스, 디오게네스, 라이르티우스, 크세노폰, 특히 플라톤의 저서 등에 언급된 것을 보면 그는 델피의 신탁인 "만인 중에 소크라테스가 제일 현명하다."는 말을 들었다. 스스로의 무지를 자처하던 소크라테스는 신의 신탁이 사실인가 확인하기 위해 의아심을 품고 여러 현명한 사람을 찾아다녔다고 한다. 그러나, 그 어느 누구도 자신의 말을 확실히 알고 말하는 사람이 없었다.
158) 선은 인생의 최고목적이다. 그는 "선은 우리의 모든 행위의 목적이고, 기타 모

로 덕성이다. 그가 말한 덕성은 "덕성이 즉 지식이다."를 의미한다. 즉 덕성은 내재적 지식이며, 자신을 아는 것을 통하여 얻는 것이다. 매 사람의 내심에 덕성이 감춰져 있지만 그것을 실현하려면 반드시 이성의 지도 아래서 자신의 덕성을 인식하고 또 실천해야 진정한 선이 된다.

소크라테스의 "너 자신을 알라!"는 인류에게 자아반성과 도덕수양을 통하여 자아에 대한 깊은 이해에 도달하는 것을 강조하였다. 또한 진정한 지혜는 자신의 무지(無知)를 인식하는 데에 있고, 무지(無知)는 모든 죄악의 첫 번째 근원이라고 생각하였다.

소크라테스는 '너 자신을 알라!'라는 명제를 통하여 사람들이 사람의 공통적이고 보편적인 본질을 발견하고, 정신과 도덕세계속의 사물을 재건하도록 인도한 것이다. 아울러 사람들이 자신의 본질과 특성을 명확하게 하고, 인생의 의의와 진정한 가치를 알기를 희망하였다.

그는 독선적인 사람들에게 도전하여 진리가 종종 표면적인 세속적 인지에 의해 가려진다는 것을 지적하였다. 따라서 정보가 폭발하고 진상이 모호한 현시대에서 내면의 진실한 요구와 가치에 대해 깊은 사고를 해야 함을 일깨워 준 것이다.

든 일은 선을 위해 진행되는 것이지 결코 기타 목적을 위해 선을 행하는 것이 아니다." 이성, 즐거움, 자제 등등 모두가 선을 목적으로 삼는 것이다. "바로 선을 위해 우리는 비로소 기타 일을 하고, 즐거움을 추구하는 것을 포함하여 선을 위해 우리는 비로소 기타 일을 하고, 즐거움을 위해 선을 행하는 것이 아니다." 선은 모든 행위의 목적이고 또 최고의 도덕가치이며 지선(至善)은 인생의 최고경계이다. 첫째, 선은 질서를 가진 안배이다. 둘째, 선은 자유, 자제, 자주이다. 셋째, 선은 사물로 하여금 이롭게 하는 원인이다. 넷째, 선은 진선미의 통일이다.

4

너 자신을 알라:
현상의 나와 본질상의 나

나는 누구인가? 이 말은 자신에 대해 깊은 사고와 반성을 통해 진실한 자아를 인식하도록 하는 것이다. 또한 이 질문을 통해 사람들이 내심의 진실한 모습을 알아내도록 인도하고 동시에 사람들이 외재적인 형상을 초월하여 자신의 본질을 이해하도록 하는 질문이다.

일반적으로 사람은 무지(無知)하다고 할 수 있다. 진정으로 지혜가 있는 사람은 자신의 무지(無知)를 인정한다. 그러나 대부분의 사람들은 자신의 무지(無知)를 알지 못한다. '아는 것을 안다고 하고 모르는 것을 모른다고 하는 것이 아는 것이다.'[159] 나는 누구인가? 이러한 질문을 통해 스스로를 향해 캐물어 자기 자신을 반성하도록 한다. 아울러 변증법적인 자아인식의 과정으로 더 높은 차원의 자아인식을 실현할 수 있도록 한다.

실천과 반성적인 사고를 통하여 우리는 끊임없이 자신의 성장을 추구하여 더 높은 경계에 도달하게 된다.

---

159) 『논어』 위정편, "知之爲知之, 不知爲不知"

일반적으로 사람들이 생각하는 '나'는 단지 머릿속에 남아 있는 기억이 여러 가지 개념과 뭔가를 의미하는 꼬리표와 같은 것의 가공을 통하여 구성된 '나'의 형상일 따름이다. 머릿속의 형상이 당신에 의해 보았거나 감지한 것이라면, 당신이 본 것이나 감지한 그 '나'는 결코 진정한 '나'가 아니라 당신의 환상이다. 이러한 '나'는 당신이 과거 인생의 상이한 단계의 자기의 마음속에 새겨지는 느낌이다. 본질상 당신의 인식이고 당신이 생각한 '나'이다.

대다수 사람들이 생각한 '나'는 단지 현상이고 현상은 생기면 반드시 없어진다. 예컨대 오늘의 나는 매우 사나웠고 스스로 나는 매정스럽다고 생각한다. 어제의 나는 매우 유머러스했고 스스로 나는 재미있다고 느낄 것이다. 나는 한 번 실패했기 때문에 나는 실패한 사람이라고 규정하고, 나의 한 번의 성공 때문에 나를 성공한 사람이라고 규정할 수 있는가?

사실상 대다수 사람들의 정서는 외부세계의 현상이 생기고 없어짐에 따라 변화가 생기고, 외부사물에 의해 연루되고 표상에 집착하여 본질을 벗어난다. 그들은 단지 자신의 눈이 본 것을 믿고 또한 자신이 생각한 것을 굳게 믿는데, 그들은 표현형식상의 것을 중시하고 도리어 상대방의 내재된 것을 소홀히 한다. 대다수 사람들은 단지 당신의 외재적인 성공이나 혹은 실패에 관심을 갖지만, 당신의 내재된 성장과 발전을 등한시한다.

대다수 사람들은 과거 어떤 단계의 나를 영원히 불변 고정된 자기로 여기고 또한 자신의 인식으로 '나'와 다른 사람에게 각종 좋거나 나쁜 꼬리표를 붙인다. 그래서 '내가 생각한 나'와 '내가 생각한 다른 사람'이 있는 것이다.

'너 자신을 알라'라는 말은, 자신에 얽매이지 않고 자신에 집착하지 않는다. 왜냐하면 자신은 무한한 것이고, 고정된 형태가 없기 때문이다.

자신의 형태(형식)가 비록 끊임없이 변화하고 무궁무진하며 자연적으로 낳고 없어지지만, 자신의 본질은 움직이지 않고 불변하다. 이 본질을 찾으면 당신은 어떠한 형태가 되지만, 단지 어떤 특정한 형태에 얽매지 않는다. 형태는 생겨남과 없어짐이 있지만, 본질은 생겨나지도 않고 없어지지도 않는다. 무형(無形)은 본(本)을 드러낼 수 없고, 본(本)이 없으면 형(形)을 제어할 수 없다.

'능동적이고 순수하고 텅 비어 있는' 본심은 사람의 본질을 가리키는 것이다. 즉 그것은 가장 처음, 가장 순수, 가장 진실, 가장 아름다움의 천성(天性)이며, 생명의 원점이고 또 일생 동안 지켜야 하는 중요한 점이다. 본심은 최초의 소망일 뿐 아니라 선천적인 선성(善性)과 양심을 가리킨다. 본심이 천성이고 생명의 원점이며 인류가 지켜야 하고 중요하게 여겨야 하는 것이다. 왜냐하면 본심이 인류의 진정한 자아이기 때문이다.

사람은 자신을 둘러싼 경험세계와의 대립, 갈등, 극복, 유혹, 흥미, 성취 등등으로 인하여 자신의 본심으로 향할 기회를 놓칠 뿐만 아니라, 설사 기회를 갖는다고 하더라도 일시적일 뿐이다. 따라서 사람이 쉬우면서도 가장 어려운 것이 본심에 충직하고 성실하게 하는 것이다. 본심에 충직하고 성실해야만이 사람은 진정한 자아를 찾게 되고,

진실하게 자신을 표현하게 된다.

　진정한 자아 즉 본심에서 자연스럽게 흐르는 도덕법칙 혹은 행위법칙에 의해 행위 했을 때, 인간은 자유를 느끼게 된다. 본심 즉, 도덕주체가 도덕이성에 의해 능동적으로 자신에게 법칙, 규범을 입법함으로 자율이고 자유이며, 이러한 행위법칙에 의해 실행하는 것이 도덕이다. 도덕을 통하여 자유를 구현한 것이다. 따라서 이성, 자유, 도덕은 내재적으로 통일된 것이다. 도덕은 인류 사회의 실천영역에서 진리이기 때문이다.

　이성의 영역에서 진리는 보편성과 필연성을 가지고 있는데, 이는 진리의 특징이다. 실천영역에서 도덕은 똑같이 보편성과 필연성을 가지고 있다. 아무런 조건이나 제약이 붙지 않는 법률이고 행위법칙이다. 그것은 이성세계속의 진리처럼 동일시하고 자기 자신을 포함해서도 예외가 없다. 도덕은 자기 자신을 포함하여 모든 인류가 지켜야 하는 법칙이다.

(너는 누구냐?)

　너는 누구냐? 나는 사람이다.

　사람이 뭐냐? 금수 같은 동물과는 다른 이성적 동물이다.

　이성적 동물이 뭐냐? 동물은 본능과 충동으로 살아가며 과거, 현재, 미래를 알지 못하고 자신을 인식할 수 없다. 사람은 동물과 달리 이성을 가지고 있다. 그래서 사회를 이루어 살면서 보이는 보이지 않는 질서를 유지하며 각자의 능력을 발휘하여 더 좋은 사회를 만들어갈 뿐 아니라 서로 돕고 선의의 경쟁을 하며 살아간다. 또한 과거, 현재, 미래를 알고 있을 뿐 아니라 자신을 인식할 수 있고 외부 사물의 규율, 법칙, 원리 등을 알 수 있다. 또한 사람은 두 개의 세계 즉, 외부세계와 내면세계가 있다. 즉 물질생활과 정신생활을 하는 존재이다. 사람은 또 내면세계의 깨달음을 통해 진정한 자유를 실현하며 살 수 있다.

내면세계란 뭐냐? 사람에게 내면세계는 매우 중요하다. 모든 사물의 겉모습 혹은 외양을 현상이라고 하는데 이러한 현상을 있도록 하는 본질이 있다. 현상은 외부세계라고 할 수 있고 그 본질은 내면세계라고 할 수 있다. 사람의 겉모양을 현상이라고 하고 그 현상을 움직이게 하는 원리, 법칙들이 내면세계에서 비롯된다. 그러나 모든 사람이 다 올바른 행동을 하는 것은 아니다.

왜 올바른 행동을 하지 않는가? 그것은 사람마다 기질적인 차이와 배움의 수준 깨달음의 정도가 다 다르기 때문에 내면세계를 형성하는 것 역시 상이하다. 기질적인 차이 배움의 수준 깨달음의 정도가 다르기 때문에 사회가 매우 복잡하고 또한 빛과 그림자가 교차하는 것이다. 자신의 본질이 있는 내면세계를 지향하기 보다는 외부세계에서 유희하는 경우가 많기 때문에 바른 행동보다는 온갖 유혹에 흔들릴 가능성이 더 높다.

그러면 사람의 본질이 뭐냐? 사람의 본질은 내면세계에 있는 본심이다.

본심을 어떻게 알 수 있는가? 외부의 어떠한 전제나 조건 등을 배제한 상황에서 자신의 내면으로부터 자연스럽게 흐르는 파동(양심) 혹은 도덕적인 느낌을 통하여 본심의 존재를 인지할 수 있다.

본심은 구체적인 생활에서 어떤 역할을 하는가? 자신이 어떤 것을 결정할 때나 유혹, 충동 등등에 직면했을 때, 다른 사람의 위험, 어려운 상황 등을 목격했을 때, 매우 순수하고 자연스런 마음 상태에서 자연스럽게 흐르는 파동(양심) 혹은 도덕적 느낌이 우리의 행위에 법칙성과 제약성을 준다. 예컨대 법칙성은 '그렇게 해', '돌려줘', '구해 줘' 등이다. 제약성은 '그러면 안 돼', '참아야 해' 등이다. 이렇게 우리 행위에 법칙성과 제약성을 주어 올바른 행위를 하도록 하는 것은 다름 아닌 본심 즉, 도덕이성이 입법을 해 주기 때문이다. 그래서 우리는 도덕적인 행위를 통하여 자유를 느끼게 된다. 이처럼 본심(도덕주체)은 사람을 참사람이 되도록 이끌어 준다.

그렇다면 너는 누구냐? 나는 사람이지만, 참사람이다. 참사람이 되기 위해서는 나 자신(본질)을 알아야 한다. 현상의 껍데기를 중심으로 살아가는 유사인간이 아니라 본질을 깨달은 참사람이 '진정한 나'이다. 따라서 "너는 누구냐?"라는 말은 "너 자신을 알라!"라는 말과 본질적으로 같은 의미이다. 필자는 "너는 누구냐?"와 "너 자신을 알라!"는 "너 본심을 알라!"라는 말과 본질적으로는 동일한 답을 요구한다고 생각한다.

너 자신을 알라:
자유를 향한 경계

어느 면에서 보면, '너 자신을 알라!' 이 말은 '너 본심을 알라!'라는 말로 전환해도 무방할 것 같다. 왜냐하면 그것은 인생에서 가장 근본적이고 핵심적이기 때문이다. 첫째, 복잡하고 변화가 많은 당신의 인생 상황에서 본심을 굳게 지키고 선량하고 진실함을 유지하는 것은 인생의 중요한 원칙이다. 둘째, 본심은 내재적인 가치와 역량이고, 세속의 유혹과 각종 스트레스(정신적인 압박감)아래서 당신을 지키도록 도와준다. 셋째, 본심은 도덕의 토대이고 사람들이 정확한 선택과 행위를 하도록 도와준다.

따라서 '너 자신을 알라!' 즉 '너 본심을 알라!'라는 의미를 유지할 수 있는 구체적인 방법은 다음과 같다. 첫째, 시시각각 자신을 반성하는 행위와 생각은 본심을 위배하지 않는다는 것을 다짐하는 것이다. 둘째, 내심의 신념과 원칙을 확고히 하고, 외부세계에 의해 방해를 받지 않는다. 셋째, 사람을 진실하게 대하고, 가식으로 하지 않으며, 기만하지 않고 선량하고 진실함을 유지한다.

본심을 알고 실천하는 것이 결국 인간의 소중한 가치 측면서 '너 자신을 알라!'에 답하는 것이다. 즉, 이성, 자유, 도덕이 내면적으로 통일된 진정한 가치를 실현하는 것이다. 본심을 굳게 지키는 것을 통하여 사람들은 복잡하고 변화가 많은 인생에서 안정된 내면세계를 바탕으로 가치 있는 인생을 살 수 있는 것이다.

'너 자신을 알라!'는 의미는 '너 본심을 알라!'라는 의미로서 이를 실현하는 정도나 상태가 구체적인 현실에서 사람마다 다르다는 측면을 표현해 보려고 한다. 즉 '너 자신을 알라!'(너 본심을 알라!)라는 의미의 구현은 사람마다 '경계'가 다르다. 경계란 '너 본심을 알라!'의 의미를 깊이 이해하고 깨달음에 도달한 정도나 상태를 말한다. 깊이 이해하고 깨달음에 도달한 정도나 상태가 매 사람마다 다르기 때문에 경계가 상이할 수밖에 없다.

물론 최고의 경계에 도달해야 '너 자신을 알라!'라는 의미를 완전히 드러냄과 동시에 그것에 온전한 답을 하는 것이다.

(1) 가장 낮은 경계

외형적인 자신의 모습을 비교에 의해 자신을 아는 단계이다. 주로 자신 밖의 외부세계에서 이리저리 다니면서 외부세계의 상황에 집중되어 있다. 이 단계에 있는 사람은 개념으로 사고하는 것이 아니라, 개체(個體) 위주로 사고하므로 비교적 감성적인 경향성을 띠고 있다. 즉 보편성이 매우 결여되고 주관성이 강하다.

이 단계에서 중심점이 내면세계보다는 외부세계에 맞추어져 있으므로 내면세계가 마치 태아의 형체가 아직 형성되기 전인 원시선[160]과 같다고 할 수 있다. 내면세계의 올바른 성장과 성숙을 통해 진정한 주체가 형성되는데, 이 단계는 주체가 될 수 있는 원시선만 형성되었을 따름이다. 따라서 스스로 사고하여 선택하거나 판단해서 행위하고 그 행위에 대한 책임을 지는 일련의 주체적 행위를 할 수 없다.

남이 장에 가면 나도 따라 간다. 즉 부화뇌동하면서도 자기도 모르게 이익을 좇아 따라간다. 이러한 사람은 자신의 이로움을 위해 눈치껏 사는 존재라고 여긴다. 자신을 알지 못한다. 사고, 판단, 행위가 습관적일 뿐 아니라 이 경계의 마음은 마치 새가슴과 같이 매우 협소하다.

(2) 두 번째 경계

자신의 내면과 외부세계의 관계에 의해 자신을 아는 단계이다. 비록 여전히 외부세계에 무게중심이 있지만, 내면세계가 불안정하게 형성되어 상황에 따라 주체적이기도 하고 또 그렇지 않기도 한다. 개체 위주였던 마음이나 생각이 조금 더 보편을 향해 넓어져 종(種)과 류(類)시각으로 전개되고 때로는 인과(因果)시각으로 사고하기도 행동한다.

자신을 모르면서 아는 것처럼 생각한다. 주로 자신 밖의 외부세계에

---

160) 원시선이란 것은 척추 형성의 첫 징후로 인간 발생의 첫 단계로 취급된다. 14일이 되어서야 비로소 해부학적 특징으로서 원시선(primitive streak)이 나타나게 되며 여기에서 나중에 등뼈가 발달하게 된다.

관심이 더 많아 중심점은 여전히 내면세계보다는 외부세계에 놓여 있다. 이 경계에 있는 사람은 자신의 이익을 위해 눈치껏 생활하면서 때로는 남을 도우면서 인정을 받으며 살아야 한다고 여긴다. 따라서 유행의 흐름을 그대로 따라 행동하는 편이고, 자기 주장이 매우 강하게 나타나며 자신이 아는 것이 전부인 양 상대와 시비를 가린 경우가 많다.

(3) 세 번째 경계

아는 것을 안다고 하고 모르는 것을 모른다고 하는 것은 사람이 사람이 되는 출발점이다. 진정한 자기가 되려고 하고 사람이 사람이 되는 까닭을 알려고 하는 단계이다. 끊임없는 자아반성과 질문을 통하여 내심세계를 이해하고 본심을 깨닫게 되어 진정한 자아를 알게 되는 것이다. 이 단계에서는 자아반성, 반성적 사고를 통하여 본심의 문을 두드리는 단계이다.

시간과 공간 속에서 자신의 심신(心身)을 생각하고 모든 것[161]들의 의의(意義)를 음미하고 외부세계(객체)에 있던 무게 중심이 내면세계(주체)로 이동되었을 뿐 아니라 외부세계에서 얻은 지식이나 법칙, 원리, 규율 등을 덕성지식, 생명지식으로 전환하려고 노력한다.

이 경계에 있는 사람은 부지런히 일하고 배워야 경쟁에서 이길 수 있고 사람답게 살 수 있다고 생각한다. 자신을 희미하게나마 알려고

---

161) 예컨대, 사람, 정의, 사랑, 정직, 인생 등등의 의의를 깊이 생각하며 음미한다.

하는 단계이다. 그러나 아직은 주체의 문을 두드려 토대를 마련하려는 단계이기 때문에 아직 도덕주체가 확립되지 않았다. 따라서 때로는 자유감을 느끼기도 하지만 그렇지 않은 경우가 많다.

(4) 네 번째 경계

모든 지식을 생명과 덕성지식으로 전환하여 깨달음이 투철하여 사람이 되는 도리를 분명하게 알고 실천하는 단계이다. 마음과 사고가 이미 개체(個體), 류(類), 인과(因果), 시공과 심신(心身), 의의(意義)의 단계를 넘어 자각적인 도덕실천 단계로 진입한 것이다. 반성적인 사고를 통해 주체적 삶을 살기 위해 노력하는 사람으로 품격을 갖춘 단계이다.

이 단계에서는 도덕주체가 형성되어 외부세계(객체)는 내면세계(주체)로 융합되는 과정이다. 생활 속에서 의지의 자유를 누리며 자유경계의 진입단계에 있고, 그의 심령에 아름다운 꽃이 피는데 그 꽃이 바로 교양이다. 도덕적 품격의 교양을 갖추었다고 할 수 있다.

이러한 경계의 사람은 이성적인 동물이므로 이성에 의해 생활해야 하고 사물에 의해 부림을 당해서는 안 된다고 생각한다. 자신을 어느 정도 알고 있는 단계이다.

(5) 다섯 번째 경계

인류는 각종 유무형의 이미지에 의해 자신의 소중한 본심이 가려져 삶을 갈팡질팡하는 경우가 있지만, 이를 회복하는 공부를 통해 본심의 능동성, 순수함, 텅 비어 밝은 모습으로 도덕주체가 형성된다. 도덕주체에 의해 행위를 하는 공부가 축적되어 상당한 정신경계에 도달한 것이다. 이렇게 하기 위해서는 내면세계의 끊임없는 공부가 필요하다.[162]

이 경계는 존재(본심본성)와 일체가 되어 대립, 갈등, 구별 등을 초탈한 단계이다. 운명의 한계에 대해서도 초월한 단계이다. 자신을 상당히 아는 단계이다. 주체와 객체가 일체가 되고, 심신이 일체가 되어 도덕주체가 확립된 것이다. 도덕주체의 '도덕적인 인격체는 한도가 정해진 그릇과 같지 않아' 광대무변하여 외부세계를 포함한 모든 것을 용납할 수 있다.

도덕주체에 의해 자율적으로 행위 함에 따라 자유의 경계에 도달한 것이다. 즉 자율이 자유이다. 이 경계에서 비로소 자신을 알게 되고, 나는 누구냐에 상당한 수준에서 답할 수 있다. 그러나 아직은 완전히 심미경계를 실현하여 중심을 이룬 것은 아니다.

나는 자율, 자유, 자제, 자주를 깊이 알고 있고, 또한 이성, 자유, 도덕이 내재적으로 일체라는 것도 알고 있다. 나를 둘러싼 무수한 조건의 다발 즉, 운명의 한계(생사, 부귀 등)에 대해서도 투철하게 알고 있다.

---

162) 이상선, 『느낌, 존재, 경계, 행복』, 146쪽, 좋은땅출판사, 2021년.

이러한 것들을 알 뿐 아니라 초월하거나 구현하고 있고, 동시에 참으로 옳고 선한 것을 몸소 닦아 구현해 내고 있다. 따라서 나는 진실한 느낌, 도덕적인 느낌, 심미적인 느낌의 통일체가 나라는 것을 알고 있다.

(6) 여섯 번째 경계

이 경계는 본심(本心)에 의해 자신의 인문세계를 펼쳐 나가는 원숙한 최고단계이다. 도덕주체가 자신에게 법칙성과 제약성으로 행위법칙을 제정하므로 자율이고 자유이다. 즉, 이성, 자유, 도덕이 내재적인 통일을 이루어 구체적으로 끊임없이 자유를 구현하게 된다. 나의 마음은 능동적이고, 순수하고, 텅 비어 우주적인 마음이다.

나는 세속의 문화 틀에서 일반 사람과 똑같이 우주의 구성원으로 살아가지만 마음의 경계(심령경계)는 차원이 다르다. 즉 이는 세속문화의 그물망 속에서 그것에 의해 부림을 받지 않고 모든 것을 느끼면서도 느낌이 없는 것이다. 느낌이 없다는 말은 사사로운 느낌이 없다는 의미이다. 바꾸어 말하면 세속 문화를 달관하거나 초탈해야 진정한 자기 모습을 드러낸다는 말이다.

진실함(眞), 선함(善), 아름다움(美), 믿음(信)이 하나가 되어 심미경계에 도달한 단계이다. 도덕주체가 거짓이라고는 조금도 없는 진실함(眞)과 선한 느낌(善)이 어우러져 자연스럽게 자유롭고 편안한 내적 즐거움(美)의 심미적 경계로 융합된다. 즉, 나는 이성화된 느낌 상태인 것이다.

바꾸어 말하면 도덕의 예술화는 도덕이 예술로 전환되고, 선(善)이 미(美)로 전환되며 우주적 느낌과 이성이 완전히 융합한 것이다. **자신을 철저하고 완벽하게 아는 단계이다.** 이 경계에 도달한 사람의 덕성생활이 예술이고 예술이 덕성생활이다.[163]

진실한 느낌, 선한 느낌이 융합되어 심미적인 느낌으로 통일되어 최고의 심미경계에 도달한 것이다. 진리, 도덕, 예술, 자유를 심령에 구현한 것이다. 이 경계에서 비로소 '너 자신을 알라!', '나는 누구인가?'에 대해 완전히 답할 수 있는 것이다. 나의 느낌을 제고하고 넓혀 이성화된 느낌 상태가 되었다.

나의 행위는 광대무변한 도덕주체에 의해 행위 하므로 늘 자유를 누리고 늘 덕행을 전개해 나간다. 나의 마음은 본심(本心)이기 때문에 그 모습이 능동적이고 순수하며 텅 비어 있다. 그래서 모든 대상에 능동적이고 순수하고 텅 비어 있는 상태로 대응하므로 행위에 있어서는 보편적이고 필연적인 법칙을 제공한다. 생각, 판단, 책임, 행위 등등이 편협하지 않고 지극히 공평하여 사사로움이 없다.

이 경계는 진정한 사람이 무엇인가의 표준을 드러내 보여 준다. 또한 유사인간으로 살아가는 많은 사람들의 목표와 지향점이 되는 것이다. '너 자신을 알라!'의 그 참 의미를 구현할 뿐 아니라 그 의미를 진, 선, 미의 경계로 말해 주는 것이다. 따라서 '나는 누구인가?' '너 자신을 알라!' '너 본심을 알라!'의 진정한 의미는 사람으로서 마땅히 사람이

---

163) 이상선, 『느낌, 존재, 경계, 행복』, 301쪽, 좋은땅출판사, 2021년.

되어야 할 뿐 아니라 인문학적인 정신가치인 진, 선, 미를 구현하는 존재임을 가리키는 것이다.

인문학 특강

ⓒ 이상선, 2025

초판 1쇄 발행 2025년 6월 20일

지은이	이상선
펴낸이	이기봉
편집	좋은땅 편집팀
펴낸곳	도서출판 좋은땅
주소	서울특별시 마포구 양화로12길 26 지월드빌딩 (서교동 395-7)
전화	02)374-8616~7
팩스	02)374-8614
이메일	gworldbook@naver.com
홈페이지	www.g-world.co.kr

ISBN 979-11-388-4388-1 (03100)

- 가격은 뒤표지에 있습니다.
- 이 책은 저작권법에 의하여 보호를 받는 저작물이므로 무단 전재와 복제를 금합니다.
- 파본은 구입하신 서점에서 교환해 드립니다.